新职人员入路教育

（2017 版）

北京铁路局　编

中国铁道出版社有限公司

2022年·北　京

内 容 简 介

本书在2013年版《新职人员入路教育》基础上，结合新形势和北京铁路局的实际进行增补删改，增强了针对性和实用性。内容分为上下两篇，上篇为综合知识篇，共五章，内容包括路情局情、企业文化建设、法律法规、安全生产管理和劳动用工与岗位培训等方面内容；下篇为专业基础知识篇，共六章，内容包括铁路线路、铁路车辆及动车组、铁路机车、牵引供电、通信信号及运输组织等铁路基础专业知识。

本书内容丰富、通俗易懂，是新职工入路教育较系统的培训教材，也可作为职工日常教育培训的参考资料。

本书内容如有不符最新数据、规章标准等之处，以最新数据、规章标准等为准。

图书在版编目(CIP)数据

新职人员入路教育：2017版/北京铁路局编. —北京：中国铁道出版社，2017.7(2022.7重印)
ISBN 978-7-113-23423-2

Ⅰ.①新… Ⅱ.①北… Ⅲ.①铁路运输—岗位培训—教材 Ⅳ.①U2

中国版本图书馆CIP数据核字(2017)第173563号

书　　名：新职人员入路教育（2017版）
作　　者：北京铁路局

责任编辑：张　婕　　**编辑部电话：**（010）51873656　　**电子信箱：**83262198@qq.com
封面设计：郑春鹏
责任校对：孙　玫
责任印制：高春晓

出版发行：中国铁道出版社有限公司（100054，北京市西城区右安门西街8号）
网　　址：http://www.tdpress.com
印　　刷：中煤（北京）印务有限公司
版　　次：2017年7月第1版　2022年7月第2次印刷
开　　本：880 mm×1 230 mm　1/32　**印张：**12.625　**字数：**301千
书　　号：ISBN 978-7-113-23423-2
定　　价：29.00元

编委会

前　言

为进一步做好新职工入路教育培训，使新职工全面了解北京铁路局的发展历程及运输经营、安全生产取得的成就和发展前景，了解北京铁路局运输生产管理与技术装备应用的基本知识，增强安全意识、法制意识、职业道德意识和投身铁路改革发展的责任感、使命感，使他们尽快融入铁路现代化建设，成为铁路合格人才，我们组织编写了《新职人员入路教育》(2017 版)，作为新职工入路教育培训的指定教材。

本书分上下两篇，上篇为综合知识篇，共五章，内容包括路情局情、企业文化建设、法律法规、安全生产管理和劳动用工与岗位培训等方面内容；下篇为专业基础知识篇，共六章，内容包括铁路线路、铁路车辆及动车组、铁路机车、牵引供电、通信信号及运输组织等铁路基础专业知识。全书内容丰富、通俗易懂，是新职工入路教育较系统的培训教材，也可作为职工日常教育培训的参考资料。

本书在 2013 年版《新职人员入路教育》基础上，结合新形势和北京铁路局的实际进行增补删改，增强了针对性和实用性。

本书由张居才担任主编，张雪咏、王京琪、王永辉、李懋、王德荣、高佳蕾、张涛、石彦强、张子君、王晓蕾、任娜等参加了编写工作，本书经钟彤、孙生会、李福增、高军、乌峥、张利、范露端、宋金瑛、刘斌、刘业新、王令璇、解勇、邓洪等审定。

书中不妥之处，恳请读者指正。

编　者

2017年6月

目　录

上篇　综合知识篇

下篇 专业基础知识篇

上　篇

综合知识篇

第一章　路情局情

第一节　中国铁路发展历程

铁路是国民经济大动脉、关键基础设施和重大民生工程，是综合交通运输体系的骨干和主要交通方式之一，在我国经济社会发展中的地位和作用至关重要。

一、中国铁路发展简介

我国铁路迄今已有140多年的历史。百余年来，我国铁路经历了新旧两个根本性质不同的社会，无论从政治上还是从经济上，这都决定了它在其发展历程中必然会遭遇到两种迥然不同的命运和前途。

1876年，中国出现第一条铁路开始到1949年新中国成立前夕70多年间，中国铁路里程仅2.18万km，而且技术标准低，近一半处于瘫痪状态。中华人民共和国成立后，国家对铁路的修建进行统筹规划，到2016年底，全国铁路营业里程达12.4万km，居世界第二位；高铁运营里程达2.2万km以上，居世界第一位；铁路科技创新水平明显提高，在高速铁路、高原铁路、重载运输等领域取得一系列科技创新成果，我国铁路总体技术水平进入世界先进行列。

（一）开创时期（1876年～1893年）

有关铁路信息和知识开始传入中国，大约是在1840年鸦片战争前后。当时中国的爱国有识之士，林则徐、魏源、徐继畬等人先后著书立说，介绍铁路知识。

1876 年，中国土地上出现了第一条铁路，这就是英国资本集团采取欺骗手段擅筑的吴淞铁路。这条铁路经营了一年多时间，就被清政府赎回拆除了。

1881 年，开平矿务局建成北京铁路局管辖区最早的铁路——唐(同)胥(各庄)铁路，全长 9.7 km，它是中国的第一条自建铁路，行驶了中国自制的第一台机车，确定了中国铁路的标准轨距。

(二)缓慢发展时期(1894 年～1948 年)

1894 年，清政府在中日甲午战争中战败后，八国联军攫取中国的铁路权益。一万多公里的中国路权被吞噬和瓜分，形成帝国主义掠夺中国路权的第一次高潮。随后，他们按照各自的需要，分别设计和修建了一批铁路，标准不一，装备杂乱，造成了中国铁路的混乱和落后局面。在清政府时期(1876 年～1911 年)修建铁路约 9 400 km。其中帝国主义直接修建经营的约占 41%；帝国主义通过贷款控制的约占 39%；国有铁路，包括中国自力更生修建的京张铁路和商办铁路及赎回的京汉、广三等铁路仅占 20%左右。

辛亥革命后，袁世凯在 1912 年宣布“统一路政”，解散了各省商办铁路公司，把各省已经建成和正在兴建的铁路全部收归国有，用以抵借外债，因而形成了帝国主义掠夺中国路权的第二次高潮。从 1912 年到 1916 年各国夺得的路权共达 13 000 多 km。北洋政府时期，在关内修了约 2 100 km 铁路。

1928 年，南京国民党政府执政以后，主要是以官僚买办资本与帝国主义垄断资本“合资”方式修建铁路，从而出现了帝国主义掠夺中国路权的第三次高潮。南京国民党政府时期，在中国大陆共修建铁路约 13 000 km。

（三）快速发展时期（1949 年至今）

新中国成立时，全国只有 2.18 万 km 铁路，其中能够维持通车的仅有 1.1 万 km。1950 年中国首先决定填补西部地区的铁路空白，开始建设成渝线（成都到重庆）和天兰线（甘肃天水到兰州），以及兰新线（甘肃兰州到新疆乌鲁木齐），这标志着新中国铁路建设的开始。

1. 从成渝线到“八纵八横”网

1949 年 12 月 31 日，当时西南战争还没有完全结束，邓小平在主持西南局常委办公会议上决定：“兴建成渝铁路，造船修建码头”。1950 年 6 月 15 日，在西南军区大操场举行了成渝铁路开工典礼，揭开了修筑成渝铁路的序幕。

成渝铁路是中华人民共和国成立后自行设计施工、完全采用国产材料修建的第一条铁路干线。经过两年的艰苦奋斗，1952 年 7 月 1 日，成都至重庆 505 km 的铁路全线通车。这是新中国成立以前任何时代都不可想象的奇迹，是中国铁路史上的一个创举。此后，从线到网，中国铁路建设进入了崭新的时代。

1958 年，宝成铁路正式通车，1975 年完成全线电气化改造后，宝成铁路成为中国第一条电气化铁路。铁路全长 668.2 km，共有隧道 304 座，打穿了上百座大山，填平了数百计山谷。

2002 年，中国铁路已覆盖各省、自治区、直辖市，“八纵八横”铁路运输通道基本形成。一个横贯东西、沟通南北、干支结合的具有相当规模的铁路运输网络已经形成并逐步趋于完善。

“八横”铁路通道：

京兰通道——自北京经大同、包头、呼和浩特、兰州、西宁至拉萨，全长 3 943 km，是我国横贯东西的重要通道，其东段还是晋煤外运的重要线路。

煤运北通道——由既有大秦铁路（658 km），神朔铁路（269 km）

和朔黄铁路(586 km)构成,是“三西”煤炭外运通道的重要组成部分。

煤运南通道——由自太原经石家庄、德州、济南(长治经邯郸、济南)至青岛(即太原至青岛),以及自侯马经月山、新乡、菏泽、兖州至日照港两条通路组成,是“三西”煤炭外运的重要组成部分。

陆桥通道——自连云港经徐州、郑州、西安、宝鸡、兰州、乌鲁木齐至阿拉山口,全长 4 120 km,横贯我国东、中、西部,是东西部联系的最重要纽带。

宁西通道——自西安经南阳、潢川、合肥至南京(启东),连接我国东、中、西部,全长 1 558 km。

沿江通道——自重庆经荆门、武汉、九江、芜湖至南京(上海),全长 1 893 km。横跨西南、华中、华东三大经济区,贯穿我国东中西部。

沪昆(成)通道——自上海经杭州、株洲、怀化至贵阳、昆明(至重庆、成都),全长 2 653 km,是华东、中南、西南客货运输的重要通道。

西南出海通道——自昆明经南宁至湛江,全长 1 770 km,是我国西南内陆各省出海的快捷通道。

“八纵”铁路通道:

京哈通道——自北京经天津、沈阳、哈尔滨,至满洲里,全长 2 344 km,是东北与其他地区客货交流的主要通道,也是东北地区的交通命脉。

沿海通道——自沈阳经大连、烟台、胶州、新沂、长兴、杭州、宁波、温州、福州、厦门、广州至湛江,全长 4 019 km,沟通环渤海、长江三角洲和珠江三角洲地区。

京沪通道——自北京经天津、济南、徐州、南京至上海,全长 1 463 km,由既有京沪铁路和规划中的京沪高速铁路构成,是东北、华北地区与华东地区客货交流的主要通道。

京九通道——自北京经聊城、商丘、九江、南昌、龙川至九龙,全长 2403 km，是我国东北、华北地区与华东、中南地区客货交流的主要通道之一，对京广、京沪两大通道具有重要的分流作用。

京广通道——自北京经石家庄、郑州、武汉、长沙、衡阳至广州，全长 2 265 km，是东北、华北、西北地区通往华南地区的主要通道。

大湛通道——位于我国中西部的结合部，自大同经太原、洛阳、襄樊、石门、益阳、永州、柳州、黎塘、湛江至海口，全长 3 108 km，是我国“三西”煤炭南运的主要通道之一，也是我国内地通向南部港口城市的主要出海通道。

包柳通道——自包头经西安、重庆、贵阳至柳州(南宁)，全长 3 011 km，是我国西部南北向的一条重要铁路通道。

兰昆通道——自兰州经宝鸡、成都至昆明，全长 2 261 km，是西部地区南北向的重要通道。

2. 速度从 48 km/h 到 350 km/h

1997 年以前，中国铁路运行最快的列车速度为 120 km/h，全国铁路旅客列车平均速度 48 km/h。

1994 年，中国第一条准高速铁路广深铁路(广州到深圳)建设成并投入运营，其旅客列车速度为 160 km/h 到 200 km/h，广深铁路的建设不仅在技术上实现了质的飞跃，更主要的是通过科研与试验、引进和开发，为中国建设高速铁路做好了前期的准备，称为中国高速铁路化的起点。

1997 年 4 月 1 日，中国铁路实施第一次大面积提速。京广、京沪、京哈三大干线全面提速，以北京、上海、广州、沈阳、武汉等大城市为中心，开行了最高速度达 140 km/h、平均旅行速度 90 km/h 的 40 对快速列车和 64 列夕发朝至列车。全国旅客列车平均速度由速度 48 km/h 提高到了 55 km/h。

到 2007 年 4 月 1 日，铁路共进行了 6 次大提速，一批速度超过

200 km/h 的旅客列车投入运营。而且货运列车速度也超过了 120 km/h,时速比 20 世纪 90 年代初提高了 3 倍。

2008 年 8 月 1 日,京津城际铁路通车,线路全长 120 km,北京到天津由过去的一个半小时车程缩短到了半个小时,运行时间的缩短使得北京天津“同城化”成了现实。

2011 年 6 月 30 日,京沪高速铁路正式开通,线路全长 1 318 km,是世界上一次建成建设里程最长、投资最大、标准最高的高速铁路,设计速度为 350 km/h。

2012 年 12 月 26 日,京广高速铁路全线贯通,线路全长 2 298 km,设计速度为 350 km/h。

2017 年 1 月 3 日,国家铁路局向中车长春轨道客车股份有限公司、中车青岛四方机车车辆股份有限公司颁发了中国标准动车组型号合格证和制造许可证。2 月 25 日,由中国标准动车组执行载客任务的 G65 次列车驶出北京西站,标志着被称为“蓝海豚”和“金凤凰”的两个型号的车型,采用重联的方式,首次上线运营。

目前我国高速铁路“四纵四横”客运专线已基本形成。

“四纵”客运专线:

(1)京沪客运专线(京沪高铁):北京—天津—济南—徐州—蚌埠—南京—无锡—上海,全长约 1 318 km。纵贯京津沪和冀鲁皖苏四省,连接环渤海和长江三角洲两大经济区。

(2)京港客运专线(京港高铁):北京—石家庄—郑州—信阳—武汉—长沙—广州—深圳(香港),全长 2 350 km,连接华北、华中和华南地区。

(3)京哈客运专线:北京—承德—朝阳—阜新—沈阳—(大连)—长春—哈尔滨,并包含盘锦—营口的联络线。全长约 1 612 km,连接东北和关内地区。

(4)杭福深客运专线(东南沿海客运专线):杭州—宁波—温州—福州—厦门—深圳,全长约 1 450 km,连接长江三角洲、珠江三角洲和东南沿海地区。

“四横”客运专线:

(1)徐兰客运专线:徐州—商丘—郑州—洛阳—西安—宝鸡—兰州,全长约 1 346 km,连接西北和华东地区。

(2)沪昆客运专线:由沪杭客运专线、杭长客运专线、长昆客运专线组成,为 300/350 km/h 等级客运专线。全长 2 264 km,连接华中、华东和西南地区。

(3)青太客运专线:青岛—济南—石家庄—太原。全长约 906 km,连接华东和华北地区。

(4)沪汉蓉客运专线:上海—南京—合肥—武汉—重庆—成都,全长约 1 922 km,连接西南、华东地区。

3. 把梦想带上 5 000 m 高原和高寒地区

青藏铁路由青海省西宁市至西藏自治区拉萨市,全长 1 956 km,于 2001 年 6 月 29 日开工,2006 年 7 月 1 日通车,总投资逾 330 亿元人民币。全线共完成路基土石方 7 853 万 m^3;涵洞 2 050 座;隧道 7 座。

青藏铁路沿线历年平均气温仅为海平面的 60%左右,空气含氧量比海平面减少近一半,沿线全年平均温度为−5 ℃,极端最低气温超过−40 ℃,年平均相对湿度只有 50%左右,最大风速却高达 30 m/s 以上。

尽管青藏铁路工程量巨大,施工人员众多,工程涉及多个脆弱的生态保护区,但自然环境没有遭到破坏,成为真正的“绿色铁路”。

青藏铁路的开通,极大地带动了西藏特色资源的开发,特别是旅游业的发展,使西藏进入“铁路经济”时代。青藏铁路使西藏与内地的联系更加紧密，大大增强了西藏与周边国家和地区的联系，西藏也由原来的封闭地区变为祖国西南改革开放的前沿阵地之一。此外，青藏铁路的通车运营，也是增强了西藏各族民众生活在祖国大家庭中的自豪感和幸福感的重要途径之一，不但促进了西藏文化与外来文化的交流与融合，并使西藏文化得到了更好的保护、传播与发展。

哈大高速铁路是我国"四纵四横"快速铁路网京哈高铁的重要组成部分，哈大高铁是我国高寒地区修建的第一条长大高铁干线，也是世界上第一条新建高寒高速铁路。它北起黑龙江省哈尔滨市，经吉林省松原、长春、四平，辽宁省铁岭、沈阳、辽阳、鞍山、营口，南抵滨海城市大连，线路纵贯东北三省，途经三个省会城市和六个地级市及其所辖区县。

哈大高速铁路大大拉近东北地区主要城市之间的时空距离，增进了东北主要城市与北京、上海、天津等中心城市的联系，采用与既有哈大铁路客货分线运输的方式，至少释放既有哈大铁路 5 000 万吨至 6 000 万吨的货运能力，从根本上缓解了既有哈大铁路的运输能力紧张的问题。

4. 重载运输——铁路货运发展之路

铁路重载运输技术始于 20 世纪 20 年代，至今已在世界上很多国家广泛采用，是提高线路输送能力、提高运输效率的重要措施。特别是对于幅员辽阔的大陆国家，具有更重要的现实意义。因此，重载运输已成为世界各国铁路货物运输发展的共同趋势，也是我国加速提高铁路运输能力的一条主要途径。重载铁路运输的发展，不仅推动了牵引动力、车辆、轨道、信号等铁路技术的进步，而且也对上述各方面提出了如何与之相适应的条件。总之，重载列车所能达到的重量，在一定程度上反映出一个国家铁路重载运输技术的综合水平。发展重载是中国铁路货运现代化的必选之路，同时也是世界铁路发展的大趋势。

我国重载运输技术达到了世界一流水平。大秦铁路作为我国重载铁路技术创新的成功典范，在世界上首次将机车无线同步操纵技术与 GSM-R 技术结合，开行 1 万吨和 2 万吨重载组合列车，运量逐年大幅度增长，2011 年达到 4.4 亿吨，创造了世界铁路重载运输的奇迹。在既有繁忙干线普遍开行 5 000～6 000 吨货物重载列车，大幅度提高了铁路货运能力。

二、北京铁路局历史沿革

铁路的发展与国家发展和社会的进步密不可分，北京铁路局的发展历程与国家的发展息息相关。北京铁路局从建局到现在已经有 60 多年的历史，是全路历史最悠久的铁路局之一。

（一）初期的稳步发展

1949 年，中华人民共和国成立，铁路运输事业从此进入一个崭新的阶段。北京铁路局管内原有铁路迅速修复通车，通过修建双线、提高线路等级、扩建站场、改革牵引动力等技术更新改造，及大量修建新线，运输能力大大提高。

1949 年 2 月，在北平成立平津铁路管理局，1949 年 5 月，平津铁路管理局迁至天津，同年 9 月改称为天津铁路管理局。

1953 年，在原天津铁路管理局的基础上成立了北京铁路局。

建局之后，新建丰(台)沙(城)线、丰沙Ⅱ线、(北)京原(平)线、太(原)焦(作)线、介(休)(孝)西线等，京包、京广、石太(石阳段)、津浦(部分区间)等线修建复线，同蒲线技术改造，京包复线，北京枢纽继续施工和京广线水害恢复工程，北京、天津、石家庄、太原、大同等枢纽建设，新建北京客站等。

1962 年，北京铁路局运输营业里程达 3 762 km，其中复线里程达 1 421 km。

建国初期，北京铁路局运输设备大有改善：在全路首先使用内燃机车，成立了第一个内燃机务段；各机务段以国产机车替代旧杂型机车，提高了牵引能力；改造 3 路载波机为 12 路（1957 年 4 月，中国第一条 12 路载波电话线路于北京—郑州间开通），通信能力大提高；研制成继电半自动闭塞和自动闭塞、色灯电锁器联锁和电气集中（1955 年1 月，中国第一个自动闭塞信号试点区段于京山线张贵庄—新河站间试装成功），提高了运输效率和行车安全程度；在北京—门头沟支线上第一次试铺长钢轨和钢筋混凝土轨枕。

(二)改革开放后的快速发展

1978 年 12 月党的十一届三中全会后，北京铁路局的发展进入了新的历史时期。在党的基本路线指引下，贯彻国家改革开放的总方针，进行了一系列整顿和改革，破除旧的传统观念和管理体制，开始建立符合改革开放政策和市场经济要求的新的管理体制和机制，运输生产和经济效益大大提高。

1981 年，在全局开展以整顿治安秩序、劳动纪律、生产管理、道德风尚、职工队伍为内容的“五整顿”活动。

1984 年，北京铁路局于 11 月首先在大同至秦皇岛间改革行车办法，试验开行牵引重量为 7 400 吨的重载组合列车，最高每日开行 6 对，对缓和丰沙线运输压力和突击运送晋煤作了重要贡献。1988 年12 月在大秦线西段（湖东至大石庄间）组织重载列车运输试验运营，开行 5 000 吨、6 000 吨、10 000 吨重量等级的重载列车。1992 年 12 月 21 日，大秦铁路全线开通运营。

1993 年，北京铁路局挖潜扩能，加强货运组织，改革货运管理办法，发展集装箱联运；开行优质优价列车和旅游列车，组织直达列车，提高运输效率，当年全局装卸车双超两万辆。

1994 年，积极开发货源，拓宽货源渠道；转变观念，变“找我运货”为“我要运货”，从“坐商”向“行商”观念转化；改革运输方案，发展阶梯直达，发展集装化运输和重载运输；强化集中统一指挥。

1996 年 1 月 21 日，北京西站开通运营；同年 9 月 1 日，京九铁路开通运行，北京铁路局增添了一个特等站和一条南北大通道干线铁路，增强了客货运输能力。

1997 年 4 月 1 日，全路实施第一次大面积提速调图，路局以此为契机调整列车结构，优化运输市场，拓宽行包运输渠道，扩大集装箱运输市场，取得了明显效益。

1998 年，亚洲发生金融危机，国内发生百年不遇的洪涝灾害，致使运输市场严重疲软。北京铁路局发动广大职工增运补欠，实施“以客补货”的运输调整战略和“客运瞄准公路，行包瞄准邮政，服务瞄准航空，货运瞄准‘白货’及中小企业”的营销策略，建立路局、分局、站段三级营销机构，组建营销队伍。10 月 1 日，铁路实施第二次大面积提速调图，路局紧紧抓住提速机遇，通过市场调研、客流分析、产品设计、市场开发、运能配置、营造环境、改善服务、改进售票方式等措施，改变了经营困难的局面。

1999 年，北京铁路局优化客货、管内直通、区域、品类五种运输结构；开发了城际列车、京郊旅游列车、假日列车、行包大列等形成系列化、梯次化的新品种。旅客列车实行等级化管理，车站服务开展达标活动。

2000 年至 2001 年，全路实施了第三次和第四次大面积提速调图，北京铁路局以提速工作为主线，加强提速线路改造，调整运输组织，提高运输效率。2001 年，移交中国铁道通信信息有限责任公司；撤销临汾铁路分局，整建制并入太原铁路分局。

2003 年 10 月，北京、太原铁路建设集团有限公司和北京、太原勘测设计院划归中国铁路工程总公司；教育、卫生单位先后移交地方管理。管理体制改革发生了根本性变化。

2004 年 4 月 18 日，全国铁路进行了第五次大面积提速调图，北京站开行了 19 对 Z 字头列车；北京站、北京西站扩能改造及两站无柱雨棚工程竣工；大秦线 2 亿吨扩能改造工程取得阶段性胜利；侯月及南同蒲线扩能增量改造工程按计划推进；忻河线电气化改造及河东联络线工程除接触网外全线开通；阳涉铁路工程通过国家正式验收；实行客运机车跨局长交路，单司机值乘；大秦铁路股份有限公司正式挂牌创立。

2005 年 3 月 18 日，按照部党组的统一部署实行了路局直管站段的改革，撤销了北京、天津、石家庄铁路分局，原太原、大同铁路分局撤销，组建太原铁路局；在北京、天津、石家庄成立 3 个铁路办事处；全局主要运输站段减少到 50 个，并规范了站段、车间内部机构设置；机务系统在主要干线实行了双司机配班、单司机值乘；车辆系统通过整合检修资源，推进了专业化集中修；工务、电务、供电系统进行了养修分开、值检分开的有益探索；运输系统在调度指挥、运输组织等方面采取了一系列调整措施。

2007 年 4 月 18 日，铁路进行了第六次大面积提速，北京铁路局以北京站、北京西站为中心，分阶段先后开行和谐号动车组，辐射沈阳、长春、哈尔滨、济南、四方、上海、汉口、郑州、天津、石家庄、邯郸、北戴河、秦皇岛等地；全局时速 160 km 以上提速线路达到 1 663 km，占全局营业里程的 27.6%，提速里程居全路第一位；对京沪、津秦沈、石德、京九等干线进行了电气化改造；完成了北京和北京西动车运用所建设；取消区域调度台，分系统设置 15 个调度室。

2008 年 8 月 1 日，京津城际铁路开通运营，作为我国第一条真正意义上的高速铁路使北京铁路局成为全路高铁的第一个实践者，又一次书写了中国铁路的历史。2008 年，在全路建成了第一个与地铁、公交、出租零换乘的现代化车站——北京南站，北京南站集中体现了功能性、系统性、先进性、文化性、经济性，成为全路客站建设的典范；客运系统实施客运“双改”，完成客票系统 5.1 版本和货票系统2.0 版本升级工作；实现与京津城际调度集中系统(CTC)的联网。

2009 年 4 月 1 日，石太客运专线开通运营。北京铁路局时速 200 km 以上线路达到 716.9 km，占全局营业里程的 11.9%。将北京车辆段与北京动车检修基地合二为一，在全路成立了第一个动车客车段，率先具备动车组三级修等高级修批量能力，实现了动车客车检修工厂化、专业化；在全路组建了第一个、也是华北地区唯一一个客运专线基础设施维修基地，实现了线路养护机械化、规模化；北京北站改造工程完工；天津大功率机车修造基地建成；天津枢纽生产布局调整，完成铁通专网业务接收、全路通信技术中心组建和铁道博物馆的重组整合工作。

2010 年，房建、生活、公寓系统 21 个单位实现公司化治理；对路局机关处(部)室职能进行优化调整，理顺了管理关系，强化了专业管理；建立了基于网络技术的安全管理控制系统、客运服务评价系统、设备质量评价系统；成立了 16 个合资铁路公司(筹备组)。

2011 年 6 月 30 日，京沪高速铁路顺利开通运营，并保持安全稳定。全局完成旅客发送量 2.01 亿人，同比增长 4.1%；货物发送量 3.01 亿吨，同比增长 9.4%；通信光缆线路广泛使用，数字化通信覆盖主要干线铁路，京津城际、京沪高铁、京广高铁、京九线已建成铁路数字移动通信系统(GSM-R)；加快推进北京铁路客户服务中心和 12306 网站建设，打造电话订票、网络售票、信息咨询、旅客投诉的信息平台，客运服务工作进一步制度化、规范化，客运服务水平得到有效提升。

2012年，全局干部职工认真落实市场主体责任，深入推行安全风险管理，大力实施多元化经营，切实提高客货服务质量，科学有序推进铁路建设，完成了京广高铁京郑段工程施工、联调联试、运行试验、运营准备等工作，确保了世界上运营里程最长的高速铁路——京广高速铁路全线安全开通。铁路检察院、法院顺利移交地方管理。全年消灭了一般A类及以上责任事故，实现了安全年。全局客运量完成21 380万人，同比增长5.1%；货运完成30 143万吨，同比增长0.2%。客运服务质量持续提升，全面推行互联网售票、电话订票和自助售票，6个大站和19个地市级车站实行100%实名制验证验票进站，对高铁旅客实行“人性化、无干扰、自助式、引导式”服务。

2013年，全局落实“安全风险管理年”要求，构建安全风险防控体系，实现安全年。积极稳妥实施14轮生产力布局调整，强化一线人员补充与保障。深入开展“旅客满意、货主满意”活动，大力提升客运工作水平，全年客运量2.39亿人，同比增长12%。深入推进货运组织改革，克服宏观经济不利因素影响，努力增运增收，全年货运量30 375万吨，同比增加241万吨。铁路建设方面，历时5年建设的津秦高铁顺利开通运营；邯黄铁路顺利开通，成为我局新的干线；天津地下直径线、曹庄运车所、沿线枢纽站房等工程同步开通，全年共投产新线746 km，占全路新线投产里程的15%。

2014年，全局干部职工认真落实市场主体责任，内强基础，外拓市场，扎实有序推进改革发展各项工作，取得了显著成绩。深入推进安全风险管理，强化安全生产过程控制，加大安全责任落实力度，消灭了一般B类以上责任行车事故，实现了安全年客运方面以实现“安全出行、方便出行、温馨出行”常态化为重点，全年完成旅客发送量2.63亿人；货运方面，以“实货制”运输为核心，全面实行货运“一口价”，全年货物发送量2.98亿吨。铁路建设方面，邯长铁路扩能改造、北京地下直径线、京沪高铁至天津西站北联络线、石家庄枢纽改造京广普速入地四项工程建成投产，总营业里程达 7 690 km。

2015 年，全局干部职工认真落实市场主体责任，紧密围绕“深化改革、规范管理、创新发展”工作主线，连续实现第 4 个安全年。全年旅客发送量完成 2.7 亿人，货运发送量完成 2.6 亿吨。铁路建设方面，京津城际延伸线、唐山客车线、津保铁路、张唐铁路共计 756 km 新线开通运营，创历史最高纪录。

2016 年，全局干部职工以“全面深化改革、提高质量效益、实现创新发展”为主线，全年杜绝了一般 B 类以上行车责任事故，连续实现第 5 个安全年。全年旅客发送量完成 2.92 亿人，货物发送量完成 2.54 亿吨。优化生产力布局，规范调度、施工、防洪、绿化、护路、环治等机构职能，调整非运输企业出资关系，加强合资铁路管理，统筹发挥全局人员、资源优势。

三、《中长期铁路网规划》的发布

2016 年 7 月 13 日，国家发改委、交通运输部及中国铁路总公司联合印发了《中长期铁路网规划》(发改基础〔2016〕1536 号)，本次《规划》期限为 2016 年～2025 年，远期展望到 2030 年。规划显示，到 2020 年，铁路网规模达到 15 万 km，其中高速铁路 3 万 km，覆盖 80％以上的大城市，为完成“十三五”规划任务、实现全面建成小康社会目标提供有力支撑。到 2025 年，铁路网规模达到 17.5 万 km 左右，其中高速铁路 3.8 万 km 左右，网络覆盖进一步扩大，路网结构更加优化，骨干作用更加显著，更好发挥铁路对经济社会发展的保障作用。展望到 2030 年，基本实现内外互联互通、区际多路畅通、省会高铁连通、地市快速通达、县域基本覆盖。规划主要包括三部分内容。

（一）高速铁路网

在“四纵四横”高速铁路的基础上，增加客流支撑、标准适宜、发展需要的高速铁路，部分利用时速 200 km 铁路，形成以“八纵八横”主通道为骨架、区域连接线衔接、城际铁路补充的高速铁路网，实现省会城市高速铁路通达、区际之间高效便捷相连。

因地制宜、科学确定高速铁路建设标准。高速铁路主通道规划新增项目原则采用时速 250 km 及以上标准，其中沿线人口城镇稠密、经济比较发达、贯通特大城市的铁路可采用时速 350 km 标准。区域铁路连接线原则采用时速 250 km 及以下标准。城际铁路原则采用时速 200 km 及以下标准。

1. 构筑“八纵八横”高速铁路主通道

（1）“八纵”通道

沿海通道。大连（丹东）—秦皇岛—天津—东营—潍坊—青岛（烟台）—连云港—盐城—南通—上海—宁波—福州—厦门—深圳—湛江—北海（防城港）高速铁路，连接东部沿海地区，贯通京津冀、辽中南、山东半岛、东陇海、长三角、海峡西岸、珠三角、北部湾等城市群。

京沪通道。北京—天津—济南—南京—上海（杭州）高速铁路，包括南京—杭州、蚌埠—合肥—杭州高速铁路，同时通过北京—天津—东营—潍坊—临沂—淮安—扬州—南通—上海高速铁路，连接华北、华东地区，贯通京津冀、长三角等城市群。

京港（台）通道。北京—衡水—菏泽—商丘—阜阳—合肥（黄冈）—九江—南昌—赣州—深圳—香港（九龙）高速铁路；另一支线为合肥—福州—台北高速铁路，包括南昌—福州（莆田）铁路。连接华北、华中、华东、华南地区，贯通京津冀、长江中游、海峡西岸、珠三角等城市群。

京哈—京港澳通道。哈尔滨—长春—沈阳—北京—石家庄—郑州—武汉—长沙—广州—深圳—香港高速铁路，包括广州—珠海—澳门高速铁路。连接东北、华北、华中、华南、港澳地区，贯通哈长、辽中南、京津冀、中原、长江中游、珠三角等城市群。

呼南通道。呼和浩特—大同—太原—郑州—襄阳—常德—益阳—邵阳—永州—桂林—南宁高速铁路。连接华北、中原、华中、华南地区，贯通呼包鄂榆、山西中部、中原、长江中游、北部湾等城市群。

京昆通道。北京—石家庄—太原—西安—成都（重庆）—昆明高速铁路，包括北京—张家口—大同—太原高速铁路。连接华北、西北、西南地区，贯通京津冀、太原、关中平原、成渝、滇中等城市群。

包（银）海通道。包头—延安—西安—重庆—贵阳—南宁—湛江—海口（三亚）高速铁路，包括银川—西安以及海南环岛高速铁路。连接西北、西南、华南地区，贯通呼包鄂、宁夏沿黄、关中平原、成渝、黔中、北部湾等城市群。

兰（西）广通道。兰州（西宁）—成都（重庆）—贵阳—广州高速铁路。连接西北、西南、华南地区，贯通兰西、成渝、黔中、珠三角等城市群。

（2）“八横”通道

绥满通道。绥芬河—牡丹江—哈尔滨—齐齐哈尔—海拉尔—满洲里高速铁路。连接黑龙江及蒙东地区。

京兰通道。北京—呼和浩特—银川—兰州高速铁路。连接华北、西北地区，贯通京津冀、呼包鄂、宁夏沿黄、兰西等城市群。

青银通道。青岛—济南—石家庄—太原—银川高速铁路（其中绥德至银川段利用太中银铁路）。连接华东、华北、西北地区，贯通山东半岛、京津冀、太原、宁夏沿黄等城市群。

陆桥通道。连云港—徐州—郑州—西安—兰州—西宁—乌鲁木齐高速铁路。连接华东、华中、西北地区，贯通东陇海、中原、关中平原、兰西、天山北坡等城市群。

沿江通道。上海—南京—合肥—武汉—重庆—成都高速铁路，包括南京—安庆—九江—武汉—宜昌—重庆、万州—达州—遂宁—成都高速铁路（其中成都至遂宁段利用达成铁路），连接华东、华中、西南地区，贯通长三角、长江中游、成渝等城市群。

沪昆通道。上海—杭州—南昌—长沙—贵阳—昆明高速铁路。连接华东、华中、西南地区，贯通长三角、长江中游、黔中、滇中等城市群。

厦渝通道。厦门—龙岩—赣州—长沙—常德—张家界—黔江—重庆高速铁路（其中厦门至赣州段利用龙厦铁路、赣龙铁路，常德至黔江段利用黔张常铁路）。连接海峡西岸、中南、西南地区，贯通海峡西岸、长江中游、成渝等城市群。

广昆通道。广州—南宁—昆明高速铁路。连接华南、西南地区，贯通珠三角、北部湾、滇中等城市群。

2. 拓展区域铁路连接线

在“八纵八横”主通道的基础上，规划建设高速铁路区域连接线，进一步完善路网、扩大覆盖。

东部地区。北京—唐山、天津—承德、日照—临沂—菏泽—兰考、上海—湖州、南通—苏州—嘉兴、杭州—温州、合肥—新沂、龙岩—梅州—龙川、梅州—汕头、广州—汕尾等铁路。

东北地区。齐齐哈尔—乌兰浩特—白城—通辽、佳木斯—牡丹江—敦化—通化—沈阳、赤峰和通辽至京沈高铁连接线、朝阳—盘锦等铁路。

中部地区。郑州—阜阳、郑州—濮阳—聊城—济南、黄冈—安庆—黄山、巴东—宜昌、宣城—绩溪、南昌—景德镇—黄山、石门—张家界—吉首—怀化等铁路。

西部地区。玉屏—铜仁—吉首、绵阳—遂宁—内江—自贡、昭通—六盘水、兰州—张掖、贵港—玉林等铁路。

3. 发展城际客运铁路

在优先利用高速铁路、普速铁路开行城际列车服务城际功能的同时，规划建设支撑和引领新型城镇化发展、有效连接大中城市与中心城镇、服务通勤功能的城市群城际客运铁路。

京津冀、长三角、珠三角、长江中游、成渝、中原、山东半岛等城市群，建成城际铁路网；海峡西岸、哈长、辽中南、关中、北部湾等城市群，建成城际铁路骨架网；滇中、黔中、天山北坡、宁夏沿黄、呼包鄂榆等城市群，建成城际铁路骨干通道。

（二）普速铁路网

扩大中西部路网覆盖，完善东部网络布局，提升既有路网质量，推进周边互联互通，形成覆盖广泛、内联外通、通边达海的普速铁路网，提高对扶贫脱贫、地区发展、对外开放、国家安全等方面的支撑保障能力。到2025年，普速铁路网规模达到13.1万km左右，并规划实施既有线扩能改造2万km左右。

1. 形成区际快捷大能力通道

(1)京津冀—东北通道。利用京哈、津山、沈山、哈大、集通等铁路，实施京通、平齐等铁路扩能，构建北京（天津）—沈阳—哈尔滨—绥芬河（同江）、北京（天津）—通辽—齐齐哈尔—满洲里等进出关通道，连接京津冀、辽中南、哈长城市群。

(2)京津冀—长三角、海峡西岸通道。利用京沪、京九、华东二通道、皖赣、金温、赣龙等铁路，建设阜阳—六安—景德镇、衢州—宁德、兴国—永安—泉州等铁路，实施皖赣等铁路改造，构建北京（天津）—济南—上海（杭州、宁波）、北京（天津）—商丘—南昌—福州（厦门）通道，连接京津冀、长三角、长江中游及海峡西岸城市群。

(3)京津冀—珠三角、北部湾通道。利用京广、京九、湘桂、焦柳、大湛等铁路，建设龙川—汕尾等铁路，实施焦柳、洛湛南段扩能改造，构建北京—武汉—广州(南宁)、北京—南昌—深圳通道，连接京津冀、中原、长江中游、珠三角及北部湾等城市群。

(4)京津冀—西北(西藏)通道。利用京包兰、临哈、南疆以及京广、石太、太中银、兰青、青藏等铁路，实施青藏铁路格拉段、南疆铁路等扩能改造，建设柳沟—三塘湖—将军庙铁路，构建北京(天津)—呼和浩特—乌鲁木齐—喀什、北京(天津)—石家庄—太原—兰州—西宁—拉萨通道，连接京津冀、兰西城市群及西藏地区。

(5)京津冀—西南通道。利用京广、沪昆、南北同蒲、西康、襄渝、成昆、内昆等铁路，构建北京—西安(长沙)—川、渝、黔、滇通道，连接京津冀与滇中城市群。

(6)长三角—西北通道。利用京沪、陆桥以及宁西铁路等，实施西平铁路、宝中铁路平凉至中卫段扩能、三门峡经禹州至江苏沿海港口铁路，构建长三角—西安—乌鲁木齐—阿拉山口(霍尔果斯)通道，连接长三角、中原、关中平原、兰西城市群。

(7)长三角—成渝通道。利用京沪、宁西、宁启、铜九、武九、武襄渝、达成、成渝等铁路，实施南京—芜湖—铜陵—九江铁路等扩能改造，建设九江—岳阳—常德、黔江—遵义—昭通—攀枝花—大理铁路，规划研究沿江货运铁路，构建上海—南京(合肥)—武汉—重庆—成都沿江通道，连接长三角、长江中游、成渝城市群。

(8)长三角—云贵通道。利用沪昆、金温铁路等，建设宁波(台州)—金华、温州—武夷山—吉安、赣州—郴州—永州—兴义铁路，实施衡茶吉铁路扩能，构建长三角、长江中游至云贵地区通道。

(9)长三角—珠三角通道。利用沪昆、京九、京广等铁路，实施赣韶铁路扩能，连接长三角、珠三角城市群。

（10）珠三角—西南通道。利用京广、沪昆、渝黔、广茂、黎湛铁路等，建设柳州—梧州—广州、韶关—贺州—柳州—百色铁路，实施渝怀、黔桂、南昆铁路扩能，构建珠三角至西南地区通道。

（11）山东半岛—西北通道。利用胶济、石德、石太、太中银、兰新铁路等，建设平凉经固原至定西等铁路，构建山东半岛西向联系通道。

（12）西北—西南通道。利用兰新、陇海、宝成、包西、兰渝、西康、襄渝、渝黔、成昆、内昆等铁路，建设库尔勒—格尔木、格尔木—成都等铁路，构建西北（含呼包鄂榆）至西南地区通道。

2. 面向"一带一路"国际通道

推进我国与周边互联互通完善口岸配套设施，强化沿海港口后方通道。

西北方向。规划建设克拉玛依—塔城（巴克图）、喀什—伊尔克什坦、喀什—红其拉甫、阿勒泰—喀纳斯（吉克普林）、阿勒泰—吉木乃等铁路及满都拉、乌力吉、老爷庙等口岸铁路。

西南方向。实施南宁—凭祥铁路扩能，规划建设芒市—猴桥、临沧—清水河、日喀则—吉隆、日喀则—亚东、靖西—龙邦、防城港—东兴等铁路。

东北方向。实施集宁—二连浩特铁路扩能，规划建设伊尔施—阿日哈沙特、海拉尔—黑山头、莫尔道嘎—室韦、古莲—洛古河、虎林—吉祥、密山—档壁镇、南坪—茂山、开山屯—三峰、长白山—惠山、盘古—连崟等铁路。

沿海方向。以大连、秦皇岛、天津、烟台、青岛、连云港、上海、宁波—舟山、福州、泉州、厦门、汕头、深圳、广州、茂名、湛江、海口等沿海城市及重要港口为支点，畅通港口城市后方铁路通道及集疏运体系，构建连接内陆、铁海联运的国际交通走廊。

3. 促进脱贫攻坚和国土开发铁路

扩大路网覆盖面。建设安康—恩施—张家界、赣州—郴州—永州—兴义、阜阳—六安—景德镇、温州—武夷山—吉安、兴国—永安—泉州、黔江—遵义—昭通—攀枝花—大理、宁德—南平、瑞金—梅州、建宁—冠豸山、韶关—贺州—柳州—百色、黄陵—庆阳—平凉—固原—定西、额济纳—酒泉、汉中—巴中—南充、贵阳—兴义、黄桶—百色、涪陵—柳州、泸州—遵义、师宗—文山、临沧—普洱等铁路。

完善进出西藏、新疆通道。建设川藏铁路雅安—昌都—林芝段、滇藏铁路香格里拉—邦达段、罗布泊—若羌—和田、成都—格尔木、柳沟—三塘湖—将军庙、西宁—玉树—昌都铁路，研究建设新藏铁路和田—日喀则段，形成进出西藏、新疆、青海及四省藏区的便捷通道。

促进沿边开发开放。建设韩家园—黑河、孙吴—逊克—乌伊岭、鹤岗—富锦、创业—饶河—东方红、东宁—珲春等东北沿边铁路，芒市—临沧—文山—靖西—防城港等西南沿边铁路。

4. 强化铁路集疏运系统。以资源富集区、主要港口及物流园区为重点，规划建设地区开发性铁路以及疏港型、园区型等支线铁路，形成干支有效衔接、促进多式联运的现代铁路集疏运系统，畅通铁路运输的“最先一公里”和“最后一公里”。

上述路网方案实现后，远期铁路网规模将达到20万km左右，其中高速铁路4.5万km左右。

（三）综合交通枢纽

统筹运输网络格局，按照“客内货外”的原则，优化铁路枢纽布局，完善系统配套设施，修编铁路枢纽总图。创新体制机制，统筹建设运营，促进同步建设、协同管理，形成系统配套、一体便捷、站城融合的现代化综合枢纽。研究制定综合枢纽建设、运营、服务等标准规范。构建北京、上海、广州、武汉、成都、沈阳、西安、郑州、天津、南京、深圳、合肥、贵阳、重庆、杭州、福州、南宁、昆明、乌鲁木齐等综合铁路枢纽。

1. 客运枢纽。按照“零距离”换乘要求,同站规划建设以铁路客站为中心、与其他交通方式有机衔接的综合交通体,特大城市要强化铁路客运枢纽、机场、城市轨道交通的便捷连接。实施站区地上地下立体综合开发,打造高效便捷的综合客运枢纽和产城融合发展的临站经济区。同步强化客运枢纽场站设施,完善动车段(所)、客运机车车辆以及维修设施,完善客运枢纽(高铁车站)快件集散等快捷货物服务功能设施。

2. 货运枢纽。合理布局铁路物流中心、铁路集装箱中心站及末端配送服务设施,扩大货物集散服务网络。按照“无缝化”衔接要求,完善货运枢纽多式联运、集装箱运输、邮政快递运输、国际联运以及集疏运等“一站式”服务设施,提升枢纽集散能力和服务效率。优化货运枢纽编组站,完善货运机车车辆设施。布局建设综合维修基地、应急救援基地以及配套完善铁路战备设施等。以发展枢纽型园区经济为导向,推进传统货运场站向城市物流配送中心、现代物流园区转型发展。

四、京津冀地区城际铁路网规划

2016 年 11 月 18 日,国家发改委对于关京津冀地区城际铁路网规划做出批复(发改基础〔2016〕2446 号),为贯彻落实京津冀协同发展战略部署,推进京津冀区域交通一体化发展,构建以轨道交通为骨干的城际交通网络,原则同意京津冀地区城际铁路网规划修编方案。

1. 规划范围。北京市、天津市和河北省。

2. 发展目标。以“京津、京保石、京唐秦”三大通道为主轴，到2020年，与既有路网共同连接区域所有地级及以上城市，基本实现京津石中心城区与周边城镇0.5～1小时通勤圈，京津保0.5～1小时交通圈，有效支撑和引导区域空间布局调整和产业转型升级。远期到2030年基本形成以“四纵四横一环”为骨架的城际铁路网络。

3. 建设期限和内容。到2020年前实施北京至霸州铁路、北京至唐山铁路、北京至天津滨海新区铁路、崇礼铁路、廊坊至涿州城际铁路、首都机场至北京新机场城际铁路联络线、环北京城际铁路廊坊至平谷段、固安至保定城际铁路、北京至石家庄城际铁路等9个项目，总里程约1 100 km，初步估算投资约2 470亿元。远期根据京津冀协同发展战略需要，具备条件的项目经论证后可适时启动。

第二节　北京铁路局概况

北京铁路局管内的铁路处于中国铁路网的中枢，以北京为中心，放射到内地各省会直达列车的始发点，是华北地区物资流通的枢纽，是联结俄罗斯、朝鲜、越南、蒙古以及中亚各国的联运通道，是国家和国防特运任务比较繁重的区段。北京铁路局如今已经成为全路最繁忙的客运局之一，全国所有的省会城市和直辖市（除台湾省外）都有直达北京的列车。

注：本节涉及数据，如未单独注明，均截止于2016年12月31日。

一、管辖范围

北京铁路局所辖线路分布在北京、天津、河北“两市一省”及山东、河南、山西省的部分地区，连接天津、秦皇岛、黄骅三个港口，与沈阳、济南、郑州、太原、呼和浩特铁路局相接。京哈线在秦皇岛站至山海关站间 312.498 km 处、京通线在隆化站至汤头沟站间 244.565 km 处、津山线在龙家营站至山海关站间 433.950 km 处与沈阳铁路局分界；京广线在柏庄站至安阳站间 485.800 km 处与郑州铁路局分界；京沪线在德州站至于官屯站间 371.000 km 处、京九线在临西站至临清站间 372.777 km 处与济南铁路局分界；京包线在郭磊庄站至柴沟堡站间 225.000 km 处、京原线在大涧站至灵丘站间 234.000 km 处、石太线在赛鱼站至坡头站间 117.000 km 处与太原铁路局分界。

二、路网结构

北京铁路局管内有正线 171 条，其中高速铁路 6 条（京津城际、石太客专、京沪高铁、京广高铁、津秦高铁、津霸客专），繁忙干线 6 条（京哈、京沪、京广、京九、津山、石太），干线 6 条（丰沙、京通、京承、京原、石德、京包）。线路总延展长度 21 098.9 km（含控股合资公司 5 257.3 km，非控股合资公司 2 734.8 km），其中正线延展长度 14 776.3 km（含控股合资公司 4 721.9 km，非控股合资公司 1 761.4 km）。全局营业里程 8 455.2 km（含控股合资公司 2 502.7 km，非控股合资公司 1 141.7 km），其中双线铁路 5 919 km（含控股合资公司 2 274.2 km，非控股合资公司 616.5 km），电气化铁路 6 460.1 km（含控股合资公司 2 229.2 km，非控股合资公司 1 052.7 km），控股高速铁路 1 546.9 km。

三、机构设置及职能

北京铁路局下辖运输站段 76 个，包括直属站 15 个、车务段 11 个、客运段 3 个、机务段 7 个、供电段 5 个、电务段 5 个、通信段

1个、工务段13个、车辆段5个、动车段1个、大型养路机械运用检修段1个、工电大修段1个、货运中心6个、京铁物流中心1个、邯郸京铁运输有限公司1个。2016年末国铁职工总数为180 256人。

1. 运输组织

北京铁路局车务管理、调度专业管理、车务设备管理、运输技术管理、高铁和施工车务管理由运输处负责。北京铁路局车务系统有车务段11个，直属站15个，车站471个(其中特等站7个、一等站29个、二等站47个、三等站106个)。

2. 客运

2016年底北京铁路局共有办理客运业务的车站138个，其中特等站4个、一等站17个、二等站25个、三等站45个、四等站23个、高速铁路车站24个；办理行包业务车站35个，给水站18个；客运段3个；担当值乘旅客列车321.5对。

3. 货运

北京铁路局货运及物流管理工作由货运处负责。货运处对北京货运中心、丰台货运中心、天津货运中心、唐山货运中心、石家庄货运中心、邯郸货运中心和京铁物流中心所属74个营业部，303个货运网点，实施专业管理。

4. 机务

北京铁路局机车运用、检修、整备和救援列车、动车组司机等管理工作由机务处负责并对全局7个机务段(北京、丰台、怀柔北、天津、唐山、石家庄电力、邯郸机务段)实行专业管理。全局配属机车1 735台，其中电力机车1 020台，内燃机车715台。

5. 车辆

北京铁路局动车组、客货车辆检修、运用和技术业务管理工作由车辆处负责。车辆处对全局车辆系统4个车辆段(北京、丰台、天津、石家庄车辆段)、1 个动车段(北京动车段)和 1 个动车客车段(天津动车客车段)工作实施专业管理。北京局配属动车组 222 列(折短编组 312 组 2 496 辆),配属客车 2 710 辆,其中空调客车 2 248 辆。

6. 工务

北京铁路局管内线路、桥梁、隧道和路基等工务设备的大修、中修、维修,道口、林业、采石等管理以及对全局工务系统业务的指导由工务处负责。目前,全局工务系统共有 15 个基层单位,其中工务段 13 个、工电大修段 1 个、大型养路机械运用检修段 1 个。全局管辖线路(含国铁及京津城际、石太客专、京沪高铁、京广高速、津秦高铁、唐呼线和南环、阳涉、邯黄、蓟港公司) 18 940.894 km,其中正线延展长 13 446.75 km、站段岔特线延展长 5 494.144 km,道岔 17 856 组。铺设无缝线路 13 102.74 km,其中跨区间无缝线路 9 450.305 km。桥梁 7 192 座/2 037.6 延长公里、隧道 799 座/807.31 延长公里、涵渠 15 198 座/412.688 延长公里。

7. 电务

北京铁路局管内信号、通信、车载列控设备维修、中修、大修、更新改造,列车运行监控记录装置(简称 LKJ)基础数据编制、设备检测、控制模式设定等业务管理由电务处负责。电务处对各电务段、北京通信段工作进行业务指导。

北京铁路局管内设北京、北京西、天津、唐山、石家庄电务段和北京通信段。管辖区间闭塞信号设备 7 518.4 km,其中自动闭塞 5 535 km;列车调度指挥系统(TDCS) 3 849.717 km,调度集中 2 806.497 km;车站联锁设备 644 站/场,其中电气集中 600 站/场(含计算机联锁 452 站/场);驼峰场 23 个,其中自动化驼峰场 19 个。管辖的主要通信设备有光、电缆线路 39 525 km,漏泄同轴电缆 1 520 km,传输与接入网设备 4 579 台,数据网设备 8 654 台,调度通信设备 4 374 台，综合视频监控设备 10 259 台，会议设备 2 684 台，广播与站场设备 5 332 台，应急通信设备 1 325 台，天线铁塔、电杆（含G 网）2 854 座，G 网设备 6 803 台。

8. 供电

北京铁路局牵引供电、电力设备、作业车辆运行与检修，设备大修、更新改造，新线项目技术、设备管理，给水设施运行与检修，供电能力查定与外电协调及指导供电调度等管理工作由供电处负责。

全局供电系统有供电段 5 个、维管段 2 个、生产车间 73 个。全局有接触网设备 17 048.614 条公里，牵引变电所 107 座、分区所（开闭所或 AT 所）239 座，电力线路 31 658.251 km，电力变配电所 174 座，给水管路 1 521.889 km、给水所 424 个。

第二章　企业文化建设

第一节　铁路企业文化

一、企业文化的内涵

企业的文化建设不仅对于企业内部成员的精神信仰起着良好的凝聚作用，而且它还间接影响着企业外部的营销力，决定着企业未来的经营、发展业绩。这正如美国学者劳伦斯·米勒在《美国文化精神》中所说："企业唯有发展出一种文化，这种文化能够激励在竞争中获得成功的一切行为，这样的企业才能在竞争中获得成功。"

（一）企业文化的含义

所谓企业文化，就是对企业成员所培养的共同规范、共同信仰的和共同追求，它具有强大的心理激发力、精神感召力和能量诱放力，并弥漫于企业文化群体之间，犹如一道无形的力量，把每个个体的行为整合起来，维系、主导并昭示着企业中的所有成员，引导他们朝着既定的目标去奋斗。

企业文化包括企业的经营理念、经营宗旨、发展战略、奋斗目标；员工品质、职业道德、行为规范；企业作风、礼仪庆典、社会形象等。

（二）企业文化的表现形式

从企业文化的表现形式入手，可以把企业文化分为外显文化和内隐文化两部分。

1. 企业文化的外显部分指企业的文化设施、文化教育、技术培训和文娱、联谊活动等。

2. 企业文化的隐含部分指在企业内部为达到总体目标而逐步形成的一贯倡导的不断充电的并为全体成员自觉遵循的价值标准、道德规范、工作态度、行为取向和生活观念，以及由这些因素融汇而成的整体风貌。企业文化的隐含部分虽然隐含在显性内容的背后，但它直接表现为精神活动，直接具有文化的特质，而且在企业文化中起着根本的决定性作用。

铁路文化是中国特色社会主义文化的重要内容，具有浓郁时代特征和鲜明行业特色。在铁路事业发展的历史进程中，广大铁路职工创造了体现不同时期要求、富有深厚底蕴的铁路文化，发挥了培育精神、鼓舞士气、引领行为、塑造形象的重要作用。安全是铁路企业的生命，安全文化是铁路企业文化的核心内容。安全文化是企业在长期安全生产的经营活动中，逐步形成能为职工接受并遵循的具有企业特色的安全观念和意识，安全作风和态度，安全管理机制和行为规范，是一个企业凝聚力、向心力、发展力的集中体现，是一个单位坚持安全发展的动力源泉，是广大职工与安全生产相依相存的精神力量，是确保安全生产的重要基石。

二、“安全优质、兴路强国”——新时期铁路精神

习近平总书记在2014年2月24日主持中共中央政治局集体学习时强调：“把培育和弘扬社会主义核心价值观作为凝魂聚气、强基固本的基础工程，继承和发扬中华优秀传统文化和传统美德，广泛开展社会主义核心价值观宣传教育，积极引导人们讲道德、尊道德、守道德，追求高尚的道德理想，不断夯实中国特色社会主义的思想道德基础。”中国铁路总公司党组明确要求，全路要以学习宣传习近平总书记系列讲话精神为重点，深入开展中国特色社会主义、中国梦和社

会主义核心价值观教育，大力弘扬新时期铁路精神，建设传承铁路传统、彰显时代精神、体现行业特色的铁路企业文化，为增强铁路企业的凝聚力和竞争力，更好地满足广大职工精神文化需求，开创铁路安全稳定、改革发展新局面提供坚实的思想保证、强大的精神动力和良好的文化条件。

“安全优质、兴路强国”的新时期铁路精神，是在面向全路广大干部职工广泛征集和反复论证基础上形成的，是对铁路厚重历史积淀和鲜明文化特征的提炼，也是对铁路人共有的理想信念和价值追求的升华，反映了铁路本质属性，彰显了时代对铁路的要求，绘就了200万铁路职工的共同愿景。我们应从以下三个方面理解培育和践行新时期铁路精神的重要意义。

（一）培育和践行新时期铁路精神，是传承和弘扬铁路光荣传统，不断增强广大干部职工主人翁责任感的重要途径

中国铁路发展史，承载着光荣传统和厚重文化，在不同的历史阶段，形成了各具特色的铁路精神，积累了宝贵的精神财富。大革命前夕，京汉铁路工人用鲜血和生命铸就“二七精神”，中国工人阶级登上历史舞台；革命战争年代，铁路人发出了“解放军打到哪里，铁路就修到哪里”的豪迈誓言，迎来了新中国的诞生；社会主义建设时期，铁路人展现了“逢山开洞、遇水搭桥、矢志不渝”的坚定斗志，不断掀起铁路建设新高潮；改革开放以来，“四通八达，多拉快跑，安全正点，当好先行”的目标追求和“改革、奉献、拼搏、争先”的新时期火车头精神，引领着铁路人为社会主义现代化建设多做贡献。如今，铁路改革发展进入新的历史阶段，“安全优质、兴路强国”的新时期铁路精神，必将激励广大职工为推动铁路事业的发展建功立业。

“挑战极限，勇创一流”“负重争先、追求卓越”“一点不差，差一点也不行”“艰苦奋斗，无私奉献，务实创新”……这一个又一个在铁路

发展实践中总结、提炼的先进理念，凝聚起了强大的精神力量；一代又一代铁路人在平凡的岗位上做出的奉献、创造的业绩，尤其是那一个个铁路先进模范人物，集中体现和升华着铁路精神的丰富内涵，推动着铁路事业不断发展进步。

不忘本来才能开辟未来，善于继承才能更好创新。铁路精神蕴含着铁路优秀传统文化的思想精华和道德精髓，积淀着铁路人最深层的精神追求，代表着铁路行业独特的精神标识，为铁路事业发展壮大提供了丰厚滋养。大力培育和践行新时期铁路精神，对于动员广大干部职工深入了解铁路的发展历史，传承和发扬铁路光荣传统，接过历史的接力棒，以实际行动书写兴路强国的新篇章，具有十分重要的意义。

（二）培育和践行新时期铁路精神，是形成铁路行业共同理想信念和价值追求，集聚推进铁路改革发展强大正能量的迫切需要

中国铁路的发展，始终伴随着民族振兴与国家兴旺。在党中央、国务院的领导下，铁路与共和国同呼吸、共命运，一代代铁路人敬业奉献、团结拼搏，走过了一条自力更生、艰苦奋斗的发展之路，走过了一条锐意进取、改革发展的创新之路，改变了铁路的落后面貌，担当起了国民经济先行官的重任，铁路人同全国人民一道，在社会主义康庄大道上阔步前进。

2013 年 3 月，铁路实施政企分开管理体制改革，掀开了中国铁路事业崭新的一页。在新体制下，铁路更好地履行社会责任，更好地服务于经济社会发展和人民群众，是党中央、国务院的殷切期望，是广大人民群众的热切期盼。中国铁路总公司成立以来，深入贯彻习近平总书记系列重要讲话精神，全面贯彻党的十八大和十八届三中、四中、五中、六中全会精神，以及中央经济工作会议、全国国有企业党的

建设工作会议精神，主动适应经济发展新常态，突出把握“强基达标、提质增效”工作主题，着力构建“三位一体”安全保障体系、着力创新铁路建设机制、着力深化运输供给侧结构性改革、着力推进应用技术创新、着力服务“一带一路”建设、着力加强和改进铁路党建和宣传思想工作，奋力开创了铁路改革发展新局面。到 2016 年底，全国铁路营业里程达 12.4 万 km，其中高速铁路 2.2 万 km 以上，位居世界第一位。铁路走向市场步伐加大，积极推进客货运输改革，努力增运增收，到 2016 年底，国家铁路发送旅客 27.7 亿人、同比增长 11.2%；国家铁路发送货物 26.5 亿吨，集装箱、商品汽车、散货快运量同比分别增长 40%、53%和 25%，均创历史新高；国家铁路主要效益指标换算周转量完成 33 786.9 亿吨公里，运输总收入 5 945 亿元，同比实现双增长。这些具有里程碑意义的重要成果，标志着我国铁路发展迈上新的台阶。

站在历史新起点上开创铁路事业新局面，最需要的是坚定信心，统一意志。当前和今后一个时期，是我国铁路改革发展进程中极为关键的时期，面临着一系列新的挑战。大力培育和践行新时期铁路精神，以共同的理想信念、价值追求和行为规范，汇聚广大干部职工的智慧和力量，对于全路干部职工统一思想、坚定信心，顽强拼搏、开拓创新，奋力夺取铁路改革发展新胜利，为促进经济社会持续健康发展做出新的更大贡献，具有十分重要的意义。

（三）培育和践行新时期铁路精神，是深化社会主义核心价值观教育，为实现中华民族伟大复兴中国梦贡献力量的时代要求

一个国家的文化软实力，从根本上说，取决于其核心价值观的生命力、凝聚力、感召力。党的十八大报告从国家、社会和公民三个层次，明确了社会主义核心价值观的重要内容，倡导富强、民主、文明、

和谐，倡导自由、平等、公正、法治，倡导爱国、敬业、诚信、友善，强调要积极培育和践行社会主义核心价值观。

新时期铁路精神是社会主义核心价值观在铁路行业的具体体现，是人民铁路性质宗旨、优良传统以及职业要求的有机结合。铁路是国民经济大动脉、国家重要基础设施和大众化交通工具，在经济社会发展中具有不可替代的作用。广大铁路职工以“人民铁路为人民”为宗旨，积极培育和践行社会主义核心价值观，把实现中华民族伟大复兴的中国梦，落实到加快推进铁路改革发展的行动中，不计得失，甘于奉献，特别能吃苦，特别能战斗，在铁路建设、技术创新、运输经营等各个方面，不断创造新业绩，出色完成了各项运输任务，向党和人民交出了一份份合格的答卷。

人民有信仰，国家才有力量。个人的价值选择，是社会价值观的重要基础。每个人秉持怎样的道德意愿、践行怎样的理想信念、追求怎样的人格品质，决定着一个社会的面貌，塑造着一个时代的气质。积小我为大我、聚个体为群体、集小气候为大气候，才能绘就社会主义中国的美好图景。大力培育和践行新时期铁路精神，对于强化社会主义核心价值观教育，激励广大铁路人以满腔热情和干劲，为经济社会持续健康发展提供强大的运力支撑和保证，具有十分重要的意义。

三、新时期铁路精神的内涵

以“安全优质，兴路强国”为主要内容的新时期铁路精神，内涵丰富，特色鲜明。只有从整体上把握新时期铁路精神的基本内容、内在结构和主要特征，才能真正理解认同，自觉培育践行。

新时期铁路精神是一个有机整体。“安全优质”是“兴路强国”的重要前提和保障；“兴路”是铁路人的目标追求，是安全优质工作成效的综合体现，是报国强国的内在动力；“强国”是铁路人的崇高理想，铁路人通过实干兴路，实现中华民族伟大复兴中国梦，是新时期铁路精神的最高层面。

新时期铁路精神各有侧重，既体现了铁路的首要职责和本质属性，也表达了铁路的目标追求和神圣使命。“安全优质”是新时期铁路精神的基石，体现了铁路人“安全第一”的生命线意识和“旅客货主至上”的职业坚守，彰显了确保大动脉安全畅通的责任担当和服务经济社会、服务人民群众的基本职责。“兴路强国”是新时期铁路精神的灵魂，体现了铁路职工的创新进取精神和报国为民的赤子之心，表达了加快铁路发展的坚强意志和心系民族命运的爱国情怀。

（一）安全是铁路人的首要职责

铁路安全事关人民群众生命财产安全，事关大动脉畅通，事关党和政府的形象和声誉，确保安全是铁路人必须履行的政治责任和社会责任；铁路是一部大联动机，各种行车设备连续运转，百万职工昼夜工作，点多线长，环环相扣，安全风险无时不在、无处不有，每名铁路职工都是安全生产的守护神；安全是铁路的“饭碗工程”，决定着市场、决定着效益，是铁路的生存之本，与职工的利益紧密相关，每名铁路人都要以安全为己任，岗位保安全，为铁路运输安全尽职尽责。

践行新时期铁路精神，实现铁路长治久安，必须树立强烈的安全意识。“安全是政治生命线”“安全生产大如天”“安全责任重于泰山”，安全不好是最大的失职，安全不好一切都无从谈起。始终要把铁路安全放在各项工作的首位，牢固树立安全发展的理念，把确保高铁和旅客安全作为政治红线和职业底线，坚守发展决不能以牺牲安全为代价的红线，全面落实安全主体责任，规范和创新安全管理，强化设备质量基础，加强对安全风险源的控制，提高应急处置和救援能力，加强安全重点课题技术攻关，全力构建人防、物防、技防“三位一体”的安全保障机制，确保铁路安全特别是高铁和旅客安全持续稳定。近年来，随着路网规模不断扩大、高速铁路集中投产、新技术装备大量投入使用，对运输安全管理水平提出了新的更高要求，要从管理源头入手，以管理规范化、作业标准化为重点，科学界定各单位、各部门、各岗位的安全管理职责，强化安全管理基础；进一步完善各种设备质量标准、岗位作业标准和作业流程，加强安全生产过程控制；建立完善安全工作日常监督检查机制，及时发现和解决安全隐患和问题，不断提升铁路安全管理水平，必须严格落实安全生产责任。强化遵章守纪教育，严格标准化作业，抓好规章制度、作业标准和应急措施的责任落实；强化业务能力培训，不断提升岗位作业能力，以精湛的技术和过硬的本领确保铁路运输安全；强化安全文化建设，树立“一点不差，差一点也不行”的责任理念，养成良好的安全作业习惯。

（二）优质是铁路人的职业追求

铁路是联系民生最紧密的行业之一，优质服务是铁路的本质属性，努力让旅客货主满意，是铁路职工的天职；服务质量直接关系着旅客货主的体验，关系着铁路企业的形象和信誉，提供热情周到的服务，体现了铁路人的职业操守和价值追求；优质服务是适应激烈市场竞争的要求，每名铁路职工都能从我做起，从服务细节做起，铁路就能赢得客户，赢得市场，赢得长远的发展空间。同时，优质还体现在保质量、保进度，优质高效地完成铁路建设任务；抓管理、抓质量，运用和维护好优质设备；闯市场、增效益，在企业经营开发中拓展优质项目等各个方面，是各条战线、各岗位工作的题中之意。

践行新时期铁路精神，为广大旅客货主提供优质服务，必须确保旅客平安出行、有序出行、温馨出行。要坚持以人民为中心的发展思想，持续改善旅客的出行体验；优化客运产品结构，建立列车开行效益评估机制，动态优化客车开行方案；改进互联网售票系统，提供方便旅客购票的系列服务；全面落实基本服务标准，开展个性化、特色服务。强化货运产品开发，加强市场营销策略研究，科学细分目标市场；坚决稳固扩大大宗货物运量，组织好均衡运输；大力发展集装箱、商品汽车运输，推进多式联运；探索拓展新型冷链、高铁快运和社会物流市场。提高运输保障能力，建立面向市场需求的阶段性运行图调整机制，提高运力资源配置效率；坚持运输集中统一指挥，完善运输组织考核办法，追求全路效率效益最大化。要加强服务文化建设，注重服务标准、服务礼仪、服务艺术的融合，坚持“让人民群众满意”的工作标准，以服务为宗旨，待旅客货主如亲人，主动热心，真诚热情，设身处地为旅客货主排忧解难。实施高铁“强基达标、提质增效”工程，组织推进京沪高铁标准示范线建设，全面打造中国高铁品牌。

（三）兴路是铁路人的奋斗目标

爱我中华，振兴铁路是中国铁路发展史一条激昂的主线，一代代铁路人励精图治、上下求索，推动铁路事业取得一个又一个胜利；兴路的宏伟目标，是新时期铁路发展的航标，切实抓好安全、经营、建设，做强做优做大铁路企业，已经成为当代铁路人的共识；路兴我兴，路衰我耻，铁路的兴旺连着每一个铁路人的幸福，干铁路，爱铁路，用心血、汗水和智慧共筑铁路改革发展的大厦，是铁路人最质朴、最强烈的愿望。

践行新时期铁路精神，为振兴铁路贡献力量，必须坚定不移地深化铁路体制机制改革。把科学求实的态度和开拓创新的精神统一起来，积极适应铁路改革发展新形势，以更大的决心突破利益固化的藩篱，消除体制机制的积弊，深入推进铁路管理体制机制创新，推进客货运输改革，推进铁路投融资改革，有效破解铁路改革发展中的难题，实现铁路持续健康发展。必须科学有序推进铁路建设。认真落实国务院《关于改革铁路投融资体制加快推进铁路建设的意见》，进一步开放铁路建设市场，多方式多渠道筹集建设资金，以快速客运网、大能力货运通道和西部铁路为重点，优化施工组织，提升建设管理水平，优质高效地完成铁路建设任务，不断完善路网功能，不断提高技术装备水平。必须加快铁路走向市场步伐。牢固树立市场意识和营销意识，适应经济社会发展需求和运输市场变化，逐步建立现代企业制度和市场化经营模式，发挥铁路行业优势和资源优势，科学组织资产经营开发，大力增收节支，提高企业效益和自身发展能力。必须锤炼“抓铁有痕，踏石留印”的作风。以强烈的事业心和严谨务实的工作态度，不畏艰难险阻，咬定目标不放松，吃苦耐劳，恪尽职守，把全部的智慧和力量奉献给铁路事业。

（四）强国是铁路人的崇高理想

强国梦，凝聚了几代中国人的夙愿，体现了中华民族和中国人民的整体利益，是每个中华儿女的共同期盼，是每个铁路人的理想信念；铁路梦与中国梦紧密相连，推动经济社会又好又快发展，早日实现国家富强、民族振兴、人民幸福的中国梦，铁路要当好先行，铁路人责无旁贷；报国为民的责任担当，体现在脚踏实地的勤奋工作中，铁路人要把个人的前途命运与矢志不移的强国梦想紧密联系在一起，将本职岗位作为报效祖国的大舞台，有梦想，有奋斗，献身铁路事业，奉献伟大祖国。

践行新时期铁路精神，为实现强国梦而努力奋斗，必须当好全面建成小康社会“火车头”。在综合交通运输体系中发挥骨干作用，充分利用铁路运量大、运距长、快捷便利、节能环保的运输优势，完善路网功能，拉动经济增长，扩大辐射效应，促进相关产业发展，更好地服务于经济社会人民群众。必须坚持“国家利益至上”原则。讲政治、讲大局，全力保证国家重点物资运输和事关国计民生的公益性运输，在抗击自然灾害、承担急难险重等任务中，冲锋在前，勇挑重担，全力维护和保障国家利益和人民利益。必须不断提升中国铁路实力。巩固和发展中国铁路技术创新成果，大力实施铁路“走出去”战略，不断扩大中国铁路的话语权影响力。扩大铁路对外交流合作，大力发展中欧班列等铁路国际物流，继续打造中欧班列品牌，构建与“一带一路”建设相适应的铁路国际物流体系，服务“一带一路”建设。大力拓展国际铁路市场，扎实推进境外重点铁路合作项目，充分发挥中国高铁技术先进、安全可靠、成本低的竞争优势，以一流的技术、一流的管理、一流的效益，打造中国铁路品牌，在世界铁路发展中争创一流水平，为国争光。

第二节　京铁企业文化

北京铁路局高度重视企业文化建设，特别是2013年初，北京铁路局党政工团颁布《北京铁路局实施“文化引领工程”三年规划(2013～2015)》(京铁党〔2013〕32号)，利用三年时间，按照“重点突破、深化提高、巩固发展”的思路，在全局大力实施“文化引领工程”，突出安全文化、服务文化、经营文化三个重点，着力打造具有京铁特色的理念、制度、素质、典型、环境“五大文化体系”，即：以“让人民群众满意”为定位的理念文化体系；以“职工作业标准化、干部管理规范化”为目标的制度文化体系；以“建设高素质职工队伍”为目标的素质文化体系；以“增强典型引领力、企业影响力”为标志的典型文化体系；以“营造高品位的企业环境”为追求的环境文化体系。

“十三五”期间，为了巩固“文化引领工程”成果，进一步坚持和完善路局“五位一体”企业文化框架，持续推进文化建设升级，提升全局发展的软实力和核心竞争力，2016年5月，路局党政工团制定印发了《企业文化建设“十三五”规划》(京铁党〔2016〕45号)，用以指导全局企业文化建设工作。同时,对深入推进安全文化建设提出了明确要求。从此,北京铁路局企业文化建设走向了新的发展阶段。

一、京铁五大企业文化体系

(一)以“让人民群众满意”为标准,建设理念文化体系

建设企业文化理念体系,是企业文化建设的核心内容,也是广大职工确保安全生产、提高服务品质、增强企业经营效益的思想基础。要坚持从群众中来,到群众中去的原则,广泛征集、提炼、确定京铁企业核心价值观、企业精神和经营理念、管理理念、安全理念、服务理念。要把中国梦和社会主义核心价值观,以及“安全优质、兴路强国”的新时期铁路精神、“报效祖国,忠于职守,艰苦奋斗,永当先锋”的京铁企业精神的宣传渗透作为贯穿“企业文化建设”的一条主线,以自觉认同、自愿信奉和自我实践为重点,通过举办核心理念电教片展评、开展“对照理念找差距”大家谈、编辑《企业文化手册》、开展我对理念的解读征文、事故案例教育等多种形式宣传渗透,使价值理念在教育中求得认同,在行动中得以贯彻,在实践中不断发展,促进干部职工知行合一、习惯养成。要以“核心理念统一规范,个性理念多元发展”的原则,在路局企业文化理念的基础上,各单位要坚持“以人民群众满意”为标准,结合实际,构建具有自身特色的价值理念体系,并使价值理念内化于心、外践于行,成为广大职工共同的价值追求和自觉行动。

(二)以“职工作业标准化、干部管理规范化”为重点,建设制度文化体系

制度文化体现企业管理的质量和水平,是确保安全、服务、经营有序推进的基本保证。按照“坚持强基达标、全面提质增效、建设中国铁路首善之局”的要求,坚持把文化融入制度、让制度体现文化,不

断完善和建立健全安全生产、客货运服务、经营管理的各项规章制度，提高制度的科学性、严谨性和文化含量。要广泛宣传和解读规章，加深职工对规章制度的理解、认知。要着力提高执行力，根据路局各管理层次、各部门分管工作、各岗位应尽职责，形成科学、规范的责任落实机制。要把文化的“柔性”与制度的“刚性”有机结合，认真落实激励约束制度和责任追究制度，在确保规章制度严肃性、权威性的同时，赋予制度的人文特性，提高干部按规范管理，职工按标准作业自觉性。要运用文化力量引领和加强企业创新，推进改革发展、全面提升经营质量效益，实现路局创新发展。

（三）以“建设高素质职工队伍”为目标，建设素质文化体系

素质文化是体现职业特点的人的文化，加强素质文化建设，打造高素质职工队伍是创建一流企业的关键。要落实从严治党要求，持续深化“学习型、服务型、创新型”领导班子创建活动，不断提升领导干部的政治素质和能力水平。要深入开展“创建学习型企业，争做知识型职工”、“全员全领域创新”等活动，不断提高干部职工的学习力创新力。要以思想道德、职业技能建设为重点，创新教育内容、方式、机制，着力培育一支知识型、技能型、开拓型的干部职工队伍。要树立人人都是人才，人人都可以成才的理念，启动人才培育工程，着力打造素质过硬的管理人才、经营人才、技术人才、思想政治工作人才队伍。要创新人才选拔机制，畅通用人渠道，建立、实行关键工种任职资格准入认证和失格退出机制，重点岗位职工的考试合格率和持证上岗率达到100％。要加强职工培训，加大职工培训基地的建设力度，大力开展“大学习、大练兵、大比武”活动，形成学技练功、争创一流的浓厚氛围，实现干部职工和企业的共同发展，增强企业核心竞争力。

（四）以“增强典型引领力、企业影响力”为标志，建设典型

文化体系

先进典型、品牌是企业的名片，打造一批先进典型和品牌是企业文化建设的重要内容，也是企业文化建设成果的集中体现。要坚持路局“典型引领工程”长效机制，深度挖掘老典型的丰富内涵保持其旺盛生命力，选树一批新典型为路局坚持强基达标、全面提质增效、建设中国铁路首善之局注入新鲜活力。要大力弘扬和表彰道德模范、安全功臣、服务明星、营销能手、领军人物等先进事迹，扩大先进典型的示范、辐射和引领效应，形成覆盖各岗位、各工种、层层有典型的“群星璀璨”局面。要拓展“毛泽东号”机车组、“036”、党内优质品牌、青年文明号等品牌效应，形成一批安全、服务、经营、管理新品牌。同时，培育和选树推广服务法、作业法、操作法等，形成路内外有影响力的“先进典型群”、“文化品牌群”，在全路乃至全社会叫响北京铁路局的品牌。对内，激励干部职工确保安全、服务旅客、创先争优；对外，扩大企业影响力，提高路局的知名度和美誉度。

（五）以“营造高品位的企业环境”为追求，建设环境文化体系

环境文化是单位整体形象的展示，也是思想教育的凝固教材和无言课堂。要按照美观整洁、文明优雅、特点鲜明、文化融入的原则，把优化外部环境和职场人文环境作为重点，增强环境对企业和职工的影响力，营造“一家人，大家亲”的浓厚氛围。要构建内涵深刻、文化气息浓厚的宣传环境，抓好职工书屋、活动室、报纸、板报、局域网等文化载体和阵地建设，加强环境熏陶。要加强办公场所、作业阵地、生活场所、站容车貌的整治，加强生活线、文化线和卫生保障线建设，美化工作环境、生产环境和生活环境。要坚持“严格管理与关爱职工”相统一，推行“亲情关爱型”思想政治工作，形成职工群众得到充分尊重和关爱，干群共同从严要求、严格管理的和谐人际环境。要

广泛开展文艺汇演、歌咏比赛、体育健身、读书评比、文艺创作、企业文化艺术节等群众文化活动,丰富职工文化生活,陶冶职工情操。要加大硬件投入,保证设备、设施常态优秀;改善服务环境和设施,提高旅客货主满意度、提升社会认同感;加强新闻宣传和网络舆论引导,为全局发展提供良好的社会环境,真正建成京铁企业内实外美、特色鲜明的完整形象体系。路局要确定路局企业标志,有条件的单位也要设计企业标识,形成企业视觉识别系统。

二、新时期京铁精神的丰富内涵

路局党委、路局大力实施“文化引领工程”,紧紧抓住企业文化建设的核心要素,在广泛征集、认真调研、反复研讨、筛选提炼的基础上,2014 年初,经过路局党政联席会研究,将“报效祖国、忠于职守、艰苦奋斗、永当先锋”的“毛泽东号”精神提升并确定为京铁精神。京铁精神,四句话 16 个字,是一个有机整体,缺一不可。新时期京铁精神各有侧重,既体现了铁路的首要职责和本质属性,也表达了京铁人的目标追求和神圣使命。报效祖国是灵魂,忠于职守是精髓,艰苦奋斗是品质,永当先锋是特征。

(一)报效祖国是京铁精神的灵魂

爱国、报国是民族精神、社会主义核心价值观的核心和灵魂。北京铁路局的发展史,无不凝聚着京铁儿女心系国家发展、勇担时代使命的家国情怀。北京铁路局作为首都局,理应把报效祖国作为首要政治责任,以更加坚定的理想信念、高尚的精神境界和强烈的政治责任感,主动担当。从企业发展战略的高度,通过企业管理一系列理念、制度、措施,真正把爱国、爱党、爱路、爱企和讲大局、讲奉献融为一体,把这一崇高使命融入全员的思想和行动,确保首都局始终朝着正确的方向全面健康可持续发展,为报效祖国、回馈社会创造出更加辉煌的业绩。

（二）忠于职守是京铁精神的精髓

铁路运输关系国民经济和社会发展，关系着人民群众生产生活。铁路工作最直接的体现就是保安全、保畅通。铁路作为大联动机，每个环节都来不得半点马虎。北京铁路局作为客运大局和运营 6 条高铁的铁路局，每年完成 2.92 亿人的客运量、3 亿多吨的货运量，还要完成全路之首的专运量，安全压力巨大，任务十分繁重。一代代京铁儿女正是恪守“安全第一”的生命线和“旅客货主至上”的职业坚守，把确保安全、优质服务当作天职，才完成了如此艰巨的任务，彰显了确保大动脉安全畅通的责任担当和服务经济社会、服务人民群众的基本职责。确保安全永无止境、优质服务永不停滞。我们要认真践行“安全是铁路的‘饭碗工程’，服务是铁路的本质属性”，对待工作尽职尽责、精益求精，落实标准从严要求、一丝不苟，执行制度科学严谨、严格规范，用实际行动确保“三个出行”，实现“两个满意”。

（三）艰苦奋斗是京铁精神的品质

路局建设发展历程中，无论在革命战争年代、社会主义建设时期，还是在铁路改革发展新的历史时期，一代代京铁人不畏艰难险阻，秉承艰苦奋斗、苦干实干的优良作风，勤俭节约、艰苦创业，圆满完成了抗震救灾、抗洪抢险、抢运电煤、春运专运等一个又一个艰巨任务。无论时代怎样变迁，工作条件如何变化，历经风云涤荡形成的艰苦奋斗的精神品质，是推进北京铁路局不断发展的特殊优势和力量。只有继承和弘扬艰苦奋斗的优良传统，永葆昂扬向上的无畏斗志，才能在实现梦想的征程上不断迎接挑战、战胜困难、赢得胜利。

（四）永当先锋是京铁精神的特征

北京铁路局地处首都，处于铁路服务“窗口”中的“窗口”，代表着首都和全国铁路的形象。永当先锋，就是要坚持用党的科学理论武装头脑，紧跟时代发展，靠创新与时俱进，靠传承奋发进取，争当安全、服务、稳定等各个方面的标杆和旗帜，处处发挥示范引领作用。一代代京铁儿女要以“开安全车没有终点站”的奋发进取和自我超越，立足岗位敢打敢拼，努力当好客货服务、安全生产、经营创效、铁路建设的先锋，使全局各项工作始终走在前列，始终保持领先，始终成为引领铁路改革发展的时代的“火车头”。

三、京铁企业标志(LOGO)

京铁企业标志以线条、英汉文字和路徽构成，整体呈圆形。圆形最符合中国传统文化推崇的包容理念，两个同心圆寓意同心、同德、圆满、和谐。同心圆的外观形似机车车轮，又代表着两条抽象化的铁轨，体现了铁路元素。标志的主体图案以实心线条勾勒成北京天坛的抽象化轮廓，作为世界文化遗产的天坛是北京的象征，具有浓郁的首都特色。天坛图案内嵌镂空的铁路路徽，直观表现出铁路的行业特征。路徽位于整个标志的正中心，表意“路在心中”。路徽的人字点与天坛的顶点叠加，图案整体下宽上窄，呈现出向上腾飞之势，表意北京铁路局以人为本、蒸蒸日上。天坛图案的正下方是中文“北京铁路局”；两个圆形构成的环形带上弧形排布北京铁路局的英文名称，即“China Beijing Railway Administration”。英文名称更体现了北京铁路局的国际性和开放性。该标志整体设计简洁大方、特色鲜明，全部采用暗红色调，给人以热烈庄重的感觉。

四、京铁“十三五”企业文化建设规划

“十三五”期间，全局企业文化建设要以党的十八大和十八届三中、四中、五中全会精神，习近平总书记系列重要讲话精神为指导，以文化建设引领路局创新发展为目的，以企业价值理念的完善和转化为主线，以满足职工精神文化需求为出发点和落脚点，坚持以人为本、传承创新、因地制宜、合力共为的原则，建设体现社会主义核心价值观和“五大”发展理念、丰富文化内涵、具有时代特色和首都局特征的企业文化，为促进全局管理水平和市场竞争力的提升，促进企业创新发展和职工全面发展提供强有力的文化支撑。

全局“十三五”企业文化建设的目标是：要建立以企业价值理念体系为核心，与经济发展新常态相适应，与现代企业制度、路局创新发展战略相符合，与企业和职工共同发展需求相一致的企业文化体系。通过实施“十三五”企业文化建设规划，全局弘扬和践行社会主义核心价值观、新时期铁路精神、京铁精神更加自觉，理念、制度、素质、典型、环境的“五位一体”京铁企业文化体系更加健全完善，安全文化、服务文化、经营文化为重点的专项文化品质更加提高，建设文化、廉洁文化、地域文化、班组文化等个性化的特色文化建设深入推进，路局和站段、车间、班组文化建设得到拓展、延伸和巩固，文化引领企业赢得市场、持续发展的核心竞争力更加强大，形成路局创新发展和职工全面发展协调统一的文化自信、文化自觉、文化自强。

全局“十三五”企业文化建设的主要任务有六项。一是全面提升文化引领水平。用文化引领思想，用文化引领管理，用文化引领

行为。二是深入推进站段、车间、班组企业文化建设。企业文化建设只有重心下沉,“接地气”,才能充满生机和活力。到“十三五”末,局级示范车间要达到车间总数的80%。三是加强专项文化建设。专项文化建设是与企业专项管理职能相对应的文化建设。理念、制度、素质、典型、环境“五位一体”文化体系,是京铁特色企业文化建设的总体框架,具有战略性、主导性、整合性和包容性。各基层单位要在路局“五位一体”总体框架下,根据系统要求,统筹推进和加强安全文化、服务文化、经营文化等专项文化建设。四是开展特色文化建设。特色文化是各单位根据各阶段工作重点任务、单位实际,在路局“五位一体”企业文化体系基础上建设的具有自身特点的文化,体现了自身定位及核心业务的特征。五是加强文化创新,开展与“互联网+”相适应的企业文化建设。积极探索开展“互联网+”企业文化建设行动,利用QQ群组、微信公众号、微博等新媒体平台,运用大数据、H5网页、微电影等,把企业的文化资源、文化产品、文化活动数字化、电子化,为企业和职工提供即时的文化服务,增强文化传播的科技含量。六是强化文化阵地建设。加强广播、电视、网络、报纸、刊物等文化媒体平台建设,建立一批能够反映企业文化和集中展示企业文化成果的段(站)史馆、荣誉室、纪念室及教育基地,充分发挥铁路博物馆、铁路文化宫、京铁大讲堂、文艺演出等文化阵地在文化传播中的作用。

加强“十三五”企业文化建设,关键是把文化落地。一是突出引领、促进认同,推进企业文化理念全面转化。二是科学优化,严爱相济,自觉把文化融于制度。三是提高能力水平、适应创新要求,打造过硬的政治业务素质。四是着眼立得住、叫得响,打造一批企业品牌和先进典型。五是注重氛围和谐、格调鲜明,建设高品味环境文化体系。六是深入开展示范创建活动,引领和提高企业文化建设整体水平。

第三节 铁路职业道德

一、道德与职业道德

(一)道 德

2012年11月,党的十八大报告提出:"倡导富强、民主、文明、和谐,倡导自由、平等、公正、法治,倡导爱国、敬业、诚信、友善,积极培育社会主义核心价值观。"这是对社会主义核心价值观的最新概括。十八大报告用24个字,分别从国家、社会、公民三个层面,提出了反映现阶段全国人民"最大公约数"的社会主义核心价值观,为培育核心价值观,加强道德和职业道德建设奠定了基础。

道德是人类在社会生活中为了调整人们之间以及个人与社会之间的关系,依靠内容信念、社会舆论和传统习惯所维系的行为规范的总和。

具体地说,道德的含义包括:

首先,道德是调整人们之间关系的行为规范,它规定着人们应该做什么和不应该做什么的标准和准则;

其次,道德是用内心信念、传统习惯和社会舆论来达到的,而不是靠什么法律条文和行政命令来维持;

第三,道德是以善恶观念为标准的,善的行为是道德的,恶的行为是不道德的。

(二)职业道德

职业道德是同人们的职业活动紧密联系的符合职业特点所要求的道德准则、道德情操与道德品质的总和,它既是对本职人员在职业活动中行为的要求,同时又是职业对社会所负的道德责任与义务。

爱岗敬业、诚实守信、办事公道、服务群众、奉献社会是职业道德的主要内容。

《公民道德建设实施纲要》对职业道德的这种规定,既体现了时代的鲜明特征,又概括了社会主义市场经济条件下各种职业道德的共同特点,适用于各行各业,是对各种职业道德的共同要求。

1. 爱岗敬业

爱岗敬业是对从业人员工作态度的一种普遍要求,爱岗敬业是为人民服务和集体主义精神的具体体现,是社会主义职业道德一切基本规范的基础。

2. 诚实守信

诚实守信是忠诚老实、信守诺言,是为人处事的一种美德。

3. 办事公道

办事公道指从业人员在处理职业关系、从事职业活动过程中,要做到廉洁公正,不仅自己清正廉洁、办事公正、不以权谋私,还要秉公执法,做到出于公心,主持公道,不偏不倚。既不唯上、不唯权,又不唯情、不唯利。

4. 服务群众

服务群众是指从业人员在职业活动中要全心全意为人民服务。为人民服务是职业道德的灵魂,在服务过程中要做到热心、耐心、虚心、真心,一切从群众的利益出发,为群众排忧解难,为群众出谋划策,提高服务质量。

5. 奉献社会

奉献社会是指从业人员要把自己的全部智慧和力量投入到为社会、为集体、为他人的服务之中去。它是集体主义职业道德原则的最高体现,是各行各业都必须遵守的职业道德基本规范。

二、铁路职业道德

(一)铁路职业道德的内涵与特征

铁路职业道德是社会主义社会对铁路提出的行业道德要求,是铁路职工在铁路运输生产活动和与此有关的工作中所应遵守的行为规范的综合。

铁路企业的组织结构和铁路运输生产活动的特点,决定了铁路职业道德具有以下特点。

1. 铁路职业道德的双重特征

铁路职业道德既包含服务性行业的要求,又包含工业企业所特有的要求。一是服务性行业要求。尊客爱货、优质服务。旅客买了票、货主托运了货物,就应当得到周到的服务。二是工业企业要求。铁路职工要确立“旅客、货主也是消费者”的意识,讲究质量、注重信誉,具备相应技能,按照规章、制度标准化作业,完成运输生产任务。

2. 铁路职业道德与铁路职业纪律密不可分

铁路运输活动的特点决定了铁路必须是半军事化企业,有铁的纪律和规章制度维护运输生产秩序。这个铁的纪律指铁路各种规章、制度、条例、守则等,都具有法规性、强制性,这些纪律同时也是铁路职业道德的要求。所以,遵守铁的纪律就是铁路职业道德行为,而具有良好的铁路职业道德又促进职工遵守铁路职业纪律。

3. 铁路职业道德影响广泛

铁路纵横全国,铁路职工与南来北往的旅客、货主打交道,不仅直接参与社会道德风貌建设,而且影响着铁路自身的路风建设。

(二)铁路职业道德的宗旨和原则——“人民铁路为人民”

铁路职业道德的基本原则,指铁路职业道德体系中处于核心地位的观察问题、处理问题的准绳。铁路职业道德的宗旨和原则是人民铁路为人民。

铁路职业道德的宗旨和基本原则确立了铁路职业道德行为的总方向:一切为了人民的利益,并贯穿于铁路职业道德实践的全过程,具有普遍的指导意义。在指导思想上,应该牢固树立“人民铁路为人民”的宗旨意识,明确“人民铁路为人民”是铁路职业活动的出发点,是制定具体规范的前提;在道德行为上,明确“人民铁路为人民”是铁路职业道德的核心,自觉地把它贯穿到各部门和各工种的职业道德规范中;在道德实践中,要求全体员工在其职业活动中,全心全意为旅客、货主服务,为社会服务。

自80年代开始提出的整顿路风的基本要求和目标,90年代在全路开展的“诚心待客,热情服务,争当精神文明建设的火车头”为主要内容的“十百千”站车文明服务等活动,以及新世纪开展的“服务承诺”,到近年来,铁路系统内开展的“服务旅客,创先争优”、“以服务为宗旨,待旅客如亲人”等活动,都是为了贯彻“人民铁路为人民”的宗旨。

(三)铁路职业道德基本规范

铁路职业道德基本规范是全路职工在职业活动中必须共同遵守的职业行为准则。身体力行铁路职业道德基本规范,是各部门、各岗位员工践行“人民铁路为人民”这一基本原则的有效途径,是建设和发展铁路的重要环节。

铁路职业道德基本规范是:尊客爱货,热情周到;遵章守纪,保证安全;团结协作,顾全大局;注重质量,讲究信誉;艰苦奋斗,勇于奉献;廉洁自律,秉公办事;爱路护路,尽职尽责;率先垂范,甘当公仆。

三、铁路职业道德修养

(一)铁路职业道德修养的内容

道德者,行也,而非言也。一个人仅仅学习了职业道德的知识是远远不够的，还需要进行职业道德修养，掌握职业道德修养的途径和方法，在实践中形成高尚的职业道德品质。

一般来说，职业道德修养的内容主要包括职业道德意识和职业道德行为的修养。具体分为职业道德知识、情感、意志、信念和行为习惯等五个方面的内容。

职业道德认知是前提，道德情感和道德意志是动力，道德信念是核心，道德行为习惯是结果。知、情、意、信、行既是道德品质的构成要素，又是道德品质的形成过程。一个人只有做到了道德认知、道德情感、道德意志、道德信念、道德行为的统一，才能表明他具备了某种道德品质。有意识地培养自己的职业道德品质并根据自己的专业形成良好的职业行为习惯，对将来的职业生涯，产生积极的、深远的影响。

铁路从业人员的职业道德修养主要包括以下内容：

首先，树立职业理想。职业理想是个人对职业的向往和追求。一个人只有树立正确的职业理想，才会有正确的价值观和职业道德修养的自觉性，才能在职业活动中处处做有心人，利用一切机会锻炼自己。树立正确的职业理想应当从以下三个方面来努力：一是树立正确的人生观。就是要以科学的理想为指导，不断校正人生航向，进而确定正确的职业理想。二是充分认识自己所从事的岗位工作的意义。对工作意义认识越深刻，职业道德修养的自觉性就越高。三是正确认识自己，找准个人职业理想的切入点。

其次，端正职业态度。一个人的职业道德水平必然会体现在其对工作的态度上。具有良好职业道德的人，必然对本职工作充满热情，劳动态度端正，在工作中兢兢业业，尽职尽责。端正职业态度最重要的是增强主人翁意识，真正把自己命运与国家和企业的兴衰、荣辱联系起来，以主人翁的态度对待本职工作。

第三，精通职业技能，职业技能是做好本职工作、胜任本职工作的重要条件。铁路职工应该把认真学习，不断提高业务技能水平，作为职业道德修养的重要内容。

第四，明确职业责任。每一个从事职业工作的人，都对国家社会负有相应的职业责任。只有牢固地树立起职业责任意识，才可能有自觉的职业道德行为。铁路职工必须把职业责任看得重于泰山，忠于职守，尽职尽责，做好自己本职岗位上的每一项工作。

第五，遵守职业纪律。职业纪律是为确保企业安全顺利运转而制定的行为规范。铁路职工遵守职业纪律既是确保铁路运输安全顺利的要求，也是铁路职业道德的重要内容。

第六，保持职业荣誉。铁路职工要时刻想着，用自己的出色工作，为铁路职业增荣誉添光彩。

（二）铁路职业道德修养的途径和方法

1. 学习马克思主义理论和职业道德基本知识

学习马克思主义理论是进行职业道德修养的重要手段。在社会主义条件下，社会主义职业道德原则和规范是马克思主义思想体系中的一个重要组成部分。马克思主义的理论中许多关于道德以及职业道德的科学观点，是职业道德修养的指针。通过学习马克思主义基本理论和职业道德基本知识，从理论上明确为什么这样做，应该怎样做的道理，就能加深对社会主义职业道德的理论、原则和规范的理解，有利于从业人员树立科学的世界观、人生观和道德观，明确职业道德修养的目标，把握职业道德修养的标准，从而提高进行职业道德修养的自觉性，使职业道德意识转化为职业道德修养。

2. 学习先进人物，不断激励自己

在祖国建设的不同时期都涌现出大量先进人物，他们在各条战线上做出了平凡而伟大的工作业绩，是我们学习的榜样。榜样的力

量是无穷的，我们要用他们高尚的品德和执着的敬业精神不断激励和鞭策自己，提高自己职业道德修养。

向先进人物学习时，一是要有“信心”，“先进人物高不可攀”的片面观点；二是要有“诚心”；不要用市侩式的眼光看待先进人物，把他们高贵的牺牲精神说成是“冒傻气”；三是要有“虚心”，反对在先进人物身上专找缺点，不愿学习他们的好思想、好作风；四是要有“耐心”，达到先进人物的境界是不容易的，要经得起“苦”、“累”和时间的考验。

3. 参加社会实践，坚持知行统一

积极参加各种社会实践和职业活动实践，在实践中刻苦磨炼自己，坚持知行统一，这是进行职业道德修养的根本途径和方法。“知”是指在职业实践中经过总结经验和教训而获取的正确认识。“行”是指社会实践、职业活动，即人们改造客观世界的一切活动。社会实践是培养良好职业道德修养的大课堂。离开社会实践，既无法深刻领会职业道德理论，也无法将道德品质和专业技能转化为造福人民、贡献社会的实际行动。因此，应该投入到火热的社会实践中去，在实践中锻炼，在实践中成长。

4. 从我做起，从现在做起

职业道德修养是一个长期的改造自己、完善自己的过程，而这个过程可以从养成良好的行为习惯做起。而良好行为习惯的养成需要从我做起，从现在做起，从小事做起。古人说：“合抱之木，生于毫末。九层之台，起于垒土。千里之行，始于足下”；“勿以恶小而为之，勿以善小而不为”。这都是说一个人良好的行为习惯是从一件一件小事做起的，如果一个人连一件有利于社会和他人的小事都做不到，那么就不会有强烈的社会责任感和无私的奉献精神，良好的职业道德品质和崇高的精神境界更无从谈起。

5. 开展批评与自我批评

道德评价，简单地说，就是一种善恶评价，从某种既定的或为某一社会、群体、集团、阶级所认同的道德价值准则出发，对人们的行为做出正当与否的评价。

道德评价在社会生活中无所不及，只要有道德活动的地方，就有道德评价。道德评价包括两个方面，即道德的社会评价和道德的自我评价。道德的社会评价，也就是社会的道德舆论，是外在的压力；道德的自我评价，也就是人们对于自己行为所做的良心上的检查，这是内在压力。

6. 提高精神境界，努力做到“慎独”

“慎独”指在没有外界监督独自一个人的情况下，也能自觉遵守道德规范，不做任何对国家、对社会、对他人不道德的事情。它既是一种重要的道德修养方法，又是一种崇高的精神境界，是衡量一个人道德觉悟和思想品质的试金石。“慎独”是自觉道德意识的体现。

在现实生活中，人的一言一行、一举一动不可能时时处处受到他人监督，所以，只有自律，防微杜渐，才能“慎独”自守，把握自己，从而逐步达到较高的道德水平和道德境界。

道德修养，根在实践，贵在自觉，重在坚持，难在“慎独”。只浮在上面，不亲自参加实践，或缺乏应有的自觉性和主观能动性，或不能持之以恒，其结果必然在工作中一无所获，一事无成，职业道德修养也难以形成。

第四节　先进典型事迹

“毛泽东号”机车组——丰台机务段

主要荣誉称号：2010 年北京局十大领军人物，“全国生产战线上的模范集体”“全国职工职业道德百佳班组”“全国铁路工人先锋号集体”“北京市爱国立功竞赛标兵班组”“北京市模范集体”“北京市经济技术创新工程优秀班组”……一个个沉甸甸的荣誉，记载着“毛泽东号”机车组 70 年的辉煌历程。

1946 年 10 月 30 日，经过哈尔滨机务段的检修工人们 27 个昼夜奋力修复整饬一新的 304 号蒸汽机车，被命名为“毛泽东号”，及时开到了解放战争的物资运输线上，1949 年 3 月 27 日落户丰台机务段。2014 年 7 月 1 日，“毛泽东号”机车结束了 67 年担当货运列车火车头的历史，牵引着客车为旅客平安、有序、温馨出行服务。

至今“毛泽东号”机车更换了 4 代车型、交接了 12 任司机长，一代代“领袖机车”人，用他们的热血、青春和激情换来安全的永恒。20 世纪50 年代，“毛泽东号”提出 “好、快、狠、稳、准”机车操纵法，之后不断创新发展，推出蒸汽机车 37 字作业法、内燃机车 28 字一次值乘作业法、高铁时代 30 字电车安全执乘法，创造了“责任心＋责任制＋基本功＝安全”的基本经验，使工作的每一个环节都有标准、每一个步骤都有量化、每一个动作都有规范，使一次出乘上百个作业环节都实现了制度化、程序化、标准化。

“毛泽东号”机车组从开展 “死车复活”运动到被命名为 “毛泽东号”，从 “满超五”劳动竞赛到 108 项机车技术改造，从抢运电煤到抗震救灾，从牵引货物列车多拉快跑到牵引客车实现“三个出行”，走过了一段段激情燃烧的岁月。在各个历史时期，“毛泽东号”转战南北，纵横驰骋，渡过了一个又一个难关，安全走行 1 020 万 km，相当于绕地球 255 圈。在长期的工作实践中，“毛泽东号”保持着新中国成立以来全路机车组组建时间最长、涌现劳模最多、安全成绩最好、完成任务量最大的优异成绩。

在多年的奋斗实践中，“毛泽东号”机车组形成了诸多优良传统，凝练了以“报效祖国、忠于职守、艰苦奋斗、永当先锋”为内涵的“毛泽东号”精神。2014年我局把“毛泽东号”精神升华为京铁精神，把培育宣传“毛泽东号”精神和新时期铁路精神与党的群众路线教育实践活动结合起来，通过举办学习宣传“毛泽东号”精神报告会、选树“毛泽东号”先进典型、建立“毛泽东号”纪念馆、广泛征集“京铁之歌”、组织“最美京铁人”巡回报告、征集新时期铁路精神宣传画宣传片等不同渠道增强认知认同，在集中宣传和潜移默化中，让“毛泽东号”精神和新时期铁路精神进眼帘、到心坎、入头脑、见行动。

李东晓——北京机务段动车组运用车间工会主席

主要荣誉称号：2010年北京局十大领军人物。曾获得全国“五一”劳动奖章、全国职业道德模范标兵个人，是全国“创先争优”先进个人，党的十八大代表。

李东晓原为北京机务段动车组司机，在2008年第二届全国铁道行业职业技能大赛中，取得动车组列车司机比赛第一名，被授予“全国技术能手”、“全路技术能手”称号，荣获火车头奖章，还参加了“第九届全国高技能人才表彰大会”。

2008年9月27日，时任国务院总理的温家宝同志乘坐京津城际动车组列车时，看到李东晓在驾驶中不时地眼看、手比、口呼，动作标准，声音响亮，满意地赞扬他说：“精神抖擞、专心致志、一丝不苟、精益求精。”

当京津城际开通运行时，李东晓的名字便与“中国高速铁路”紧紧联系在一起了。京津城际铁路试验运行时，李东晓第一个驾驶世界上最先进的“和谐号”动车组列车，他觉得无比幸运和自豪。

2008年6月24日，李东晓驾驶的高速动车组列车创造了394.3 km的最高运行时速！

京津城际高速动车组的开行宣告了中国铁路高速时代的到来，而作为这一伟大时代的参与者和实践者，李东晓及他的伙伴们成为中国高速铁路的一张“名片”。

为掌握驾驶本领，为中国高速铁路驾驶技术闯出一条新路，没有经验，李东晓就自己摸索；技术水平不高，就刻苦练习；没有时间，就一点一点挤；没有专用教材，就利用培训、进厂接车、参加试运等机会，向专家、技术人员请教。在不断努力中他编写了《350 公里动车组司机操纵示意图》《动车组司机呼唤应答标准》《操作提示卡》等教材。

在掌握驾驶技术上，李东晓要求自己：安全一事不出，正点一秒不晚，对标一厘不差，平稳起停无声。实现这一目标谈何容易？为了采集地面线路数据，李东晓和伙伴们以步代车，对调车转线、停放位置、出入库径路等，用尺子测量，在现场实做，画出每条径路的运行示意图。

为满足京津间动车组列车 30 min 内到达的需要，试验中，他用秒表一段一段掐时间，测出每一个标定速度值，然后绘制出时间精确到秒、长度精准到厘米的动车组操纵示意图。

李东晓总是不停地走着、跑着、累着。在铁路事业的大道上，留下了辛勤的足迹。如今已经成为北京机务段动车车间一名技术管理干部的他，正以他惯有的热情和创新精神，在新的工作岗位上继续为打造“动车品牌”发挥着积极作用。

张润秋——北京南站客运值班站长

主要荣誉称号：2010 年北京局十大领军人物，还曾获得过北京市劳动模范、全国劳动模范，北京市“创先争优”先进个人、全路优秀共产党员标兵。

张润秋很淡定，这份淡定，来自于她朴素的人生信念——与人为善,“我的工作就是为人服务的,帮助别人,自己也很快乐。”

1999 年参加工作,做过北京南站的售票员、北京站的客运员等工作,如今是北京南站客运值班站长。

三尺值班站长台,张润秋面对每天上千人的问询、求助,赢得了“外地旅客的导游、残疾旅客的亲人、老年旅客的女儿、年轻旅客的朋友、儿童旅客的老师、外籍旅客的翻译”的口碑,在旅客中广泛流传。

北京南站是京津城际铁路的起始站,是“铁路名片”,是“国家形象”,张润秋深知自己代表的是什么。为提高服务技能,张润秋不仅参加车站专业培训,还自费报名参加社会教育,学习服务礼仪、服务心理学、中西医知识,参加红十字会举办的培训班,不仅把北京南站列车换乘车次、时刻背得滚瓜烂熟,还买来交通旅游图,每晚都研究到深夜,对公交、地铁接驳线路站点对答如流,对京津两地名胜古迹、风土人情、土特产品如数家珍。经过不懈的努力,使她有了“活地图”、“义务导游”、“电子时刻表”、“小护士”的别称。为了方便与外籍旅客的沟通交流,她把工作中经常遇到的问题记录下来,整理翻译了“常用工作英语 500 句”,并在站内推广,不仅自己能与外籍旅客自如交流,还促进了全站职工英语对话能力的提高。

“把旅客当自己的亲人,把旅客的事当自己的事”,秉承这一服务理念的张润秋,演绎了无数感人的故事。北京南站开通后收到的第一面锦旗,就是旅客送给张润秋的。2008 年 9 月,这位旅客把装有两万余元现金、身份证和重要合同的皮包遗落在车上,出站后又返回来向张润秋求助。这趟列车到京后将折返发车,就在距列车检票放行前几秒钟,终于找到了皮包。

带着感情投入工作,收获的就不仅仅是工作的快乐,更是人生价值的体现——张润秋深深地体会到了这一点。在无数次的帮助旅客中,张润秋细心总结出了一套服务“三字经”,浓缩了她的经验——三勤:勤微笑、勤问候、勤观察;三到:眼到、语到、手到。“一扶、二问、三引导”是她还独创的针对老年旅客的全程服务法,“一扶”是防止老人滑倒;“二问”是弄清老人乘坐的车次和去向,防止坐错车次或坐错方向;“三引导”是从检票、进站一直到上车全程引导陪送,防止途中发生意外。热心助人、爱心暖人、宽心待人,让我们都能像张润秋一样永葆一颗为旅客服务的真心。

赵大坪——北京供电段接触网高级技师

主要荣誉称号:2010 年北京局十大领军人物,首届全国铁道行业职业技能竞赛个人全能第一名。获得全国“五一”劳动奖章、全路火车头奖章,是全国和全路技术能手、中华技能大奖获得者。“赵大坪工作室”是全国第一批 50 个技能大师工作室之一。

赵大坪是北京供电段接触网高级技师。在理论上刻苦钻研,在实践中勤学苦练,在局、部级举办的职业技能竞赛中多次获得优异的成绩和奖励。更主要的是,在电气化铁路发展的过程中,他以自己的智慧和辛苦,解决了一个又一个现场存在的技术难题,被称之为接触网上的“保险丝”。

在现场工作中,赵大坪爱钻研,进行了多项既能提高工作效率,又能节省人力物力的技术改革。例如:将传统的腕臂吊装工艺,改为了腕臂水平吊装和悬挂承力索同步作业。这一改进解决了承力索装入鞍子难的问题,原来需要 4 个人才能完成的作业,减少为两个人,作业时间由 25 分钟缩短到 10 几分钟,这种工艺方法更是解决了长期存在的转换柱、小曲线半径内外侧支柱及压管等悬挂水平力大的支柱腕臂更换难的问题,现场应用效果显著。赵大坪还研制出了通用型铜导线接续辅助器,结构简单,使用方便,易掌握,接续速度快,质量高。现场演示表明,断线接续速度平均可缩短 20 分钟左右,最短作业时间仅为 12 分钟，这一工具在北京局得以推广。

作为工人技师，赵大坪视解决技术难题为己任。2004 年 2 月，张家口机务段线路改造需新设一组站场多股道软横跨支持结构，跨越 5 股道，悬挂两组分段绝缘器，节点 8 绝缘子必须与 6 道隔离开关接地刀保持安全距离。难点是软横跨计算和预制问题，结果是否准确，关系到是否一次吊装成功。传统计算方法简单易行，但精度差，质量低。赵大坪和工友一起到现场实际测量了几十组数据，查阅了大量图纸、图表，经过反复计算、校验，终于拿出了准确的软横跨各分段结构尺寸图，施工中一次吊装成功。

在职教工作中，他将多年积累总结的好方法、小窍门以及作业中的绝招、绝活，生动灵活地穿插在枯燥的专业课中，传授给职工。在给职工讲接触网基础知识和实际操作技能时，他采用案例分析法，把实际工作中遇到的问题交给学员分析，然后他加以总结讲评，培养职工的分析能力和解决问题的能力。他参与了路局《技师题库》的编写工作。他的电气化铁道接触网隔离开关分解安装及调试、接触网接地极、地线制作及安装等内容，被选入《供水电系统工作实例案例教材》一书中。

郎岩——北京高铁工务段永乐高铁线路车间主任

主要荣誉称号："全路火车头奖章"、"全路技术能手"、全路"向上向善好青年"、北京铁路局"十大杰出青年"、北京铁路局优秀共产党员标兵等。

郎岩，1988 生，中共党员，入路八年多来，他全程参与了京津城际，京沪高铁的提前介入、联调联试和管护维修，伴随中国高铁的发展，努力成长为一名中国高铁的优秀"铁路人"。

2007 年 12 月，他刚入路不久，就参与了京津城际铁路的前期介入工作。面对京津城际铁路必须按期服务北京奥运的巨大压力和高铁与既有线铁路的“天壤之别”，他和同事们每天跟着施工单位熟悉设备，学习整修技术。安伯格轨检小车是高铁最重要的轨道检测设备，厂方技术人员断言，没有一周的时间完全掌握不了。为了尽快拿到自己的检测数据，他两昼夜不眠不休，终于换来了《安伯格小车使用要点》的基本成型。京津城际的正线道岔全部采用德国生产的高速道岔，随着京津城际的通车，外国技术人员将 FAKOP 区域检测工具精调支架带走了。为了打破外国人的技术垄断，他带领大家研制出首个“中国制造”的精调支架，不仅结构更加灵巧合理，而且精度更高。2010 年 10 月，他带领车间干部职工转战京沪高铁，全面负责京沪高铁上下行 K3＋647～K108＋000 间线桥设备的精调工作，此时距离京沪高铁正式开通运营只有不到 8 个月的时间。寒冬腊月，高架桥上，一盯就是数十小时，凛冽的寒风穿透大衣、皮肤，直达骨髓。职工脚冻得流脓脱不下袜子，耳朵冻大了一圈，这样的困难也没有吓住他们。巨大的付出换来丰硕的成果，联调联试前，车间管内设备每公里轨检车扣分，由预介入初的 19 分降至 0.77 分，全部消灭了三、四级病害。2011 年 12 月，他和同事们参加了全局工务系统干部技术比武，荣获了无砟轨道组的第一名。

随着高铁运营周期的延长，高铁设备问题也逐渐显现。2015 年暑期，他从京沪高铁返回京津城际，作为“第一代”中国高铁工务人，他不仅承担着高铁管护维修责任，更承担着探索高铁管护方法、摸索设备变化规律、积累设备维护经验的使命。2016 年初，他和车间分析团队发现京津城际武清站存在突出问题，表面上反映的是添乘晃车、设备劣化、数值增大，但结合综合检测车数据、人工添乘数据和运营历史数据等进行的“大数据”综合比对，发现这是由于路基问题导致的设备病害，对此他积极组织技术攻关，并会同多系统、多单位利用京津城际运输淡季，克服工期整体压缩 4 天、连续夜间天窗和恶劣天气影响等困难，在短短 33 天内，通过施工准备、综合整治、线路精调、相关设备修复等 4 道工序，对京津城际上下行正线进行抬升、调整、顺坡，解决了设备问题，消除了设备病害，提升了京津城际设备质量，确保了达沃斯期间高铁运行平稳顺畅。

作为中国高铁养护维修工作的排头兵，郎岩和他的团队获得了一个又一个荣誉，先后被授予“全路火车头奖杯”、“北京铁路局十大模范品牌”等荣誉称号，他个人也多次受到上级表彰奖励。现在，郎岩带领他的团队日夜守护着京津城际，初心不忘，继续前行。

王琳娜——北京西站客运丁班“036”候车室值班员

主要荣誉称号：“铁道部青年服务标兵”、“北京市三八红旗奖章”、“首都劳动奖章”、“北京市劳动模范”、“2014 年北京铁路局最美京铁人”、“全国五一劳动奖章”等。

王琳娜是一名从普通客运员成长起来的服务明星，是一名新时期铁路精神的传承者；她用真诚的服务赢得了广大旅客的赞誉，用辛勤的工作诠释了铁路精神的真谛；她在有限的工作中倾注了无限的热情，在平凡的岗位上取得了非凡的成绩。王琳娜曾先后荣获“铁道部青年服务标兵”、“北京市三八红旗奖章”、“首都劳动奖章”、“北京市劳动模范”、“北京铁路局十大杰出青年”、“北京铁路局建功立业奖章”、“2014 年北京铁路局最美京铁人”、“北京市身边雷锋·最美北京人”标兵、“全国五一劳动奖章”等光荣称号，中央电视台《新闻联播》栏目、北京电视台、《人民日报》、《经济日报》、《光明日报》、《中国青年报》等多家媒体报道了她的先进事迹。

多年的客运服务，王琳娜为老人缝过断带的背包，为旅客垫付过票款，至于用轮椅送过的老年旅客和残疾旅客更是数不胜数，客流高峰期，她一个班所送重点旅客走的路就要超过 20 里。在大家的眼里，她就像一抹冬日暖阳，柔和地照进人心田，因此，被广大旅客亲切地称为“候车室里最美的笑容”。

曾有八十多岁刚做完手术的老人想乘火车返回老家太原，由于身体虚弱，无力行走，加之包裹行李太重，进出车站及上下车便成为困扰老人的一大难题。王琳娜在老人到站前便推着轮椅出站迎接，将老人送到车厢的座位上后，她不仅反复嘱咐乘务员路上多加照拂，还与太原火车站取得联系，确保到站后能有人帮助老人顺利地下车出站。看到王琳娜对自己照顾的如此周到，忙前忙后汗水浸湿了衣衫，老人被深深地打动。在后来的感谢信中说道：“我被她的行为和精神所感动和鼓舞，希望这种助人为乐的优秀精神能够发扬光大！”

曾有离家出走的男孩，青春叛逆，与家人闹性子后竟然独自乘车从石家庄来到北京。当天王琳娜值夜班，从列车客运员手中领过孩子，她没有责备和轻视，而是将他安顿在候车室，买好晚餐，一边陪他吃饭，一边温言关怀，软语疏导，一点点打开孩子的心结。孩子起初抗拒、沉默，最终被她感动，终于与她交谈、交心。得知孩子姓名后，王琳娜迅速通知民警，继而联系上了孩子的家人，为那个早已乱作一团的家庭送去了福音。

曾有两位年纪大的阿姨，准备乘坐 Z59 次去往福州。在等候检票时，其中一位突发心脏病，王琳娜立即打电话呼叫救护车。等车之际，她先帮助患者将心脏病救急药服下后，又为两位阿姨办理退票手续，最后护送上救护车。病好出院的阿姨及家属亲自送来锦旗表示感谢，正是王琳娜的临危不乱和沉着应对，才及时挽救了旅客的生命。

也曾有 35 位盲人乘坐 K162 次列车到达北京西站，想乘坐地铁出行。王琳娜收到消息后，立刻成立了四人临时爱心小组早早在站台等候，将35盲人旅客安全护送到地铁站后，她还特意找到了地铁值班员，希望加以帮助。王琳娜和她同事们的细心照顾和周到服务，让这些盲人旅客非常感动，虽然他们的眼睛看不见，但心里这些客运员们就像一盏明灯，让他们的道路充满了光明。

王琳娜的事迹就是对“诚心待客、热心服务、真心助人、实心爱岗”的“036”四心精神的现实解读；王琳娜和她的同事们就是“036”精神在北京西站开出的鲜艳花朵，绽放于站台上、候车室内、售票厅中……装扮着北京西站的春夏秋冬。她用实际行动告诉我们，再柔弱的肩膀也能分担旅客人在旅途的艰辛，再微弱的力量也能传递给旅客雪中送炭的温暖。微笑，面对每一位旅客，也面对自己，用爱去点亮青春！

李素萍——北京站客运车间技术员

主要荣誉称号：2013年度路局“最美京铁人”道德模范。曾获得铁道部劳动模范、“全国五一劳动奖章”。

李素萍，是北京站“素萍服务组”负责人。她带领的素萍服务组已成为北京站客运服务一块闪亮的品牌。20多年来，她始终工作在“素萍服务组”(前身为北京站“重点旅客服务室”)，把工作热情全部倾注到这小小的服务室，用博大的爱心呵护、照顾着来往北京站的每一名行动不便的旅客，如春风化雨般滋润着他们的心田。

北京站“素萍服务组”是专门为行动不便的孤寡老人、重病、残疾旅客以及其他需要帮助的重点旅客提供专门服务。在这个特殊的岗位上，李素萍一干就是20多年。她曾接送过多名身患重病、绝症来京求医的病人，嘘寒问暖，主动为他们介绍医院，让他们燃起生命的希望；曾照顾过成百上千名身患各种残疾的旅客，让他们得到真诚的尊重和慰藉；曾帮助过买完车票兜里仅剩下几块钱的旅客，为他们买来食品、送来零用钱；曾连续几年资助在车站偶遇、家境贫寒仍顽强求学的大学生，直到其顺利毕业走上工作岗位。许多经常来北京求医的旅客都和她成了朋友，记不清有多少次，在家休班的她匆匆赶到车站，接送那些经病友介绍特意打电话找她服务的患者和残疾旅客。

李素萍对旅客一视同仁，不管是富有还是贫穷，健康或是残疾，也不管是有家人陪伴还是孤单一人，来到车站的人，只要有车票，就是旅客；只要是旅客，就当亲人来对待。旅客遇到了困难，对于她来说那就是重点旅客，需要重点对待。她不仅在物质上、行动上给予帮助，还从内心深处以一颗平等心、宽容心、仁爱心来与他们交流，获得旅客的一致好评。

在长期服务旅客过程中，李素萍针对不同旅客总结出了以“亲情服务、心理服务、追踪服务”为主要内容，以人性化、亲情化、个性化服务为主要特点的“素萍服务法”。此服务法注重服务细节，具有极强的可操作性，形成了重点旅客服务环节的全覆盖，让所有的旅客都能得到最佳服务。

20 多年寒来暑往、风雪无阻，李素萍推着轮椅在北京站走过了 20 万 km，推坏了 140 多把轮椅，至今留下了腰椎间盘的伤痛。4 000 多封表扬信和 200 多面锦旗成为她 20 多年来工作的最佳注解。中央电视台、人民日报、中央人民广播电台、新华社等多家新闻单位大量的专题报道，更使李素萍成为旅客心目中的“爱心大使”和北京站的“服务明星”。许多老幼病残孕旅客慕名而来，特别是来北京看病治病的外地人，他们从医护人员或病友的口中知道了李素萍的名字和她助人为乐的先进事迹后，专门到素萍服务组寻求帮助。在素萍服务组的热情相助下，北京站上下火车不再有任何障碍，而成为一种温馨美好的记忆。

从 1996 年起，李素萍连续多年荣获“北京铁路局先进生产者”

“优秀共产党员”“三八红旗手”称号；2004 年荣获“铁道部劳动模范”称号；2006 年被授予“全国女职工建功立业标兵”称号；2010 年获“北京市春运工作先进个人”称号；2013 年入选北京市“身边雷锋——最美北京人”，同年获“北京榜样”提名奖；2014 年被评为路局“最美京铁人”并荣获“全国五一劳动奖章”；其先后当选北京市第十次、第十一次党代会代表。

第三章　法律法规

第一节　相关法律

法律是国家制定或认可的，由国家强制力保证实施的，它通过设定权利和义务去规范人们的行为，从而确定、保护和发展有利于统治阶级的社会关系和社会秩序。

中国法规体系按法律效力和地位可分为宪法、法律、行政法规和规章。

铁路运输法律体系按法律效力和地位分为法律、行政法规、规章三个层次。

国家最高立法机关制定的铁路运输所依据的法律，主要有《中华人民共和国铁路法》《中华人民共和国安全生产法》《中华人民共和国道路交通安全法》《中华人民共和国合同法》《中华人民共和国劳动法》《中华人民共和国民法通则》《民事诉讼法》《中华人民共和国消费者权益保护法》等。

根据《中华人民共和国立法法》第八十三条规定："同一机关制定的法律、行政法规、地方性法规、自治条例和单行条例、规章，特别规定与一般规定不一致的，适用特别规定"，因此，就铁路适用法律而言，《中华人民共和国铁路法》的效力高于其他法律的效力。

一、《中华人民共和国安全生产法》

《中华人民共和国安全生产法》（以下简称《安全生产法》）为了加

强安全生产工作，防止和减少生产安全事故，保障人民群众生命和财产安全，促进经济社会持续健康发展而制定的。安全生产法由中华人民共和国第十二届全国人民代表大会常务委员会第十次会议于2014年8月31日通过，自2014年12月1日起施行。

安全生产法包括总则、生产经营单位的安全生产保障、从业人员安全生产的权利和义务、安全生产的监督管理、生产安全事故的应急救援与调查处理、法律责任、附则等共七章114条，重点内容包括：

1. 以人为本，坚持安全发展。新法明确提出安全生产工作应当以人为本，将坚持安全发展写入了总则。对于坚守红线意识，进一步加强安全生产工作，实现安全生产形势根本性好转的奋斗目标具有重要意义。（第三条）

2. 建立完善安全生产方针和工作机制。将安全生产工作方针完善为“安全第一、预防为主、综合治理”，进一步明确了安全生产的重要地位、主体任务和实现安全生产的根本途径。新法提出要建立生产经营单位负责、职工参与、政府监管、行业自律、社会监督的工作机制，进一步明确了各方安全职责。（第三条）

3. 落实“三个必须”，确立安全生产监管执法部门地位。按照安全生产管行业必须管安全、管业务必须管安全、管生产经营必须管安全的要求，新法一是规定国务院和县级以上地方人民政府应当建立健全安全生产工作协调机制，及时协调、解决安全生产监督管理中的重大问题。二是明确各级政府安全生产监督管理部门实施综合监督管理，有关部门在各自职责范围内对有关“行业、领域”的安全生产工作实施监督管理。三是明确各级安全生产监督管理部门和其他负有安全生产监督管理职责的部门作为行政执法部门，依法开展安全生产行政执法工作，对生产经营单位执行法律、法规、国家标准或者行业标准的情况进行监督检查。（第八条、第九条、第六十二条）

4. 强化乡镇人民政府以及街道办事处、开发区管理机构安全生产职责。乡镇街道是安全生产工作的重要基础，有必要在立法层面明确其安全生产职责，同时，针对各地经济技术开发区、工业园区的安全监管体制不顺、监管人员配备不足、事故隐患集中、事故多发等突出问题，新法明确：乡、镇人民政府以及街道办事处、开发区管理机构等地方人民政府的派出机关应当按照职责，加强对本行政区域内生产经营单位安全生产状况的监督检查，协助上级人民政府有关部门依法履行安全生产监督管理职责。（第八条）

5. 明确生产经营单位安全生产管理机构、人员的设置、配备标准和工作职责。新法一是明确矿山、金属冶炼、建筑施工、道路运输单位和危险物品的生产、经营、储存单位，应当设置安全生产管理机构或者配备专职安全生产管理人员，将其他生产经营单位设置专门机构或者配备专职人员的从业人员下限由 300 人调整为 100 人。二是规定了安全生产管理机构以及管理人员的 7 项职责，主要包括拟定本单位安全生产规章制度、操作规程、应急救援预案，组织宣传贯彻安全生产法律、法规；组织安全生产教育和培训，制止和纠正违章指挥、强令冒险作业、违反操作规程的行为，督促落实本单位安全生产整改措施等。三是明确生产经营单位做出涉及安全生产的经营决策，应当听取安全生产管理机构以及安全生产管理人员的意见。（第二十一条至第二十三条）

6. 明确了生产经营单位应当对从业人员进行安全生产教育和培训，保证从业人员具备必要的安全生产知识，熟悉有关的安全生产规章制度和安全操作规程，掌握本岗位的安全操作技能，了解事故应急处理措施，知悉自身在安全生产方面的权利和义务。未经安全生产教育和培训合格的从业人员，不得上岗作业。（第二十五条）

7. 建立事故隐患排查治理制度。新法把加强事前预防、强化隐患排查治理作为一项重要内容:一是生产经营单位必须建立事故隐患排查治理制度,采取技术、管理措施消除事故隐患。二是政府有关部门要建立健全重大事故隐患治理督办制度,督促生产经营单位消除重大事故隐患。三是对未建立隐患排查治理制度、未采取有效措施消除事故隐患的行为,设定了严格的行政处罚。(第三十八条、第九十八条、第九十九条)

8. 推进安全生产标准化建设。结合多年来的实践经验,新法在总则部分明确生产经营单位应当推进安全生产标准化工作,提高本质安全生产水平。(第四条)

9. 推行注册安全工程师制度。新法确立了注册安全工程师制度,并从两个方面加以推进:一是危险物品的生产、储存单位以及矿山、金属冶炼单位应当有注册安全工程师从事安全生产管理工作,鼓励其他单位聘用注册安全工程师。二是建立注册安全工程师按专业分类管理制度,授权国务院人力资源和社会保障部门、安全生产监督管理等部门制定具体实施办法。(第二十四条)

10. 推进安全生产责任保险。为了增加事故应急救援和事故单位从业人员以外的事故受害人的赔偿补偿资金来源,新法规定:国家鼓励生产经营单位投保安全生产责任保险。(第四十八条)

11. 建立分类分级监管和年度监督检查计划制度。新法将分级分类监管和按照年度监督检查计划作为安全监管部门的法定执法方式,明确规定:安全生产监督管理部门应当按照分类分级监督管理的要求,制定安全生产年度监督检查计划,并按照年度监督检查计划进行监督检查,发现事故隐患,应当及时处理。(第五十九条)

12. 对拒不执行停产执法决定的生产经营单位,依法实施停电停供民用爆炸物品等强制停产措施。新法规定:对存在重大事故隐患的生产经营单位做出停产停业、停止施工、停止使用的决定,生产经营单位拒不执行，有发生生产安全事故的现实危险的，在保证安全的前提下，经本部门主要负责人批准，负有安全生产监督管理职责的部门可以采取通知有关单位停止供电、停止供应民用爆炸物品等措施，强制生产经营单位履行决定。通知应当采用书面形式，有关单位应当予以配合。（第六十七条）

13. 建立严重违法行为公告和通报制度。为加强安全生产诚信体系建设，促进生产经营单位落实安全生产主体责任，新法规定负有安全生产监督管理部门建立安全生产违法行为信息库，如实记录生产经营单位的安全生产违法行为信息；对违法行为情节严重的生产经营单位，应当向社会公告，并通报行业主管部门、投资主管部门、国土资源主管部门、证券监督管理机构和有关金融机构。（第七十五条）

14. 完善了事故应急救援制度。新法将生产安全事故应急救援工作的基本保障和实践中的有效做法上升为法律规定，一是明确国家加强生产安全事故应急能力建设，在重点行业、领域建立应急救援基地和应急救援队伍，鼓励社会力量建立应急救援队伍。二是国务院安全生产监督管理部门建立全国统一的生产安全事故应急救援信息系统，国务院有关部门建立健全相关行业、领域的生产安全事故应急救援信息系统。三是生产经营单位应当依法制定本单位生产安全事故应急救援预案，与有关人民政府组织制定的生产安全事故应急救援预案相衔接，并定期组织演练。四是参与事故抢救的部门和单位应当服从统一指挥，加强协同联动，采取有效的应急救援措施，并根据事故救援的需要组织采取警戒、疏散等措施，防止事故扩大和次生灾害的发生。（第七十六条、第七十八条、第八十二条）

15. 加大对违法行为和事故责任的追究力度。一是规定了事故行政处罚和终身行业禁入。第一，按照两个责任主体、四个事故等级,规定了对生产经营单位及其主要负责人的 8 项罚款处罚明文。第二,大幅提高对事故责任单位的罚款金额:一般事故罚款 20 万元至 50 万元,较大事故 50 万元至 100 万元,重大事故 100 万元至 500 万元,特别重大事故 500 万元至 1 000 万元;特别重大事故的情节特别严重的,罚款 1 000 万元至 2 000 万元。第三,进一步明确主要负责人对重大、特别重大事故负有责任的,终身不得担任本行业生产经营单位的主要负责人。(第九十一条、第九十二条、第一百零九条)二是加大罚款处罚力度。结合各地区经济发展水平、企业规模等实际,新法维持罚款下限基本不变、将罚款上限提高了 2 至 5 倍,并且多数罚则不再将责令限期改正作为前置程序;增加了对直接负责的主管人员和其他直接责任人员的处罚规定。

二、《中华人民共和国铁路法》

《中华人民共和国铁路法》(以下简称《铁路法》)是为了保障铁路运输和铁路建设的顺利进行,适应社会主义现代化建设和人民生活的需要而制定,并经 1990 年 9 月 7 日第七届全国人民代表大会常务委员会第十五次会议通过,自 1991 年 5 月 1 日起施行的。铁路法分为总则、铁路运输营业、铁路建设、铁路安全与保护、法律责任和附则等共六章 74 条。主要内容包括:

1. 公民有爱护铁路设施的义务。禁止任何人破坏铁路设施,扰乱铁路运输的正常秩序。铁路沿线各级地方人民政府应当协助铁路运输企业保证铁路运输安全畅通,车站、列车秩序良好,铁路设施完好和铁路建设顺利进行。

2. 铁路法对铁路发展建设的原则、建设用地、有关标准进行了规定。铁路与道路交叉处,应当优先考虑设置立体交叉;未设立体交叉的,可以根据国家有关规定设置平交道口或者人行过道。拆除已经设置的平交道口或者人行过道，由铁路运输企业或者建有专用铁路、铁路专用线的企业或者其他单位和当地人民政府商定。修建跨越河流的铁路桥梁，应当符合国家规定的防洪、通航和水流的要求。

3. 铁路运输企业必须加强对铁路的管理和保护，定期检查、维修铁路运输设施，保证铁路运输设施完好，保障旅客和货物运输安全。铁路公安机关和地方公安机关分工负责共同维护铁路治安秩序。车站和列车内的治安秩序，由铁路公安机关负责维护；铁路沿线的治安秩序，由地方公安机关和铁路公安机关共同负责维护，以地方公安机关为主。

4. 在铁路线路和铁路桥梁、涵洞两侧一定距离内，修建山塘、水库、堤坝，开挖河道、干渠，采石挖砂，打井取水，影响铁路路基稳定或者危害铁路桥梁、涵洞安全的，由县级以上地方人民政府责令停止建设或者采挖、打井等活动，限期恢复原状或者责令采取必要的安全防护措施。

5. 在铁路线路上架设电力、通信线路，埋置电缆、管道设施，穿凿通过铁路路基的地下坑道，必须经铁路运输企业同意，并采取安全防护措施。

6. 在铁路弯道内侧、平交道口和人行过道附近，不得修建妨碍行车瞭望的建筑物和种植妨碍行车瞭望的树木。禁止擅自在铁路线路上铺设平交道口和人行过道。

7. 对损毁、移动铁路信号装置及其他行车设施或者在铁路线路上放置障碍物的，铁路职工有权制止，可以扭送公安机关处理。对偷乘货车、攀附行进中的列车或者击打列车的，在铁路线路上行走、坐卧的，在铁路线路两侧二十米以内或者铁路防护林地内放牧的，铁路职工有权制止。

三、《中华人民共和国劳动法》

《中华人民共和国劳动法》(以下简称《劳动法》)是为了保护劳动者的合法权益,调整劳动关系,建立和维护适应社会主义市场经济的劳动制度,促进经济发展和社会进步,根据宪法而制定颁布的法律。于 1994 年 7 月 5 日第八届全国人民代表大会常务委员会第八次会议通过,1995 年 1 月 1 日起施行。

《劳动法》包括总则、促进就业、劳动合同和集体合同、工作时间和休息休假、工资、劳动安全卫生、女职工和未成年工特殊保护、职业培训、社会保险和福利、劳动争议、监督检查、法律责任、附则等共十三章 107 条。主要包括以下内容:

1. 国家通过促进经济和社会发展,创造就业条件,扩大就业机会。劳动者享有平等就业和选择职业的权利。

2. 建立劳动关系应当订立劳动合同。劳动合同依法订立即具有法律约束力,当事人必须履行劳动合同规定的义务。

3. 劳动者有休息休假的权利。

4. 劳动者有取得劳动报酬的权利。工资分配应当遵循按劳分配原则,实行同工同酬。用人单位支付劳动者的工资不得低于当地最低工资标准。

5. 用人单位必须建立、健全劳动安全卫生制度,严格执行国家劳动安全卫生规程和标准,对劳动者进行劳动安全卫生教育,防止劳动过程中的事故,减少职业危害。

6. 国家通过各种途径,采取各种措施,发展职业培训事业,开发劳动者的职业技能,提高劳动者素质,增强劳动者的就业能力和工作能力。

7. 国家发展社会保险事业,建立社会保险制度,设立社会保险基金,使劳动者在年老、患病、工伤、失业、生育等情况下获得帮助和补偿。

8. 劳动者有提请劳动争议处理的权利以及法律规定的其他劳动权利。

四、《中华人民共和国刑法》

《中华人民共和国刑法》由 1979 年 7 月 1 日第五届全国人民代表大会第二次会议通过,1979 年 7 月 6 日全国人民代表大会常务委员会委员长令第五号公布,自 1980 年 1 月 1 日起施行。

《中华人民共和国刑法修正案(九)》由 2015 年 8 月 29 日第十二届全国人民代表大会常务委员会第十六次会议通过,自 2015 年11 月 1 日起施行。

1. 立法目的:为了惩罚犯罪,保护人民,根据宪法,结合我国同犯罪作斗争的具体经验及实际情况,制定本法。

2. 任务:中华人民共和国刑法的任务,是用刑罚同一切犯罪行为作斗争,以保卫国家安全,保卫人民民主专政的政权和社会主义制度,保护国有财产和劳动群众集体所有的财产,保护公民私人所有的财产,保护公民的人身权利、民主权利和其他权利,维护社会秩序、经济秩序,保障社会主义建设事业的顺利进行。

3. 罪刑法定:法律明文规定为犯罪行为的,依照法律定罪处刑;法律没有明文规定为犯罪行为的,不得定罪处刑。

4. 法律面前人人平等:对任何人犯罪,在适用法律上一律平等。不允许任何人有超越法律的特权。

5. 罪责刑相适应:刑罚的轻重,应当与犯罪分子所犯罪行和承担的刑事责任相适应。

6. 属地管辖权:凡在中华人民共和国领域内犯罪的,除法律有特别规定的以外,都适用本法。

凡在中华人民共和国船舶或者航空器内犯罪的,也适用本法。

犯罪的行为或者结果有一项发生在中华人民共和国领域内的,就认为是在中华人民共和国领域内犯罪。

7. 犯罪概念:一切危害国家主权、领土完整和安全,分裂国家、颠覆人民民主专政的政权和推翻社会主义制度,破坏社会秩序和经济秩序,侵犯国有财产或者劳动群众集体所有的财产,侵犯公民私人所有的财产,侵犯公民的人身权利、民主权利和其他权利,以及其他危害社会的行为,依照法律应当受刑罚处罚的,都是犯罪,但是情节显著轻微危害不大的,不认为是犯罪。

8. 故意犯罪:明知自己的行为会发生危害社会的结果,并且希望或者放任这种结果发生,因而构成犯罪的,是故意犯罪。故意犯罪,应当负刑事责任。

9. 过失犯罪:应当预见自己的行为可能发生危害社会的结果,因为疏忽大意而没有预见,或者已经预见而轻信能够避免,以致发生这种结果的,是过失犯罪。过失犯罪,法律有规定的才负刑事责任。

10. 刑事责任年龄:已满十六周岁的人犯罪,应当负刑事责任。

已满十四周岁不满十六周岁的人,犯故意杀人、故意伤害致人重伤或者死亡、强奸、抢劫、贩卖毒品、放火、爆炸、投毒罪的,应当负刑事责任。

第二节　行政法规

行政法规是由作为国家最高行政机关的国务院根据宪法和法律的有关原则所制定的规范性文件,其法律地位和效力仅次于宪法和法律。主要是一些条例或者实施细则。铁路运输所依据的行政法规，主要包括《铁路安全管理条例》、《生产安全事故报告和调查处理条例》、《铁路交通事故应急救援和调查处理条例》、《铁路货物运输合同实施细则》、《铁路旅客意外伤害强制保险条例》、《铁路旅客运输损害赔偿规定》、《国内交通运输检疫条例》等。

一、《铁路安全管理条例》

《铁路安全管理条例》是为了加强铁路安全管理，保障铁路运输安全和畅通，保护人身安全和财产安全而制定的法规。2013 年 7 月 24 日由国务院第 18 次常务会议通过，现予公布，自 2014 年 1 月 1 日起施行。

《铁路安全管理条例》（中华人员共和国国务院令第 639 号），包括总则、铁路建设质量安全、铁路专用设备质量安全、铁路线路安全、铁路运营安全、监督检查、法律责任和附则等共八章，108 条。其主要内容包括：

1. 铁路线路两侧应当设立铁路线路安全保护区。铁路线路安全保护区的范围，从铁路线路路堤坡脚、路堑坡顶或者铁路桥梁（含铁路、道路两用桥，下同）外侧起向外的距离分别为：

（1）城市市区高速铁路为 10 m，其他铁路为 8 m；

（2）城市郊区居民居住区高速铁路为 12 m，其他铁路为 10 m；

（3）村镇居民居住区高速铁路为 15 m，其他铁路为 12 m；

（4）其他地区高速铁路为 20 m，其他铁路为 15 m。

在铁路用地范围内划定铁路线路安全保护区的，由铁路监督管理机构组织铁路建设单位或者铁路运输企业划定并公告。在铁路用地范围外划定铁路线路安全保护区的，由县级以上地方人民政府根据保障铁路运输安全和节约用地的原则，组织有关铁路监督管理机构、县级以上地方人民政府国土资源等部门划定并公告。

2. 设计开行时速 120 公里以上列车的铁路应当实行全封闭管理。铁路建设单位或者铁路运输企业应当按照国务院铁路行业监督管理部门的规定在铁路用地范围内设置封闭设施和警示标志。

3. 禁止在铁路线路安全保护区内烧荒、放养牲畜、种植影响铁路线路安全和行车瞭望的树木等植物。禁止向铁路线路安全保护区排污、倾倒垃圾以及其他危害铁路安全的物质。

在铁路线路安全保护区内建造建筑物、构筑物等设施，取土、挖砂、挖沟、采空作业或者堆放、悬挂物品，应当征得铁路运输企业同意并签订安全协议，遵守保证铁路安全的国家标准、行业标准和施工安全规范，采取措施防止影响铁路运输安全。

4. 任何单位和个人不得擅自在铁路桥梁跨越处河道上下游各 1 000 m 范围内围垦造田、拦河筑坝、架设浮桥或者修建其他影响铁路桥梁安全的设施。因特殊原因确需在前款规定的范围内进行围垦造田、拦河筑坝、架设浮桥等活动的，应当进行安全论证，负责审批的机关在批准前应当征求有关铁路运输企业的意见。

5. 铁路与道路交叉的无人看守道口应当按照国家标准设置警示标志；有人看守道口应当设置移动栏杆、列车接近报警装置、警示灯、警示标志、铁路道口路段标线等安全防护设施。

机动车或者非机动车在铁路道口内发生故障或者装载物掉落的，应当立即将故障车辆或者掉落的装载物移至铁路道口停止线以外或者铁路线路最外侧钢轨 5 m 以外的安全地点。无法立即移至安全地点的，应当立即报告铁路道口看守人员；在无人看守道口，应当立即在道口两端采取措施拦停列车，并就近通知铁路车站或者公安机关。

6. 禁止实施下列危害电气化铁路设施的行为：

(1)向电气化铁路接触网抛掷物品；

(2)在铁路电力线路导线两侧各 500 m 的范围内升放风筝、气球等低空飘浮物体;

(3)攀登铁路电力线路杆塔或者在杆塔上架设、安装其他设施设备;

(4)在铁路电力线路杆塔、拉线周围 20 m 范围内取土、打桩、钻探或者倾倒有害化学物品;

(5)触碰电气化铁路接触网。

7. 铁路机车车辆的驾驶人员应当参加国务院铁路行业监督管理部门组织的考试,考试合格方可上岗。具体办法由国务院铁路行业监督管理部门制定。

铁路运输企业应当加强铁路专业技术岗位和主要行车工种岗位从业人员的业务培训和安全培训,提高从业人员的业务技能和安全意识。

8. 铁路运输企业应当按照国务院铁路行业监督管理部门的规定实施火车票实名购买、查验制度。实施火车票实名购买、查验制度的,旅客应当凭有效身份证件购票乘车;对车票所记载身份信息与所持身份证件或者真实身份不符的持票人,铁路运输企业有权拒绝其进站乘车。

铁路运输企业应当采取有效措施为旅客实名购票、乘车提供便利,并加强对旅客身份信息的保护。铁路运输企业工作人员不得窃取、泄露旅客身份信息。

9. 禁止实施下列危害铁路安全的行为:

(1)非法拦截列车、阻断铁路运输;

(2)扰乱铁路运输指挥调度机构以及车站、列车的正常秩序;

(3)在铁路线路上放置、遗弃障碍物;

(4)击打列车;

(5)擅自移动铁路线路上的机车车辆，或者擅自开启列车车门、违规操纵列车紧急制动设备；

(6)拆盗、损毁或者擅自移动铁路设施设备、机车车辆配件、标桩、防护设施和安全标志；

(7)在铁路线路上行走、坐卧或者在未设道口、人行过道的铁路线路上通过；

(8)擅自进入铁路线路封闭区域或者在未设置行人通道的铁路桥梁、隧道通行；

(9)擅自开启、关闭列车的货车阀、盖或者破坏施封状态；

(10)擅自开启列车中的集装箱箱门，破坏箱体、阀、盖或者施封状态；

(11)擅自松动、拆解、移动列车中的货物装载加固材料、装置和设备；

(12)钻车、扒车、跳车；

(13)从列车上抛扔杂物；

(14)在动车组列车上吸烟或者在其他列车的禁烟区域吸烟；

(15)强行登乘或者以拒绝下车等方式强占列车；

(16)冲击、堵塞、占用进出站通道或者候车区、站台。

二、《生产安全事故报告和调查处理条例》

为了规范生产安全事故的报告和调查处理，落实生产安全事故责任追究制度，防止和减少生产安全事故，根据《中华人民共和国安全生产法》和有关法律，制定《生产安全事故报告和调查处理条例》。经 2007 年 3 月 28 日国务院第 172 次常务会议通过，以国务院第 493 号令颁布并于 2007 年 6 月 1 日起施行。

全条例共分为六章 46 条，生产经营活动中发生的造成人身伤亡或者直接经济损失的生产安全事故的报告和调查处理，适用本条例；环境污染事故、核设施事故、国防科研生产事故的报告和调查处理不适用本条例。其主要内容包括：

1. 根据生产安全事故（以下简称事故）造成的人员伤亡或者直接经济损失，事故一般分为：特别重大事故、重大事故、较大事故、一般事故。

国务院安全生产监督管理部门可以会同国务院有关部门，制定事故等级划分的补充性规定。本条第一款所称的“以上”包括本数，所称的“以下”不包括本数。

2. 事故报告应当及时、准确、完整，任何单位和个人对事故不得迟报、漏报、谎报或者瞒报。

事故调查处理应当坚持实事求是、尊重科学的原则，及时、准确地查清事故经过、事故原因和事故损失，查明事故性质，认定事故责任，总结事故教训，提出整改措施，并对事故责任者依法追究责任。

3. 任何单位和个人不得阻挠和干涉对事故的报告和依法调查处理。

4. 对事故报告和调查处理中的违法行为，任何单位和个人有权向安全生产监督管理部门、监察机关或者其他有关部门举报，接到举报的部门应当依法及时处理。

5. 事故发生后，事故现场有关人员应当立即向本单位负责人报告；单位负责人接到报告后，应当于1小时内向事故发生地县级以上人民政府安全生产监督管理部门和负有安全生产监督管理职责的有关部门报告。

情况紧急时，事故现场有关人员可以直接向事故发生地县级以上人民政府安全生产监督管理部门和负有安全生产监督管理职责的有关部门报告。

三、《铁路交通事故应急救援和调查处理条例》

由国务院制定并颁布的《铁路交通事故应急救援和调查处理条例》(501号令)(以下简称《条例》),是我国第一部全面规范铁路交通事故应急救援和调查处理的行政法规。

《条例》包括总则、事故等级、事故报告、事故应急救援、事故调查处理、事故赔偿、法律责任和附则八章41条,主要内容为:

1. 铁路运输企业和其他有关单位、个人应当遵守铁路运输安全管理的各项规定,防止和避免事故的发生。事故发生后,铁路运输企业和其他有关单位应当及时、准确地报告事故情况,积极开展应急救援工作,减少人员伤亡和财产损失,尽快恢复铁路正常行车。任何单位和个人不得干扰、阻碍事故应急救援、铁路线路开通、列车运行和事故调查处理。

2. 事故等级类别和分类标准。按照条例规定,铁路交通事故等级根据事故造成的人员伤亡、直接经济损失、列车脱轨辆数、中断铁路行车时间等4大类情形分为特别重大事故、重大事故、较大事故和一般事故4类国家认定、管理的事故。

(1)有下列情形之一的,为特别重大事故:

①造成30人以上死亡,或者100人以上重伤(包括急性工业中毒,下同),或者1亿元以上直接经济损失的;

②繁忙干线客运列车脱轨18辆以上并中断铁路行车48小时以上的;

③繁忙干线货运列车脱轨60辆以上并中断铁路行车48小时以上的。

(2)有下列情形之一的,为重大事故:

①造成10人以上30人以下死亡,或者50人以上100人以下重

伤，或者5 000万元以上1亿元以下直接经济损失的；

②客运列车脱轨18辆以上的；

③货运列车脱轨60辆以上的；

④客运列车脱轨2辆以上18辆以下，并中断繁忙干线铁路行车24小时以上或者中断其他线路铁路行车48小时以上的；

⑤货运列车脱轨6辆以上60辆以下，并中断繁忙干线铁路行车24小时以上或者中断其他线路铁路行车48小时以上的。

(3)有下列情形之一的，为较大事故：

①造成3人以上10人以下死亡，或者10人以上50人以下重伤，或者1 000万元以上5 000万元以下直接经济损失的；

②客运列车脱轨2辆以上18辆以下的；

③货运列车脱轨6辆以上60辆以下的；

④中断繁忙干线铁路行车6小时以上的；

⑤中断其他线路铁路行车10小时以上的。

(4)造成3人以下死亡，或者10人以下重伤，或者1 000万元以下直接经济损失的，为一般事故。

3. 事故报告制度

事故发生后，事故现场的铁路运输企业工作人员或者其他人员应当立即报告邻近铁路车站、列车调度员或者公安机关。有关单位和人员接到报告后，应当立即将事故情况报告事故发生地铁路管理机构。

4. 事故应急救援制度

发生铁路交通事故后，列车司机或运转车长应当立即停车，采取应急处置措施。对无法当场处置的，应当立即报告邻近铁路车站、列车高度员进行处置。对中断行车的，铁路运输企业应当立即组织抢修，尽快恢复铁路正常行车。事故发生后，铁路管理机构、有关地方政府、铁路运输企业还要根据事故等级启动应急预案。

5. 事故调查制度。条例充分考虑铁路交通事故调查处理的特点，明确了组织事故调查组的主体、参加部门及其调查权限，规范了事故调查程序、期限和事故责任认定形式，确立了事故处理情况的公布制度，强化了对事故防范和整改措施的监督。

6. 事故的赔偿原则及适用法律。条例根据我国相关法律规定，明确了铁路交通事故损害赔偿的基本原则、免责条款、旅客损害赔偿责任限额标准以及其他人员伤亡和财产损失赔偿的法律适用，同时还规定了相应的救济途径。

7. 相关法律责任。条例对铁路运输企业及其职工、国务院铁路主管部门、铁路管理机构以及其他行政机关在铁路交通事故应急救援、事故报告和调查处理中的违法行为以及违反法律、行政法规的规定导致事故发生等行为，都规定了较为严厉的处罚措施，包括行政处罚、处分和追究刑事责任等。

第三节 铁路规章

规章是指国家行政机关依照行政职权所制定、发布的针对某一类事件、行为或者某一类人员的行政管理的规范性文件，分为部门规章和地方政府规章两种。

部门规章，是指国务院的部、委员会和直属机构依照法律、行政法规或者国务院授权制定的在全国范围内实施安全生产行政管理的规范性文件。铁路规章属于部门规章。

铁路运输具有高度集中的特点，各工作环节须紧密联系、协同配合，确保铁路安全正点、方便快捷、高速高效。

《铁路技术管理规程》(以下简称《技规》)是铁路技术管理的基本

规章。铁路其他规章和规范性文件以及各部门、各单位制定的技术管理文件等，都必须符合《技规》的规定。围绕《技规》这个“大法”，还有一系列的规程、规则、标准、规定等。在安全监察工作方面，有《行车安全监察规则》；在事故处理方面，有《铁路交通事故应急救援规则》、《铁路交通事故调查处理规则》和《铁路行车设备故障调查处理办法》；在行车调度指挥方面，有《铁路运输调度规则》；在铁路车站管理方面，有《铁路中间站管理办法》和《铁路中间站管理标准》；在运输组织方面，有《铁路旅客运输规程》、《铁路客运运价规则》、《铁路货物运输规程》及其引伸规则等；在机务运用管理方面，有《铁路机车运用管理规程》、《机车操作规程》、《机务行车安全管理规则》等；在接触网、电力设备管理方面，有《接触网安全工作规则》、《铁路电力管理规则》等；在铁路车辆运用检修方面，有《铁路客车运用规程》、《铁路货车运用维修规程》、《货车厂修、段修、站修规程》、《运用客车出库质量标准》及不同车型的厂修、段修规程。还有《红外线轴温探测系统管理检修规程》等；在工务、电务设备管理方面，有《铁路工务安全规则》、《铁路线路修理规则》、《信号维护规则》等。

在铁路法律规范体系的三个层次中，铁路规章的法律效力最低，也就是说，所有的铁路规章都不得与铁路适用法律、行政法规的内容相抵触，如果规章中出现了与法律、法规规定不相符的内容，出现法律纠纷时，优先要以法律、行政法规的规定为依据。

一、《铁路技术管理规程》

依据《中华人民共和国铁路法》、《铁路运输安全保护条例》等有关法律法规制定了全面、统一、科学、完善的《铁路技术管理规程》。《技规》规定了铁路的基本建设、产品制造、验收交接、使用管理及保养维修方面的基本要求和标准；规定了各部门、各单位、各工种在从事铁路运输生产时,必须遵循的基本原则、责任范围、工作方法、作业程序和相互关系;规定了信号的显示方式和执行要求;明确了铁路行车有关人员的主要职责和必须具备的基本条件。

根据铁路发展,中国铁路总公司于 2014 年 5 月 27 日以总经理办公会议审议通过,自 2014 年 11 月 1 日起施行新的《铁路技术管理规程》,本规程由高速铁路部分和普速铁路部分两本组成。

《技规》是铁路技术管理的基本"法规",是每个铁路运输企业、每名行车有关人员都必须遵守的规章。

普速铁路部分要求:

第 240 条　行车有关人员,在任职、提职、改职前,必须按照铁路职业技能培训规范要求,进行拟任岗位资格性培训,并经职业技能鉴定和考试考核,取得相应职业资格证书和岗位培训合格证书后,方可任职。

在任职期间,须按照铁路职业技能培训规范等规定,定期参加岗位适应性培训和业务考试,考试不合格的,不得继续履职。

第 241 条　行车有关人员,在任职前必须经过健康检查,身体条件不符合拟任岗位职务要求的,不得上岗作业。

在任职期间,要定期进行身体检查,身体条件不符合任职岗位要求的,应调整工作岗位。

第 242 条　对行车有关人员,应进行日常安全生产知识和劳动纪律的教育、考核,并有计划地组织好在职人员的日常政治和技术业务学习。

第 243 条　驾驶机车、动车组、自轮运转特种设备的人员,必须持有国家铁路局颁发的驾驶证。变更驾驶机(车)型前,必须经过相应的技术培训并考试合格。

实习和学习驾驶机车、动车组、自轮运转特种设备和操纵信号或重要机械、设备及办理行车作业的人员，必须在正式值乘、值班人员的亲自指导和负责下，方准操作。

第 244 条 行车有关人员在执行职务时，必须坚守岗位，穿着规定的服装，佩戴易于识别的证章或携带相应证件，讲普通话。

第 245 条 行车有关人员，接班前须充分休息，严禁饮酒，如有违反，立即停止其所承担的任务。

高速铁路部分要求：

第 227 条 严格执行高速铁路主要行车工种岗位准入制度。高速铁路主要行车工种岗位人员的选拔，要按照岗位标准的基本素质要求，严格按条件、程序进行。

第 228 条 行车有关人员，在任职前必须经过健康检查，身体条件不符合拟任岗位职务要求的，不得上岗作业。

在任职期间，要定期进行身体检查，身体条件不符合任职岗位要求的，应调整工作岗位。

第 229 条 行车有关人员，在任职、提职、改职前，必须按照铁路职业技能培训规范和相应岗位培训规范要求，进行拟任岗位资格性培训，并经职业技能鉴定和考试考核，取得相应职业资格证书和岗位培训合格证书后，方可任职。

在任职期间，须按规定参加岗位适应性培训和定期考核鉴定，考核不合格的，不得继续履职。

第 230 条 对行车有关人员，应进行日常安全生产知识和劳动纪律的教育、考核，并有计划地组织好在职人员的日常政治和技术业务学习。

第 231 条 驾驶机车、动车组、自轮运转特种设备的人员，必须持有国家铁路局颁发的驾驶证。变更驾驶机(车)型前，必须经过相应的技术培训并考试合格。

实习和学习驾驶机车、动车组、自轮运转特种设备和操纵信号或重要机械、设备及办理行车作业的人员，必须在正式值乘、值班人员的亲自指导和负责下，方准操作。

第 232 条 行车有关人员在执行职务时，必须坚守岗位，穿着规定的服装，佩戴易于识别的证章或携带相应证件，讲普通话。

第 233 条 行车有关人员，接班前须充分休息，严禁饮酒，如有违反，立即停止其所承担的任务。

第 234 条 建立高速铁路主要行车工种岗位人员定期考核鉴定制度。对高速铁路岗位上人员，依据个人专业技能水平、安全生产、工作业绩等情况，按照岗位标准要求，进行定期考核鉴定。对经考核不符合岗位要求的人员，及时调整其工作岗位。

铁路局规章是铁道部及国家其他行政机关规章、准则、标准的补充和细化，如铁路局《行车组织规则》、《车站行车工作细则》等。

《行车组织规则》(《行车组织细则》)是根据《铁路技术管理规程》的规定，并结合我局的具体情况和广大职工生产实践经验制定的补充规则，是我局行车组织的基本法规。各部门、各单位广大职工除认真执行《铁路技术管理规程》及部颁有关规程、规范、标准、规定、文件、命令、指示等外，均按本规则(细则，以下略同)执行。本规则在没有路局的文件或电报修改之前，任何部门、任何单位、任何个人都不得违反本规则的规定。

《车站行车工作细则》(简称《站细》)是车站贯彻执行《技规》和《行规》，加强车站技术管理、保证安全高效地进行行车组织工作的重要技术文件。主要内容有：车站的性质、等级和任务；车场用途及调车区划分，线路、道岔、调车设备，信号、联锁、闭塞设备，通信、照明、供电、给水设备，客、货运输设备的设置数量、使用条件和管理负责制；接发列车和调车工作组织；各项技术作业程序和时间标准，装卸时间标准,货物作业停留时间,中转停留时间标准;车站通过能力的改编能力等。

二、《铁路交通事故调查处理规则》

《铁路交通事故调查处理规则》(简称《事规》),是铁路自1949年颁布施行第一部《事规》之后的第十二部《事规》,是为全面贯彻落实《铁路交通事故应急救援和调查处理条例》,铁道部于2007年重新修订,并与《铁路交通事故应急救援和调查处理条例》自2007年9月1日起同步施行的。新《事规》是严格按《铁路交通事故应急救援和调查处理条例》制定的,调整了2000版《事规》不适应的方面,满足了铁路运输新形势、新技术、新设备的要求,保持了铁路安全管理的基本特点,体现了以“预防为主、从严管理”的目的。新《事规》包括总则、事故等级、事故报告、事故调查、事故责任判定和损失认定、事故统计分析、罚则和附则共8章95条,7个附件。其主要内容为:

1. 铁路交通事故:是指铁路机车车辆在运行过程中发生冲突、脱轨、火灾、爆炸等影响铁路正常行车的事故,包括影响铁路正常行车的相关作业过程中发生的事故;或者铁路机车车辆在运行过程中与行人、机动车、非机动车、牲畜及其他障碍物相撞的事故。

2. 铁路交通事故主要有两类:一类是铁路机车车辆在运行过程中发生冲突、脱轨、火灾、爆炸等影响铁路正常行车的事故,包括影响铁路正常行车的相关作业过程中发生的事故;另一类是铁路机车车辆在运行过程中与行人、机动车、非机动车、牲畜及其他障碍物相撞的事故,均为铁路交通事故。

3. 按照国家事故等级划分类别,根据事故造成的人员伤亡、直接经济损失、列车脱轨辆数、中断铁路行车时间等情形,将事故划分为特别重大事故、重大事故、较大事故和一般事故四个等级,并根据

《铁路交通事故应急救援和调查处理条例》的授权，对一般事故的其他情形做出了补充规定，将一般事故具体分为一般A类事故、一般B类事故、一般C类事故、一般D类事故4个类别。

(1)有下列情形之一，未构成较大以上事故的，为一般A类事故：

A1. 造成2人死亡。

A2. 造成5人以上10人以下重伤。

A3. 造成500万元以上1 000万元以下直接经济损失。

A4. 列车及调车作业中发生冲突、脱轨、火灾、爆炸、相撞，造成下列后果之一的：

A4.1 繁忙干线双线之一线或单线行车中断3小时以上6小时以下，双线行车中断2小时以上6小时以下。

A4.2 其他线路双线之一线或单线行车中断6小时以上10小时以下，双线行车中断3小时以上10小时以下。

A4.3 客运列车耽误本列4小时以上。

A4.4 客运列车脱轨1辆。

A4.5 客运列车中途摘车2辆以上。

A4.6 客车报废1辆或大破2辆以上。

A4.7 机车大破1台以上。

A4.8 动车组中破1辆以上。

A4.9 货运列车脱轨4辆以上6辆以下。

(2)有下列情形之一，未构成一般A类以上事故的，为一般B类事故：

B1. 造成1人死亡。

B2. 造成5人以下重伤。

B3. 造成100万元以上500万元以下直接经济损失。

B4. 列车及调车作业中发生冲突、脱轨、火灾、爆炸、相撞，造成下列后果之一的：

B4.1 繁忙干线行车中断 1 小时以上。

B4.2 其他线路行车中断 2 小时以上。

B4.3 客运列车耽误本列 1 小时以上。

B4.4 客运列车中途摘车 1 辆。

B4.5 客车大破 1 辆。

B4.6 机车中破 1 台。

B4.7 货运列车脱轨 2 辆以上 4 辆以下。

(3)有下列情形之一，未构成一般 B 类以上事故的，为一般 C 类事故：

C1. 列车冲突。

C2. 货运列车脱轨。

C3. 列车火灾。

C4. 列车爆炸。

C5. 列车相撞。

C6. 向占用区间发出列车。

C7. 向占用线接入列车。

C8. 未准备好进路接、发列车。

C9. 未办或错办闭塞发出列车。

C10. 列车冒进信号或越过警冲标。

C11. 机车车辆溜入区间或站内。

C12. 列车中机车车辆断轴，车轮崩裂，制动梁、下拉杆、交叉杆等部件脱落。

C13. 列车运行中碰撞轻型车辆、小车、施工机械、机具、防护栅栏等设备设施或路料、坍体、落石。

C14. 接触网接触线断线、倒杆或塌网。

C15. 关闭折角塞门发出列车或运行中关闭折角塞门。

C16. 列车运行中刮坏行车设备设施。

C17. 列车运行中设备设施、装载货物(包括行包、邮件)、装载加固材料(或装置)超限(含按超限货物办理超过电报批准尺寸的)或坠落。

C18. 装载超限货物的车辆按装载普通货物的车辆编入列车。

C19. 电力机车、动车组带电进入停电区。

C20. 错误向停电区段的接触网供电。

C21. 电化区段攀爬车顶耽误列车。

C22. 客运列车分离。

C23. 发生冲突、脱轨的机车车辆未按规定检查鉴定编入列车。

C24. 无调度命令施工,超范围施工,超范围维修作业。

C25. 漏发、错发、漏传、错传调度命令导致列车超速运行。

(4)有下列情形之一,未构成一般 C 类以上事故的,为一般 D 类事故:

D1. 调车冲突。

D2. 调车脱轨。

D3. 挤道岔。

D4. 调车相撞。

D5. 错办或未及时办理信号致使列车停车。

D6. 错办行车凭证发车或耽误列车。

D7. 调车作业碰轧脱轨器、防护信号,或未撤防护信号动车。

D8. 货运列车分离。

D9. 施工、检修、清扫设备耽误列车。

D10. 作业人员违反劳动纪律、作业纪律耽误列车。

D11. 滥用紧急制动阀耽误列车。

D12. 擅自发车、开车、停车、错办通过或在区间乘降所错误通过。

D13. 列车拉铁鞋开车。

D14. 漏发、错发、漏传、错传调度命令耽误列车。

D15. 错误操纵、使用行车设备耽误列车。

D16. 使用轻型车辆、小车及施工机械耽误列车。

D17. 应安装列尾装置而未安装发出列车。

D18. 行包、邮件装卸作业耽误列车。

D19. 电力机车、动车组错误进入无接触网线路。

D20. 列车上工作人员往外抛掷物体造成人员伤害或设备损坏。

D21. 行车设备故障耽误本列客运列车 1 小时以上，或耽误本列货运列车 2 小时以上；固定设备故障延时影响正常行车 2 小时以上(仅指正线)。

三、《铁路交通事故应急救援规则》

为了规范和加强铁路交通事故(以下简称事故)的应急救援工作，最大限度地减少人员伤亡和财产损失，尽快恢复铁路运输秩序，依据《铁路交通事故应急救援和调查处理条例》(国务院令第 501 号)及国家有关规定，铁道部制定了《铁路交通事故应急救援规则》(以下简称《救规》)，自 2007 年 9 月 1 日起施行。《救规》分为总则、救援报告、紧急处置、救援响应、现场救援、善后处理、罚则和附则等共八章 51 条，主要内容有：

1. 救援报告

(1)事故发生后，现场铁路工作人员或者其他有关人员应当立即向邻近铁路车站、列车调度员、公安机关或者相关单位负责人报告。接到报告的单位、部门应当根据需要立即通知救援队和救援列车。

遇有人员伤亡或者发生火灾、爆炸、危险货物泄漏等事故时，接到报告的单位、部门应当根据需要采取防护措施，并立即通知当地急救、医疗卫生部门或者公安消防、环境保护等部门。

(2)救援报告的主要内容：

①事故发生的时间、地点(站名)、区间(线名、公里、米)、线路条件、事故相关单位和人员。

②发生事故的列车种类、车次、机车型号、部位、牵引辆数、吨数、计长及运行速度。

③旅客人数，伤亡人数、性别、年龄以及救助情况，是否涉及境外人员伤亡。

④货物品名、装载情况，易燃、易爆等危险货物情况。

⑤机车车辆脱轨数量及型号、线路设备损坏程度等情况。

⑥对铁路行车的影响情况。

⑦事故原因的初步判断，事故发生后采取的措施及事故控制情况。

⑧需要应急救援的其他事项。

事故应急救援过程中，人员伤亡、脱轨辆数、设备损坏等情况发生变化时，应及时补报。

2. 紧急处置

(1)事故发生后，列车司机或者运转车长等现场铁路工作人员应当立即采取停车措施，并按规定对列车进行安全防护。遇有人员伤亡时，应当向邻近车站或者列车调度员请求施救，并将伤亡人员移出线路、做好标记，有能力的应当对伤员进行紧急施救。为保障铁路旅客安全或者因特殊运输需要不宜停车的，可以不停车。但是，列车司机或者运转车长等现场铁路工作人员应当立即将事故情况报告邻近车站、列车调度员，接到报告的邻近车站、列车调度员应当立即组织处置。

(2)客运列车发生事故造成车内人员伤亡或者危及人员安全时，列车长应当立即组织车上人员进行紧急施救，稳定人员情绪，维护现场秩序，并向邻近车站或者列车调度员请求施救。

(3)救援队接到事故救援通知后，救援队长应当召集救援队员以最快速度赶赴事故现场。到达事故现场后，应当立即组织紧急抢救伤员，利用既有设备起复脱轨的机车车辆，清除各种障碍，搭设必要的设备设施，为进一步实施救援创造条件。

(4)发生列车火灾、爆炸、危险货物泄漏等事故时，现场铁路工作人员应当尽快组织疏散现场人员并采取必要的防护措施。

(5)事故发生后影响本线或者邻线行车安全时，现场铁路工作人员应当立即按规定采取紧急防护措施。

3. 现场救援

(1)事故应急救援需要出动救援列车时，救援列车应当在接到出动命令后30分钟内出动，到达事故现场后，救援列车负责人应当迅速确定具体的起复作业方案，经现场总指挥批准后立即开展起复作业。救援列车在桥梁或坡道等特殊地段作业时，应当连挂机车。两列及以上救援列车分头作业时的指挥，由现场总指挥协调分工后各自负责。两列及以上救援列车在同一个作业面集中作业或者联动作业时，由负责本区段救援任务的救援列车或者由现场总指挥指定人员负责指挥。救援列车在电气化区段实施救援作业时，应当在确认接触网工区接到停电命令并做好接地防护后方准进行。起复动车组、新型机车车辆等，应当使用专用吊索具。

(2)事故应急救援需要通信保障时，通信部门应当在接到通知后根据需要立即启用“117”应急通信人工话务台，组织开通应急通信系统。事故发生在站内，应当在30分钟内开通电话、1小时内开通图像传输设备。事故发生在区间，应当在1小时内开通电话、2小时内开通图像传输设备。并指定专人值守，保证事故现场音频、视频和数据信息的实时传输，任何人不得干扰、阻碍事故信息采集和传输。

(3)事故造成铁路设备设施损坏时，有关专业部门应当立即组织抢修，根据实际情况及时切断事故现场电源，拆除、拨移和恢复接触网，及时架设所需照明，调集足够的救援队伍、材料和机具，积极组织抢修损坏的线路、通信信号等行车设备设施，协助事故机车车辆的起复。对可以运行的受损机车车辆进行检查确认，符合挂运条件的方准移动，必要时派人护送。起复作业完毕后，应当迅速做好开通线路的各项准备。

(4)事故应急救援过程中，有关单位和个人应当妥善保护事故现场以及相关证据，并及时移交事故调查组。因应急救援需要改变事故现场时，应当做出标记、绘制现场示意图、制作现场视听资料，并做出书面记录。任何单位和个人不得破坏事故现场，不得伪造、隐匿或者毁灭相关证据。

四、《铁路行车设备故障调查处理办法》

为及时准确调查处理铁路行车设备故障(以下简称设备故障)，加强设备质量管理，防止和减少设备故障的发生，保障铁路运输安全畅通，根据《铁路技术管理规程》、《铁路交通事故调查处理规则》及有关规定，铁道部制定了《铁路行车设备故障调查处理办法》(以下简称《办法》)，于2007年9月1日起实施。《办法》分为总则、设备故障分类、设备故障报告及调查处理、设备故障报告及调查处理、设备故障考核及赔偿设备故障统计、分析及总结、附则等共七章48条。其主要内容为：

1. 因违反作业标准、操作规程及养护维修不当或设计制造质量缺陷、自然灾害等原因，造成铁路机车车辆（包括动车组、自轮运转特种设备）、铁路轮渡、线路、桥隧、通信、信号、供电、信息、监测监控、给水、防护设施等行车设备损坏，影响正常行车，危及行车安全，均构成设备故障。

2. 设备故障分类。发生耽误列车、危及行车安全或影响列车正常运营的下列情形之一，但未构成铁路交通事故的，为行车设备故障。行车设备故障分为：机车故障；车辆故障；动车组故障；铁路轮渡设备故障；自轮运转特种设备故障；线路、桥隧设备故障；信号设备故障；通信设备故障；供电设备故障；供水设备故障；信息系统设备故障；列尾装置故障；监测、监控设备故障；线路安全防护设备设施破损；水害、塌方、落石、倒树；其他设备故障。

3. 设备故障责任判定。设备故障分为责任故障和非责任故障。发生设备故障应件件定责。设备故障责任划分为全部责任、主要责任、次要责任和同等责任。

(1)设备质量不良造成设备故障，属设计、制造、采购、检修、验收等单位责任的，定相关单位责任。未按规定采用行政许可、强制认证、定点厂生产的产品，或采购不合格、不达标的产品，造成设备故障时，定采购、采用单位责任。

(2)设备故障发生单位隐瞒或查不清原因的，定该单位责任；协同隐瞒的单位追究同等责任。

(3)作业人员违章违纪或养护维修质量不良等，造成监测、检测设备系统故障或漏检、漏传信息，定相关单位责任。

4. 设备故障考核及赔偿

(1)设备故障的考核内容及标准：

①按月、季、年对设备故障率进行考核。

②按线路等级、耽误列车数量对故障延时、故障平均延时进行定

期考核。

③对隐瞒的设备故障,一经查实,加倍考核。

(2)设备故障考核结果应与责任单位、部门的奖金分配和有关人员经济收入挂钩,并作为安全评估、评比的条件。

(3)负全部责任、主要责任、次要责任的,分别承担设备故障损失费用的100%、60%及以上、40%及以下。负同等责任的,承担相同比例的经济损失。

铁路规章是铁路运输企业安全、正点、优质、高效完成运输任务,组织生产活动,约束经营行为的规范和准则;是铁路职工安全生产的基本依据和行为准则。在工作中,必须严格遵章守纪,并采取相应的安全措施,才能杜绝安全隐患,确保人身安全。

《行车组织规则》是根据《铁路技术管理规程》的规定,并结合我局的具体情况和广大职工生产实践经验制定的补充规则,是我局行车组织的基本法规。各部门、各单位广大职工除认真执行《铁路技术管理规程》及部颁有关规程、规范、标准、规定、文件、命令、指示等外,均按本规则执行。本规则在没有路局的文件或电报修改之前,任何部门、任何单位、任何个人都不得违反本规则的规定。

第四章　安全生产管理

第一节　安全生产概述

安全是人类生存认识自然，改造自然的首要前提条件。安全与生产相伴而生，相互促进、相互发展，造福于人类安居乐业，是一项科学管理的系统工程（国家标准称谓“劳动安全”）。当今“关爱生命、关注安全”是现代社会文明、进步、发展的重要标志。为此国家从法制层面相继颁布了《宪法》、《刑法》、《劳动法》、《安全生产法》、《职业病防治法》等法律予以保障。

一、安全生产的概念

安全，泛指没有危险、不出事故的状态。《韦氏大词典》对安全定义为“没有伤害、损伤或危险，不遭受危害或损害的威胁，或免除了危害、伤害或损失的威胁”。

安全生产，根据现代系统安全工程的观点，一般意义上讲，是指在社会生产活动中，通过人、机、物料、环境的和谐运作，使生产过程中潜在的各种事故风险和伤害因素始终处于有效控制状态，切实保护劳动者的生命安全和身体健康。

二、安全生产的目的

劳动安全生产的目的泛指在生产经营过程中，贯彻落实国家安全法规、标准、规程，通过采取一系列的安全技术措施、安全组织措施，使“人、机、物、法、环”安全生产要素和谐运作，形成良好的劳动环境和工作秩序，最大限度地减少劳动者免遭不可承受的伤亡和职业病危害。

具体包括以下几个方面：

1. 积极开展预防劳动者伤害的活动，减少或消灭劳动者伤害事故，保障劳动者安全地进行生产建设。

2. 积极开展控制职业中毒和职业病的活动，防止职业中毒和职业病的发生，保障劳动者的身体健康。

3. 严格按《劳动法》规定的规定，保障劳动者有合理的休息时间，以便保持充沛的精力，更好地进行经济建设。

4. 针对女职工在劳动中因生理特点造成的特殊困难，对她们进行特殊保护，使其在经济建设中发挥更大的作用。（《女职工劳动保护特别规定》于 2012 年 4 月 18 日 619 号国务院令颁布并施行）

三、安全生产的意义

安全生产事关广大人民群众切身利益，事关党和国家与企业形象，事关社会政治、稳定、发展大局。安全与健康是我国公民的基本人身安全权利，理应受到党和国家的关心和保护。新中国成立以来，党和国家始终把安全生产作为一项国策，并提升到法制层面予以保障，强制约束企业和员工必须严格遵循，这是由社会主义国家的性质决定的，是社会主义生产的基本原则。如果以牺牲劳动者生命安全和健康为代价而发展生产，就从根本上违背了社会主义生产的目的，失去了发展社会主义生产的意义。

搞好安全生产工作对于巩固社会的安定，为国家的经济建设提供重要的稳定政治环境具有现实重要的意义；对于保护劳动生产力，均衡发展各部门、各行业的经济劳动力资源具有重要的作用;对于增强社会财富、减少经济损失具有实在的经济意义;对于生产职工的生命安全与健康,家庭的幸福和生活的质量,有直接影响。

四、安全生产的方针

《安全生产法》在总结我国安全生产管理经验的基础上,将"安全第一,预防为主"规定为我国安全生产工作的基本方针。党和国家坚持以科学发展观为指导,从经济和社会发展的全局出发,不断深化对安全生产规律的认识,在十六届五中全会上,提出了"安全第一,预防为主,综合治理"的安全生产方针。同时,在《国务院关于进一步加强企业安全生产工作的通知》(国发〔2010〕23 号)中强调,坚持"安全第一、预防为主、综合治理"的方针,全面加强企业安全管理,健全规章制度,完善安全标准,提高企业技术水平,夯实安全生产基础。它不仅概括了安全生产的特点、性质,而且提出了做好安全生产工作的目标、方式,实际上也是对安全生产工作经验的总结。

贯彻"安全第一,预防为主,综合治理"的方针,就是劳动者要牢牢把握安全生产工作的主动权,把有效防范各类事故作为安全生产工作的根本性任务,坚持关口前移、重心下移,把主要精力放在治理隐患、遏制事故、减少伤亡上。各行业和领域,都要针对突出的问题和薄弱环节,深入进行专项整治,消除事故隐患。

五、影响安全的因素

影响安全的因素主要包括人、设备、环境和管理四个方面。

(一)人的因素

通常认为,劳动者在工作岗位,由于人的因素造成事故的原因有四个方面:工作时的安全意识、工作时的注意力状态、遵守规章和制度的习惯、非正常情况下应对措施。

1. 工作时的安全意识

安全是铁路工作永恒的主题，从事铁路工作的每个职工，必须长期树立“安全第一”的意识，时刻把安全工作放在第一位。从入路的第一天起，就要自觉地不断强化自己的安全意识，把自己和周边人员的安全和生产的安全，作为家庭幸福和社会和谐的头等大事来抓，时刻不得松懈，时刻不得麻痹。

强化职工安全意识的途径主要有：一是努力学习安全技术知识和操作规程，了解从事工作的安全风险状况。二是从发生的事故中，汲取经验和教训，提高工作时的安全自保能力和安全防范能力。

2. 工作时的精神状态

铁路发生的很多事故中，职工工作时的精神不集中往往是造成事故的重要因素。

一般来讲，造成人员注意力不集中的原因有很多，比如，人的身体状况、人的感情状况、工作时外界干扰等等。因此，保持工作时的良好精神状态，是保证铁路安全工作的必要因素。

保持工作时良好精神状态的途径主要有：一是上岗前必须充分休息好，严禁班前、班中饮酒，保证工作时精力充沛，精神集中。二是加强身体和心理的锻炼，提高个人整体素质，心胸豁达，身心健康。三是在工作中做好自控与互控，认真执行安全检查确认制度和呼唤应答制度，不准打闹、玩笑、阅读书报、使用手机和做与本岗工作无关的事情。

3. 遵守规章和制度的习惯

通常说，十次事故，九次违章。在铁路各部门中，都详细地制定了各工种的安全规章和制度。这些规章和制度，往往都是用血的事故教训写成的，是职工人身安全和工作安全的保证，是维系家庭幸福和社会和谐的护身符。

很多人侥幸地认为，轻微的违章，只要控制得当，一般不会酿成事故。其实，事故的隐患，就往往埋藏在偶尔的侥幸心理上。偶然中包含着必然，侥幸往往导致不幸。

遵守规章和制度的习惯的养成，需要从点滴做起，需要时刻与懒惰心理、侥幸心理做斗争。自觉培养遵章守纪的习惯，用规章制度保证安全，是每一名铁路职工必备的基本素质。

4. 非正常情况下应对措施

很多人认为，有的事故的发生，来源于各种意外的非正常情况，是各种因素的巧合。其实，在工作当中，很多非正常情况是时有发生的，多数的工作过程都有一定的差异性。一般来讲，非正常情况是时刻存在的。如果处理得当，大部分会化险为夷，慢慢就会被大家淡忘了。但是，处理不好，就会将风险系数扩大，最终酿成不可挽回的后果。

因此，在非正常情况下采取正确的应对措施非常重要。应对措施主要有：一是平时注意加强学习和对经验的积累，提高应对复杂情况的能力。二是制定相应的各种预案，并通过演练不断修正完善，尽量将意外的事情转化为意料之中的事情，这样处理起来就轻松多了。三是在面临极特殊的情况时，要头脑冷静，及时向上级领导和组织汇报，不要盲目草率处理，避免将不安全因素扩大。

在以上四方面安全的因素中，人的因素占比重较大，应引起大家的高度重视。

（二）设备因素

在铁路企业，设备因素在企业安全工作中占有较大的比重，保证铁路运输设备的安全运行，是保证铁路人身行车安全的重要前提。

减少因设备因素造成不安全的措施，一般有三种：一是加强设备维护工作。铁路运行的各种设备采用定期检修和日常维修相结合的方式,及时发现和处理设备故障隐患,保证设备始终处于高品质运行状态。二是做好设备的安全保障工作。加大关键设备的安全冗余量,使行车关键设备一旦出现较大故障,安全设施能够及时启动并工作,减小或消除由此带来的损失。三是加强设备管理工作。实施设备质量管理和寿命管理,杜绝老化设备、带病设备运行。

在安全的因素中,设备因素处于次要地位,是安全管理工作的重要组成部分。

(三)环境因素

职工在工作中,因工作的环境的变化,也会形成对正常工作的干扰,产生不安全的因素。

环境因素包括工作过程中,职工所在地自然季节气候变化的自然环境,以及采光、照明、温度、湿度、噪声变化的工作环境。环境因素对人体生理、心理会产生不同程度的影响。一般说来,良好的环境会提高职工的工作效率,降低不安全因素发生的概率;而恶劣的环境,则会降低工作效率,提升不安全因素发生的概率。

因此,铁路生产作业班组在工作前,必须结合天气情况、作业处所、环境条件的变化和工作重点任务,对人身和设备进行安全预想,制定有效的防控措施,保证作业安全。

(四)管理因素

管理因素指管理者按照安全生产的客观规律,对生产过程中的人、财、物、信息等资源进行计划、组织、指挥、协调和控制,以达到减少或避免事故的目的。

做好安全管理工作非常必要,安全管理工作涉及的内容很多,涵盖着全员、全面、全过程、全天候的安全管理,倡导人人注意安全、处处注意安全、事事注意安全、时时注意安全的工作理念,才能最大限度地为安全生产提供管理支持。

此外，安全管理工作还要做好人与人、人与物、人与环境之间的协调工作，才能保障职工和生产的安全。

第二节　劳动安全常见事故预防

为加强劳动保护工作，搞好安全生产，切实保证职工的人身安全和身体健康，保证运输生产持续发展，改进铁路各部门安全和文明生产，防止人身伤亡事故和预防职业病的发生，铁路制定了具体的人身作业安全措施。

一、防止机车、车辆人身伤害安全措施

(一)机车车辆伤害概述

机车车辆伤害指铁路机车车辆在运行过程中碰、撞、轧、压、挤、摔等造成铁路作业人员伤亡的事故。铁路机车车辆指在铁路线路上运行的铁路机车、客车、货车、动车组及各类自轮运转特种设备等。

按其造成伤害的主要因素可以分为：

1. 作业人员违章抢道、走道心、钻车底、跳车、扒车、以车代步、作业侵限等人为因素造成的伤害。

2. 线路上作业不设防护、作业防护不到位、作业环境不良、违章指挥等管理因素造成的伤害。

(二)防机车车辆伤害的措施

1. 本安全措施适用于局管内各单位所有从业人员。各单位要认真组织学习，严格执行本措施。所有从业人员(含农民工、劳务工、临时工)每半年必须经单位、车间、班组三级专门安全教育培训，并经考试合格后，方准上岗。

2. 从业人员上岗前必须充分休息好，严禁班前、班中饮酒。严禁脱岗、串岗、私自替班或换班。对视听不良、行动不便的人员，严禁单人作业和使用重点工、机具及担任防护员等工作。

3. 生产作业班组于班前，必须结合天气情况、作业处所、环境条件的变化和工作重点任务，对人身安全关键环节进行周密的安全预想，并制定有效的联防措施，在作业过程中抓好落实。

4. 从业人员上线作业时必须精力集中、严守两纪，认真执行安全检查确认制度和呼唤应答制度，不准打闹、玩笑、阅读书报、使用手机和做与本岗工作无关的事情。

5. 各单位必须按规定为从业人员配发符合国家标准或行业标准的劳动防护用品和工具，并教育从业人员正确佩戴、使用劳动防护用品和工具。

6. 从业人员上岗前必须按规定穿戴劳动防护服装和携带必要的人身安全防护备品。禁止穿凉鞋、高跟鞋、塑料底鞋和带钉子的鞋上岗作业，未穿戴劳动防护服装和携带人身安全防护用品的不准上岗作业。

7. 上线作业应首先设好安全防护，未设防护严禁作业。所有上线作业人员，应统一着装带有夜间反光标志的防护坎肩或带有反光标志的黄半袖衫。劳务工、民工、临时工上线作业必须由正式路工带领，并按规定做好防护后方准作业。

8. 新上岗、转岗、调岗和提改职人员必须进行单位、车间、班组三级安全教育培训，并经逐级考试鉴定合格后，方准上岗。学徒工、实习人员参加作业前，必须签订师徒合同，严格落实人身安全互控措施，严禁师徒分离，否则不得单独顶岗作业。

9. 按照国家、总公司、局安全规定，有关单位每半年要对所有的作业场所、生产岗位、人行道、线路附近的暗沟、涵洞、小型桥梁及作业人员经常行走的处所是否平坦、畅通；防护设施、照明设备是否齐全良好；侵限的障碍物件是否清除；为现场作业设置的排水沟盖板、围栏、安全警告标志是否完整等情况进行安全检查，发现事故隐患、危险因素，要立即进行整治，并将危险因素与防范措施及时通知作业人员，确保作业中人身安全。

10. 邻近线路不足 3 m 的生产房舍面对线路的门口，门前应设防护栏并安设警示标志，但不得侵入建筑限界。

11. 直达特快、特快、快速列车、特快行邮专列等运行速度在 120 km/h 以上的列车到达作业点前 10 分钟，本线及邻线作业人员下道，必须距钢轨头部外侧 2.5 m 以上的安全处所避车。

12. 各单位要对从业人员上线路作业的上下工、交接班行走的安全路线做出具体规定，并做到同去同归。

13. 各单位应坚持“以人为本，科技兴安”的原则，切实加大对预防机车、车辆人身伤害事故隐患的“技防”措施经费投入，为从业人员上线作业配置必要的预防列车撞轧预警防护接收器等防护装置和工具。

14. 横越线路时，必须执行“一停、二看、三通过”制度，并注意机车、车辆动态及脚下有无障碍物等。严禁钻车、跳车和抢越线路，遇天气不良时，更应注意来往的机车、车辆。

15. 横越有机车、车辆停留的线路时，必须先确认机车、车辆暂不移动，然后在距该机车、车辆 10 m 以外绕行。穿越车辆空档时，首先确认车辆暂无移动后，再从两车组之间空档处迅速穿越，穿越两车组间空档的间距不得小于 10 m，并要注意脚下有无障碍物及邻线机车、车辆动态。严禁在运行中的机车、车辆前面抢越线路。

16. 遇必须横越列车、车辆时，严禁钻车，应先确认列车、车辆暂不移动，应从车门处、通过台或由车钩上越过，要抓紧蹬稳，不要踢开提钩杆或踢闭折角塞门，并注意邻线有无机车、车辆运行。

17. 沿线路行走时，严禁走道心、轨枕木头和侵入限界。横越线路时不准脚踏钢轨面、道岔连接杆、尖轨、可动心辙岔等处所。严禁扒乘机车、车辆和以车代步。遇到特殊情况必须在线路上行走时，应设专人防护。

18. 车站内保留的平过道，快速以上旅客列车通过时，防护栏杆必须关闭加锁，并按规定派人提前出场监护。

19. 严禁在钢轨上、轨枕头、车底下、道心、车端部、站台边站立、坐卧、避风、雨、雪或乘凉。

20. 施工作业单位在站场施工作业时，线路两旁不得有任何妨碍其他作业人员人身安全的物件。完工后，必须将施工场所恢复到原有完整平整状态。

21. 使用列车接近报警装置和无线对讲机进行施工作业的单位，要制定呼唤应答程序和呼唤用语。

22. 施工单位在站内或区间线路上作业时，必须按规定设驻站联络员、现场防护员和安全检查员。防护人员和联络员必须由正式职工担任，并经段级安全培训考试合格后持证上岗。新职人员不准担任现场防护员和联络员。驻站联络员和现场防护员要熟知本作业区段及相邻区段的列车运行时刻。

23. 现场防护员、联络员和安全检查员必须按规定头戴黄色工作帽，身着防护服，佩戴臂章等标志，并随身携带防护用品及通信工具，站在便于瞭望的地点认真防护，严禁与作业人员闲谈或做与防护无关的事情。天气不良或瞭望困难时应增设防护员、联络员。在施工作业地点变动时，必须及时通知防护人员跟踪防护，严禁超出防护范围作业。

24. 在区间线路上进行人员密集的大型施工作业时，邻线来车必须实行拉设安全警示绳等措施进行安全防护。

25. 本单位组织的施工作业，要提前制定三级施工安全方案和人身安全互控联防措施，获准许后方可进行施工作业。

26. 局内有关单位和部门配合外单位施工作业时，对施工单位制定的施工方案和人身安全措施，要重点审核各项安全措施是否完善，不完善者不得批准开工。

27. 在桥梁上、隧道内作业时，必须按规定设置防护人员，列车接近时必须按规定下道，迅速撤离桥隧或进入避车台（洞）等安全处所。

28. 线路施工作业和提速区段的巡检人员上道作业前，必须按规定设好防护，加强瞭望，发现来车时必须立即下道，严格执行单线、双线、三线避车制，禁止跨线避车，避车人员要站在路肩上避车，面向列车，观察列车运行状态，避免物体堕落或绳索伤人。

29. 遇有降雾、暴风雨（雪）、扬沙等恶劣天气影响瞭望时，应停止线路上施工作业。必须作业时，应采取增设防护员等特殊安全防护措施，保证在来车前人员和机具按规定距离及时下道。

30. 轨道车、机械检修、作业车等自轮运转车辆在封锁线路上作业时，各施工单位应按照规定做好防护。车下有人员作业时，应在作业地点的两端分别设置防护人员。多单位的机械作业车辆在同一线路上作业时，应保持足够的安全距离。

31. 轨道车、机械检修、作业车等自轮运转车辆，在施工地段动车前必须鸣笛，确认周围作业人员全部处于安全位置后方可动车。作业后连挂时，要执行一度停车制度，并严格控制连挂速度。

32. 轨道车、机械检修、作业车等自轮运转车辆停车后，在进行检车时，必须有1名司乘人员进行防护，邻线来车时按规定及时避让（电气化区段严格执行电气化作业的有关规定）。

33. 双线区间施工作业人员下道避车时应遵守以下规定：

(1)距钢轨头部外侧距离不小于 2.5 m 以上，设有避车台(洞)的桥梁(隧道)须进入避车台(洞)避车。

(2)本线来车按下列距离下道完毕：①$v_{max}\leqslant 60$ km/h 时，不小于 600 m；②60 km/h$<v_{max}\leqslant$120 km/h 时，不小于 800 m；③120 km/h$<v_{max}\leqslant$160 km/h 时，不小于 1 400 m；④160 km/h$<v_{max}<$200 km/h 时，不小于 2 000 m。

(3)本线不封锁时，邻线(线间距小于 6.5 m)来车下道规定：①邻线速度 $v_{max}\leqslant 60$ km/h 时，本线可不下道，但必须采取好防止侵入限界的安全措施；②60 km/h<邻线 $v_{max}\leqslant$120 km/h 时，来车可不下道，但本线必须停止作业并采取好防止侵入限界的安全措施；③邻线 $v_{max}>$120 km/h 时，下道距离不小于 1400 m；④瞭望条件不良，邻线来车时本线必须下道。

(4)本线封锁时，邻线(线间距小于 6.5 m)来车下道规定：①邻线 $v_{max}\leqslant$120 km/h 时，本线可不下道，但必须采取好防止侵入限界的安全措施；②120 km/h<邻线 $v_{max}\leqslant$160 km/h 时，本线可不下道，但本线必须停止作业并采取好防止侵入限界的安全措施；③邻线 $v_{max}>$160 km/h 时，本线必须下道，距离不小于 2 000 m。

(5)在站内其他线路作业，躲避本线列车时，下道距离不少于 500 m，与本线相邻的正线来车时，按本条第(1)项和第(3)项规定执行，与本线相邻的其他站线来车时可不下道，但必须停止作业并采取好防止侵入限界的安全措施。列车进路不明时必须下道避车。

(6)作业人员下道避车时应面向列车列队并站在安全位置，认真瞭望，防止列车上的抛落、坠落物或绳索伤人。

34. 多线区段施工作业

(1)本线及邻线来车必须执行双线避车制度，隔线来车时可不下道，但必须停止作业；避车一律到距离作业地点较近的路肩，工料机具带出限界以外；避车距离按照双线区间距离执行。

(2)天气不良或瞭望条件困难地段，必须坚持多线避车(任何一线来车都下道避车)。

35. 站内施工作业

(1)在正线岔区作业，无论上下行是否来车，一律下道避车；在到发线和站线岔区作业，来车时必须确认进路，及时下道避车，如不能确认来车进路时，必须立即下道避车。避车时要指定避车地点，不得四处分散避车。

(2)在站内正线作业执行双线避车制，在站内股道作业时确认本线无车，邻线来车时可不下道，但必须停止作业，并注意本线来车。避车地点为站台和站场两侧路肩或线间距大于 6 m 的两线间。

36. 多单位、多工种在线路上施工作业时，施工作业前应由施工主体单位牵头组织召开有关安全会议，制定施工作业的人身安全预想和措施。

(三)提速区段作业人身安全防护措施

1. 本措施所称区段指列车运行速度在 160 km/h 至 km/h 的区段。本措施所称列车系指列车运行速度在 160 km/h 至 200 km/h 的列车。本措施适用于列车运行速度在 160 km/h 至 200 km/h 区段所有上线作业的从业人员。

2. 在列车提速实施前，各单位应对所有从业人员进行一次专门的人身安全教育、培训和考试，使所有上线作业人员必须熟知有关人身作业安全防范措施。从业人员(新工人、民工、临时工等)在任职、提职、改职前，必须要经过车间和站、段两级安全教育培训，并经考试合格后，方准上岗作业。未经安全培训和考试合格的人员，不准上岗作业。

3. 各单位要对防护人员(含驻站联络员)的任职条件、上岗资质进一步强化规范,在提速前必须进行专门的安全培训考试,合格后方准上岗。防护人员应身体健康,无眼疾、耳疾、心血管疾病等,并按规定身穿防护服装,头戴规定的防护帽,佩戴防护员臂章,携带防护员证件和灯旗、音响信号、干电池喇叭、列车时刻表、无线电台等防护用品上岗。安装列车接近语言报警装置的区段还需携带列车接近语言报警装置接收机。防护时要坚守岗位,站准防护位置,认真履行职责,不做与防护无关的事情,不参与任何作业,集中精力认真落实安全防范措施,及时联系和准确掌握列车在作业区段的运行时刻,及时通知作业人员下道避车。

4. 在线路上进行施工、维修等作业时,必须按规定设驻站联络员和现场防护员,天窗内施工作业应在车站《行车设备施工登记簿》进行登记,并与车站值班员建立人身安全互控联防办法。驻站联络员与现场防护员要采用有效的通信手段进行联络。在联络中断情况下,视为有列车接近,作业人员必须下道避车。现场作业防护人员应站在便于瞭望和及时通知作业人员下道避车的安全地点,在瞭望距离不足 2 000 m 的曲线地段应增设中间防护员。

工务、电务、供电人员在巡查设备时,要避开特快列车(包括 Z 字头列车和动车组)运行时段。巡检设备时,严禁走道心和枕木头。必须上线检查设备或进行临时故障处理时,应采取增设防护员等特殊安全防范措施。

5. 在车站行车室负责上线维修作业与应急故障处理的驻站联络员,必须首先向车站值班员了解列车运行阶段计划,并准确及时地向现场作业负责人、安全员、防护员通报列车运行情况。遇特快列车(包括 Z 字头列车和动车组)运行时,要按规定利用无线电台、站场广播等方式,及时准确地向现场防护员发出预警下道避车的通知。

6. 在 160 km/h 至 200 km/h 区段的线路上进行施工、维修作业时，必须严格执行总公司关于“综合天窗”的有关规定。遇有能见度不足 200 m 的大雾、暴风雨(雪)、雷电密集、扬沙等恶劣天气时，禁止上道作业。

7. 特快列车(包括 Z 字头列车和动车组)通过邻线时，本线作业人员必须在列车距作业地点 2 000 m 以前下道避车，不得在两线间停留。岔群作业来车径路不明时，必须下道站在安全地点避车。

8. 所有上线作业和进行设备巡检人员，必须认真落实班前安全预想制度，未进行班前安全预想的，不准上线作业。所有上线作业人员必须熟知旅客列车运行时刻，遇本线特快列车(包括 Z 字头列车和动车组)运行时，必须在列车距作业地点 2 000 m 以前下道，在距钢轨头部外侧 3 m 以外的安全处所避车。

9. 对特快列车(包括 Z 字头列车和动车组)运行区段，桥梁避车台、隧道避车洞等安全防护距离达不到规定要求的，各工务段应按照《铁路桥隧建筑物修理规则》(铁运〔2010〕38 号)有关规定，立即进行改造。暂无法进行改造的，应加装护栏，并完善照明、报警、通信等设备，落实责任，全天候看守监控。

10. 在线路上进行钢轨探伤作业时，必须按《技规》有关规定设置防护，所有作业人员必须熟知掌握作业区段列车运行时刻，面向来车方向。前方防护员与探伤仪防护员距离不小于 1 400 m。联系中断的情况下，所有作业人员必须停止作业，其人员和机具撤离到安全地点。

11. 特快列车(包括 Z 字头列车和动车组)通过车站前 10 min，相邻线路一侧的列车上水、机车车辆检修、货物装卸、货运检查、车号校对、列车编组等作业人员必须停止作业，并按规定在安全地点避车。

12. 特快列车(包括 Z 字头列车和动车组)通过车站前 10 min,车站值班员应及时通知调车长,由调车长负责停止相邻线路一侧的调车作业,并组织有关人员撤离到安全地点避车。

13. 特快列车(包括 Z 字头列车和动车组)通过车站前 10 min,站台上所有人员及行包、邮政等机动车辆和售货车,必须按规定撤离至安全线以内避车。

14. 特快列车(包括 Z 字头列车和动车组)通过车站前 10 min,车站平过道监护人员必须站在距钢轨头部外侧不少于 3 m 处的规定位置上岗监护。机动车辆、装货拖车必须停在安全线 3 m 以外。

15. 客运人员在站线上捡拾清理垃圾时,必须避开特快列车(包括 Z 字头列车和动车组)运行时段。上线作业前要与车站值班员建立落实互控联防安全办法,作业时要设置专人进行防护,作业中人员不得分散作业,认真落实下道避车的有关安全规定。

16. 道岔清扫员进行道岔清扫作业时,必须避开特快列车(包括 Z 字头列车和动车组)运行时段,禁止利用提速列车与前行列车的运行间隔清扫道岔。道岔清扫作业必须实行登记销号制度。作业前向车站值班员汇报清扫区域和清扫道岔号码,车站值班员进行建账登记,未经车站值班员同意不准进行清扫作业。作业结束后要及时与车站值班员汇报销号。清扫作业时要按规定设置专门的防护人员,车站值班员得知清扫区域来车时,立即通知清扫人员下道避车。

17. 接发特快列车(包括 Z 字头列车和动车组)时,车站助理值班员应在距钢轨头部外侧不少于 3 m 处设置的固定接车位置接车。不足 3 m 时,应在便于瞭望列车运行的适当地点隔线接车。遇邻线有车占用,影响监视列车运行时,应站在车站两端或另一侧适当位置接送列车,接车地点应在《站细》中规定。

18. 特快列车(包括 Z 字头列车和动车组)通过道口前,道口看守员应提前出场，认真落实互控联防安全措施和道口作业十程序，并按规定及时关闭道口栏杆(门)，站在规定地点接车。

19. 对不符合特快列车(包括Z字头列车和动车组)运行安全要求的，护栏至钢轨外侧间距安全距离不足3 m时，要加装避车台，采用水泥墙防护时，距钢轨外侧线间距安全距离不足3 m的，要按规定设置避车洞。

20. 遇特快列车(包括Z字头列车和动车组)通过时，禁止所有人员进入隔离防护栏内，两线间不准站人。

21. 在双线抢修故障时，必须采取安全可靠的防护措施，设置专人防护后，方准上线抢修故障。当本线有160 km/h至200 km/h列车开来时，要按规定进行避车，所有工具、设备、设施要同时撤到3 m安全距离以外。

22. 所有上线作业人员下道避车时，要面向列车方向认真瞭望，防止列车上抛落、坠落物或绳索等物伤人。

23. 所有上线作业人员应遵守下列下道避车距离规定：

(1)本线来车时：

120 km/h<列车速度≤160 km/h时，不小于1 400 m；

160 km/h<列车速度≤200 km/h时，不小于2 000 m。

(2)邻线来车时：

①本线封锁时：120 km/h<邻线列车速度≤160 km/h时，可不下道，但必须停止作业，两线间严禁站人；160 km/h<邻线列车速度≤200 km/h时，必须在距列车不少于2 000 m处下道完毕。

②本线不慢行不封锁时：邻线列车速度>120 km/h时，距列车不少于1 400 m下道完毕。

③本线慢行不封锁时：本线慢行，邻线列车速度>120 km/h时，距列车不少于1 400 m下道完毕。

24. 工务、电务、供电等上线路作业和巡检设备人员，必须熟悉管内的线路桥梁、隧道等设备情况及列车运行速度、运行时刻和各种信号显示方法，并注意瞭望，及时下道避车。

25. 列检需跨越正线到相邻作业场进行作业，须设有来车报警装置及其他警示和安全防护设施。紧邻特快列车（Z 字头列车和动车组）线路的作业场，在上述列车相邻站预告时，列检值班员须立即用站场广播或无线对讲设备通知现场作业人员，按规定立即停止在列车通过的相邻线路一侧作业，确保作业人员站在安全地点避车。

26. 列车在站内会让特快列车（包括 Z 字头列车和动车组）时，车站值班员要通过无线电台及时将特快列车（包括 Z 字头列车和动车组）运行计划告知机车乘务员。机车乘务员、客运列车员、车辆检车乘务员等，严禁打开特快列车（包括 Z 字头列车和动车组）通过的线路相邻一侧车门上下和在相邻线路一侧进行任何作业。

27. 在特快列车（包括 Z 字头列车和动车组）集中通过的时段，邻线会让的其他旅客列车“三乘人员”，要严格看守车门，认真落实防护措施。餐车工作人员不准打开车门向外倾倒、抛掷废弃物（包括运行列车）。在站内停留的轨道车、施工作业车、风动卸砟车等，严禁作业人员在相邻特快列车（包括 Z 字头列车和动车组）通过一侧开车门及上下车或进行任何作业。

28. 所有上线作业人员下道避车时，施工作业负责人、施工作业安全员和防护员，必须认真履行安全监控防护职责，认真落实安全防护措施，及时组织将作业机具、材料撤出线路，并按规定放置、堆码牢固，不得侵入限界，两线间不得停留人员和放置机具、材料。

29. 在站内停留的宿营车，要对相邻特快列车（包括 Z 字头列车和动车组）通过一侧的车门采取安全可靠的防护封闭措施，严禁宿营人员开车门上下。

30. 有关单位要对列车运行时速 160 km 至 200 km 区段的有关设备、设施认真进行检查,不符合人身安全要求的,要进行改造。对邻近线路不足 3 m 的生产房舍的门口、通道等危险处所,要加装安全护栏。

31. 有关单位要对在用的列车接近无线报警装置制定使用管理办法,保证列车接近无线报警装置接收机作用良好。

32. 有关单位要依据本措施,落实“三控”责任,突出安全关键环节卡控,规范作业行为和标准,强化逐级干部负责包保盯控,严格日常和定期动态检查及追踪问题整改,及时消除隐患。

33. 各系统、各有关单位要依据本措施,结合实际进一步细化制定人身安全防范措施。工务、电务、供电等设备单位要建立健全处理非正常故障的人身安全互控联防措施和应急预案,并纳入定期专门安全培训的重要内容。

34. 快速、行包等列车运行区段的人身安全防护措施,参照本措施执行。

(四)单人单岗作业人身安全防护措施

1. 单岗单人作业,单位要按规定配备防撞轧“列车接近无线语音报警接收机”,并明示人身作业安全走行路径、互控责任人、呼唤应答标准用语和记录等要求,杜绝人身“三违”的发生。

2. 单岗单人作业人员,要熟知列车运行时刻,未设专人防护,禁止上道作业;作业中禁止接打手机(有特殊规定的除外);不按规定正确佩戴使用劳动防护用品、用具的,禁止上岗作业;对安全性能不良的劳动防护用品、用具和设备设施、机具禁止使用,防止人身伤害事故的发生。

3. 单岗单人作业人员的身体健康状况和情绪变化、工作态度、安全素质、遵章守纪等情况,单位、车间、班组要健全安全卡控制度,采取上岗前查问和定期分析的方法及时掌控。不准安排患有职业禁忌症疾病(包括体检列入医学观察对象)的人员,从事单岗单人作业。

4. 作业人员班前须充分休息,保持精力充沛。班前班中严禁饮酒,上岗前按规定正确佩戴劳动防护用品、用具。

5. 单岗单人作业的危险环境处所,使用的危险设施、设备,要按规定设置安全警示标志(牌)。如必须横过的线路桥梁、隧道,临近的电气设施设备、动力设备旋转部位等,要提高人身安全自警防范意识。

6. 单岗单人作业人员和因公出差人员,有关负责人于班前,要当面向其讲明人身安全注意事项,双方并做好签认记录。不得安排"三新人员"、劳务工和实习人员等从事单岗单人作业。

7. 作业人员于班前要按规定对工作场地进行安全检查确认,并进行安全预想预测,针对预想预测的人身危险因素采取安全防范措施后,方准作业。

8. 单岗单人作业遇需要横过铁路线路时,必须认真执行"一站立、二指看、三通过"的人身安全制度(一站立:须有停顿动作;二指看:面对所要横过的线路用手左右指看,确认机车车辆运行状态及脚下是否有无障碍物;三通过:确认安全条件具备后,方准通过);顺着线路行走时,严禁侵入机车车辆限界;严禁在道心或枕木头上行走;严禁在运行的机车车辆前抢行。

(五)营业线施工安全防护措施

1. 担任安全员、防护人员、联络员、带班人员和工班长的人员需按规定进行培训,相关人员经培训后方可上线作业。联络员、防护人员必须取得《北京铁路局防护员上岗证》方可上岗。施工单位必须对本单位联络员、防护人员进行适应性培训,每年复审一次,复审不合格人员不得继续担任防护工作。未经培训或培训不合格的人员担任上述工作，要追究施工单位领导的责任；培训合格的上述人员担任上述工作时，因施工安全知识不达标发生事故的，要追究适应性培训实施单位的责任。

2. 上线指设置有护网的线路区段（含站内），需进入护网内的；未设护网线路区段可能侵入限界的。作业指天窗点内和天窗点外进行的固定设备养护维修、工程施工、检查巡视、故障处理、抢险救援和设备除冰（雪）、捡拾垃圾、除草等作业，以及各类邻近营业线施工。

3. 凡上线作业必须按规定设置安全防护，否则严禁上线作业。根据作业不同，须设置驻站联络员（驻调联络员）、现场防护员，瞭望或通信联系信号不良地段还须在施工地点两端规定距离内设置远端防护员和中间联络员。

4. 驻站联络员、现场防护员（远端防护员、中间联络员）统称“防护员”。防护员任职条件：应由具备本工种中级及以上技能等级，连续从事本岗位工作满两年，安全责任心强，身体健康，语言思维表达能力清晰，经安全培训考试合格的正式路工担任。

5. 防护员按照防护职责分为驻站联络员（一级）和现场防护员（二级）两级，有关等级在《北京铁路局防护员上岗证》注明，未取得一级防护员证的不可担任驻站防护员。每年年初，经安全培训合格后在《北京铁路局防护员上岗证》“复审记录”栏目进行签认，复审有效期为一年，复审验证不合格人员不得继续担任防护工作。

6. 驻站联络员必须熟知站场线路及信联闭设备知识、安全防护设置标准、常用的行车术语、信号显示意义、防护备品用途、防护方法、各种作业的程序和特殊情况下的应急处理知识等。

7. 各单位要加强防护员管理，指定专人负责建立健全防护员管理台账，按时组织防护员安全培训。

8. 防护员必须经过培训合格持证上岗，否则将追究单位领导责任;防护员安全知识不达标发生事故的将追究培训部门责任。

9. 所有上线作业人员必须按规定统一穿着带有夜间反光标志的防护坎肩或带有反光标志的黄半袖衫(车务调车、车辆检车、轨道车搬运工及供电作业人员等工种应统一穿着带有夜间反光标志的工作服),未按规定穿着防护服严禁上线作业。

10. 驻站联络员佩戴胸牌(《营业线施工安全管理实施细则》附件16);现场防护员佩戴袖标和防护帽,袖标按附件2样式制作,防护帽须标明单位名称,具体颜色和样式由各专业处确定。

11. 各单位要加强防护服装发放管理,防护服装要保持清洁,保证反光效果良好;防护员及上线作业人员,在作业前要按规定将防护坎肩(反光标志工作服)穿在所有衣物的最外层,并不得被其他衣物遮盖;各单位要根据实际需要,在车间、班组公备一定数量的防护坎肩,并制定公备防护坎肩管理办法。

12. 涉及两个及以上单位需要相互配合或在同一封锁区段进行的作业,应签订安全防护协议,明确防护主体及各自的安全职责和安全防范措施。

13. 局专业处应规范驻站联络员、现场防护员、作业负责人之间的联控办法,并按规定制定并组织落实防护作业标准、录音转储分析和专项动态检查考核办法。

14. 各相关单位应针对"风、雨、雪、雾"等恶劣天气、夜间上线作业及山区铁路瞭望及通信困难地段、长大隧道、大站咽喉区等防护困难处所,制定特殊人身安全卡控措施与专项安全防护办法,进一步明确和规范防护方式、方法和基本要求,要制作现场防护图,明确防护人员数量、现场避车地点及防护人员站立位置,作业前向所有作业人员进行传达。

15. 驻站联络员、现场防护员须携带对讲机,并逐步推行带有录音装置的对讲机。驻站联络员还须逐步佩戴对讲机接听耳机。现场防护员还须携带本区段列车时刻表、防护信号灯(旗)、口笛(号角)、短路线等防护备品,开通使用列车接近无线语音报警区段的还须携带列车接近无线语言报警提示接收机,并确认性能良好。

16. 驻站联络员承担的防护处所范围,现场防护员防护位置和负责的防护区域范围,由各专业处结合实际确定。

17. 防护员上岗前,由作业负责人检查防护用品状况是否良好,电台、录音笔等装置状况不良时,严禁上线作业。

18. 在车站行车室设置《驻站联络员到离岗登记本》,驻站联络员必须按规定提前到达车站行车室,办理到岗登记,车站值班员应对上线作业计划、驻站联络员上岗证件等进行核实,核对无误后方准签认。

19. 上线作业前,作业负责人、驻站联络员、现场防护员要进行对讲机通话性能试验,并严格落实“三核对”制度,即:核对到达作业地点的时间、位置,核对调度命令发布时间及准许作业项目的内容,核对线上列车运行情况等。驻站联络员在与现场防护员、作业负责人相互进行确认安全防护措施到位后方准安排上线作业。

20. 上线作业期间须按以下要求进行安全防护工作。

(1)驻站联络员必须全程使用录音笔(录音对讲机)进行录音,在确保录音良好的前提下,可取消《防护员通知记录本》;必须认真观察控制台上的信号显示,准确掌握列车、机车、车列运行情况,并及时准确依次将列车、机车、车列运行动态情况,向现场防护员发出通知,并须得到现场已停止作业和下道的报告。车站值班员要配合驻站防护员了解掌握上述行车安全事项。

(2)现场防护员作业中须认真监听和观察列车、车列运行动态,当接到驻站联络员通知后,应及时通知现场作业负责人和作业人员下道避车，确认作业人员和机具完全下道并按规定堆码整齐后(撤出限界以外)，向驻站联络员报告。

(3)驻站联络员与现场防护员要保持3～5分钟联络一次，联系中断时，现场防护员应立即组织上线人员下道，并告知作业负责人。

21. 上线作业结束，驻站联络员在接到作业负责人和现场防护员现场人员设备、机具、料具等全部撤出线路、清点完毕等情况的报告，在《驻站联络员到离岗登记本》上登记后方可离开车站。

22. 使用风管路、风力除雪机、燃气除雪器除雪时，现场必须执行一人作业、一人防护的规定，必要时采取拉绳防护措施。

23. 站内、区间进行较大施工作业时，必须采取拉安全警戒绳等安全防护措施。

24. 严控防护惯性违章，明确以下十条红线制度。

(1)严禁无资格人员担任防护员；

(2)严禁未设置防护员和安全防护措施上线作业；

(3)严禁使用安全性能不良的防护装备、通信工具和有安全缺陷的劳动防护用品用具；

(4)严禁没有调度命令(点外上线作业除外)提前上线作业；

(5)严禁作业过程中随意更换驻站联络员、现场防护员；

(6)严禁防护员做与防护无关的工作；

(7)严禁上道作业单人远离群体；

(8)严禁作业人员在线路上接打手机；

(9)严禁防护员离岗；

(10)严禁天窗点外违章上线作业。

25. 路局安全监察部门、专业处和运输站段要对营业线上线作业安全防护管理进行常态化检查。对违反红线制度和不负责任、玩忽职守等造成事故的相关人员严肃进行责任追究。

26.《北京铁路局防护员上岗证》、驻站防护员胸牌、现场防护员袖标由培训单位制作,《驻站联络员到离岗登记本》由车务系统制作。

(六)事故案例分析

1. 事故概况

2015 年 3 月,某电务段信号工区 4 名作业人员在站内进行天窗点内设备检修作业,1 时 45 分办理了销点手续。1 时 48 分,工长××擅自将现场 4 名作业人员分为两组继续组织上线更换轨道电路变压器箱内设备检修测试记录卡作业。工长××(兼职现场防护员)和见习生××分别为一组在上行正线 19 号、21 号道岔处更换测试记录卡作业,2 时 15 分工长使用的无线电台电池无电后继续作业,2 时 32 分因见习生××在 21 号道岔处更换测试记录卡时侵入限界,被上行通过的××次机车刮撞头部死亡。

2. 原因分析

工长××擅自组织点外无计划上线作业,违规兼任防护员,未按规定携带使用“列车接近无线语音提示接收机”,违规安排未定职的见习生××独自一人维修作业,当无线电台电池无电时,没有停止作业下道避车是造成这起人身伤害事故的直接原因。

3. 预防措施

(1)认真开展人身安全专项整治,整治重点包括天窗点外违规无计划上线作业,不按规定携带安全防护用品,工班长违规兼职防护员,临时更换防护员,上线作业人员违规携带、解答手机等。

(2)进一步加强对“三新人员”的管理,严禁安排未经人身安全培训考试合格和未定职的见习生、实习生、劳务工等“三新人员”独立上线作业。

(3)规范上线作业的安全管理,总结吸取机车车辆人身伤害事故教训,排查人身伤害的危险因素、事故隐患,防控人身伤害危险的薄弱环节，严格落实上线作业人身安全的有关规章制度，最大限度地防止人身伤害事故的发生。

二、预防机动车辆伤害

（一）机动车辆伤害概述

车辆伤害指企业机动车辆在行驶中引起的人体坠落和物体倒塌、下落、挤压伤亡事故，本节中特指场（厂）内专用机动车及进入场（厂）区内社的会车辆，不包括铁路机车车辆、起重设备提升、其他牵引车辆和车辆停驶时发生的事故。

（二）预防场（厂）内专用机动车辆伤害

1. 通用安全防护措施

（1）驾驶员必须经过专业培训，取得《特种设备作业人员证》后方可独立操作，严禁无证驾驶。

（2）必须穿戴好劳动防护用品，如工作服、劳保鞋、劳保手套、口罩、防护眼镜。

（3）行驶中必须精力集中，严禁酒后驾驶。

（4）定期保养车辆，确保车辆处于良好状态，坚持“五不出车”，即制动、转向、喇叭、灯光和安全装置不良不出车。

2. 叉车作业安全防护措施

（1）货叉的上、下方禁止人员停留。如果必须站人检修时，应将起升装置支抵牢固，防止突然下滑发生事故。

（2）叉车装卸作业时，严禁进行保养检修工作。

（3）严禁货物提升下降时行车。

（4）不准装载超过允许载重的物体。

（5）对稳固情况不好和重心位置高的货物，要用钢丝绳捆好，防止货物崩塌和倾倒。

(6)装货后的高度离地面不得超过 4 m,高出车身的货物应加以固定,车上货物伸出车厢前后的总长不能超过 2 m。

(7)叉车作业“五不叉”红线禁令:

①货物重心超过货叉的载荷中心不叉;

②单叉偏载不叉;货物堆码不稳不叉;

③叉尖可能损坏货物不叉;

④超重或重量不明不叉。

(8)叉车作业“八不准”红线禁令:

①不准将货物升高做长距离行驶;

②不准用货叉挑翻货盘的方法卸货;

③不准用货叉直接铲运危险货物、易燃品等;

④不准用单货叉作业;

⑤不准用惯性力取货;

⑥不准在货盘或货叉上带人作业,货叉举起后,货叉下严禁站人;

⑦不准用制动惯性溜放圆形或易滚的货物;

⑧不准在岸边直接铲运船上的货物。

3. 装载机作业安全防护措施

(1)起步前应将铲斗提升到距离地面 0.5 m 左右,作业时应使用低速挡,用高速挡行驶时,不得升降和翻转铲斗,严禁铲斗载人。

(2)装载机行驶的道路应平坦,不得在倾斜度过大的场地作业,铲斗满载运送时,应保持低位,运送距离不宜过大。

(3)在松散不平的场地作业,可将铲臂放在浮动位置上,使铲斗平稳推进,如阻力过大,可稍稍提升铲臂。装料时,铲斗应从正面低速插入,防止铲斗单面受力。

(4)向运输车辆上卸料时应缓慢,铲斗应处在合适的高度上,前翻或回位不得碰撞车厢。

(5)应经常注意装载机零部件的运转声响,发生异响立即停车,排除故障。

（三）普通机动车安全风险防范

1. 严格按照法律法规规定进行机动车辆安全技术检验,检验不合格的车辆禁止使用,达到报废年限的车辆必须强制报废。

2. 驾驶员应坚持“三检”:出车前、行驶中、收车后检查车辆的安全机构及各部件连接紧固情况及灭火器、防滑链等安全设施情况,保持机油、空气滤清器、燃油滤清器和蓄电池的清洁,防止漏水、漏油、漏气、漏电。

3. 要经常检查胎压,保持胎压正常。检查轮胎橡胶是否老化、划伤、扎伤,出现老化龟裂、花纹磨损超限、鼓包等问题要立即更换。高速行驶中尽量避免急刹车造成胎内压力增大爆胎。严格按载重额定质量装载,禁止超载。在长途、高速行驶中,每行驶 200～300 km 进入服务区停车,检查车辆胎温、胎压,使轮胎休息降温。

4. 检查汽车电路,正确使用电器保险,发现电线老化或与车架磨破绝缘的应及时更换。检查汽车油管,管口有渗漏的要及时紧固,胶管老化龟裂的,应及时更换新管。在行驶中闻到车内油、糊异味时,应停车检查,不可带故障继续行驶。

（四）事故案例分析

1. 事故概况

2012 年 9 月,某货场叉车司机××驾驶叉车铲运钢管(较长而且呈 S 形)在货场内道路上行驶,由于正逢下班高峰期,道路上行人较多,叉车司机××因躲避行人突然刹车,由于管子未在叉车上进行绑扎,其中一根从前叉上滑落,将经过此处的职工××小腿砸伤。

2. 原因分析

叉车司机××违反叉车作业的有关规定,用叉车铲运较长的 S

形管子未采取绑扎措施，紧急刹车时管子从前叉上滑落是造成这起人身伤害事故的直接原因。

3. 预防措施

(1)提高安全意识，对使用叉车铲运超长物品时必须绑扎牢固，防止脱落伤人。

(2)叉车严禁超载，以防叉车受损或叉车后部翘起产生安全隐患。

(3)进一步完善叉车作业的安全卡控措施，对日常作业进行必要的监督检查，发现违章及时制止，将安全措施落实到生产过程中的每一个环节。

三、预防触电

(一)基本知识

触电是指电流流经人体或电弧烧灼造成生理伤害的事故。作业人员缺乏电气安全知识、思想松懈、违章操作是触电伤害的主要原因。

人体直接接触或过分靠近电气设备及线路的带电导体而发生的触电现象称为直接接触触电，如单相触电、两相触电、电弧伤害等。人体同时接触带电设备或线路中的两相导体，或在高压系统中，人体同时接近不同相的两相带电导体，而发生电弧放电，电流从一相导体通过人体流入另一相导体，构成一个闭合回路，这种触电方式称为两相触电。发生两相触电时，作用于人体上的电压等于线电压，这种触电是最危险的。

总之，直接接触触电时，通过人体的电流较大，危险性也较大，往往导致死亡事故，所以要想方设法防止直接接触触电。

(二)低压用电人身安全防护措施

1. 经常使用的电器设备，在安全检查及维修时，要抓好“装、拆、检、修”四个环节。“装”即安装的电器设备是否符合安全规定的要求，是否对电气设备设施和危险场所设置安全标志等。“拆”即对不用的电气设备设施（如电线、开关等）要彻底拆除。“检”即对电气设备设施，要经常和定期进行检查，要着重检查电气设备的接地线、接零线和相线的接续点是否松脱，开关插头插座的胶壳是否破裂，绝缘是否良好，电线有无破损，线路是否合理，接线是否正确等。“修”即制定维修制度和计划，对不安全的和有损坏的电气设备设施要及时修理。

2. 电工必须持特种作业人员操作证上岗，非专职电器操作人员，不得擅自检修、安装、拆除电气设备。

3. 用电设备检修时，必须先切断电源，在开关处悬挂“禁止合闸、有人工作”警示牌，并要有人监护；严禁随便乱动或私自修理电气设备；严禁不断电移动电焊机、照明灯、风扇等电气设备。使用两路电源的用户，必须有可靠的返送电措施，严禁向停电的线路返送电，以确保人身及设备安全。

4. 配电箱、配电板、闸刀开关、按钮开关、插座、插销和导线必须保持完好，不得有破损或带电部分裸露，严防短路或保险丝熔断飞溅伤人；严禁非专业电工操作开关。

5. 用电单位对用电设施、设备和用电工具，必须采取防漏电和防触电的安全技术措施。对触电、防火要求较高的场所使用的各类低压用电设备、开关等，必须安装漏电保护器；低压电柜（箱、屏）、动力柜（箱）、开关箱（柜）、操作台、试验台，以及机床、起重机械、各种传动机械等机电设备的动力配电箱，必须有可靠的接地保护装置；对建筑施工场所、临时线路的用电设备、手持电动工具（除Ⅲ类外）、移动式日用电器（除Ⅲ类外）、电焊机等其他移动式机电设备以及高温和食品加工场所，锅炉房、食堂、浴室等场所必须安装漏电保护器。

6. 漏电保护器每年进行一次安全性能检测;对安全技术性能不良的漏电保护器,须由生产厂家维修保养或更换。漏电保护器的检查、检验、维修保养必须分别建立专门记录台账,存入技术档案。开关和漏电保护器动作后,须查明跳闸原因,排除故障后方准再次使用。

7. 供用电单位所需的用电设施、设备必须由路局物资部门统一采购和统一供货,所购置的电气设施、设备和用电工具,必须是国家公布的"3C"目录产品。

8. 凡未经检验合格的电气设备,均不得安装和使用。在用的电气设备,实行"一机一闸一器(漏电保护器)",禁止带故障运行;各种开关、接触器等均应动作灵敏、接触良好,不得存在严重烧蚀等现象,严禁使用其他导线代替熔丝。

9. 在室内外进行电气检测时要严格执行安全防护制度;测量使用的仪器仪表等工具,必须在使用前进行检查;电气测量工作至少有两人进行;必须穿着绝缘防护服、绝缘靴、绝缘手套、带防护镜,与带电部分保持安全距离,方可进行作业。室外进行电气检测时,遇五级以上大风、雨、雾天气,必须停止作业。

10. 在有感应电压的线路上作业时,应做好防感应电措施;必须穿屏蔽服、戴屏蔽手套和屏蔽帽。对挤压、切割、搅拌、喷溅、流体流动、感应、摩擦等作业,要采取防静电危害安全措施。

(三)电气化区段人身作业安全措施

1. 所有接触网设备自第一次受电开始,在未办理停电接地手续之前,均按有电对待。新建电气化铁路接触网送电,应提前15天用书面通知有关单位。路内外有关单位接到通知后,要通过多种形式进行广泛宣传和安全培训教育。电气化铁路上的施工和作业,均须按带电要求办理各项手续。

2. 电气化区段各单位每半年应当组织从业人员进行电气化作业人身安全措施的专门学习培训和考试，考试合格后方准在电气化区段作业，考试成绩90分以上为合格，并将考试成绩填记在《铁路岗位培训合格证书》。非电气化区段调入电气化区段的作业人员必须进行安全培训，并经考试合格后方准上岗。

3. 在铁路营业线施工维修作业的劳务工必须由具有带班资格的正式职工带领，劳务工不得单独上线作业；施工维修作业必须由经过专门培训考试合格的职工担任防护员，劳务工不得担任防护工作；施工维修作业要严格按照规定设置现场施工安全防护，防护人员要切实履行防护职责，认真做好安全防护工作。

4. 铁路营业线施工、维修单位要加强对劳务工的施工安全培训，按照三级安全培训教育要求，根据施工维修作业内容进行应知应会和安全专业技术培训；做好特殊作业岗位的安全技能培训，特种作业人员必须持证上岗。要加强对劳务工正确规范使用安全带、安全帽等安全防护用品的培训和使用情况的检查，确保施工维修作业过程的安全控制和安全防护措施的落实到位。

5. 在带电接触网下进行事故应急救援、抢险处理时，要由供电部门采取安全可靠的防护措施。对非电气化区段的有关人员进入电气化区段进行抢险、救灾或处理应急突发事件时，有关单位、部门的负责人应向作业人员告知电气化区段安全规定和注意事项，并设专人防护。

6. 在电气化铁路天桥及跨线桥靠近跨越接触网的地方，必须设置安全栅网。

7. 在电气化区段，除专业人员按规定作业外，所有人员和所携带的物件（如长杆、导线等）与接触网设备、牵引变电设备和电力机车的带电部分，必须保持2 m以上的距离；禁止通过任何物体，如棒条、导线、水流等与上述设备相接触(接触网间接带电作业除外)。

8. 乘坐轨道作业车时，严禁将长大料具高举挥动。作业人员拿有长大物体通过电气化铁路时，必须使其保持水平状态通过。

9. 电气化区段接触网未停电时，任何从业人员严禁登上各种机车车辆顶部进行任何作业，严禁翻越车顶通过线路。

10. 在电气化区段，通过铁路平交道口的机动车辆装载的货物高度(从地面算起，下同)不得超过 4.5 m 和触动道口限界门的活动横板或吊链。装载高度超过 2 m 以上的货物上严禁坐人。供电部门要在道口限界门右侧杆上，安设有上述内容的安全提示牌。

11. 电气化铁路上，架设索道或其他网线时，需经主管部门批准，与有关部门签订施工安全协议，有关部门必须做好监护，保证其绳索(包括晃动量)与接触网带电部分最小距离应大于 5 m，并设有接地线。

12. 在电气化铁路上使用铺路机、铺轨机、铺砟机、架桥机及吊车等设备时，如其作业范围不越出机车车辆上部限界，而工作人员(包括其动作范围)与接触网带电部分的距离保持在 2 m 以上时，接触网可不停电，但要有供电部门人员的监护；达不到上述条件时，应停电作业，按相关规定办理手续。

13. 所有进入电气化区段作业的人员必须按规定穿戴劳动防护用品。

14. 间接带电作业使用的各种绝缘工具，必须有“安全标志”和“产品合格证”，且其材质的电气强度不得小于 3 kV/cm。有关单位要制定绝缘工具的专门保管制度和防潮措施，并按要求定期进行试验。绝缘工具在每次使用前，必须仔细检查有无损坏，用清洁干燥的抹布擦拭有效绝缘部分，并用 2 500 V 兆欧表分段测量有效绝缘部分的绝缘电阻符合要求。

15. 工务、电务等部门使用的连接线应用截面积不小于 70 mm^2 的铜线做成，不得出现断股、散股和绝缘胶皮损坏，一经发现立即停用或报废。

16. 各单位在电气化区段作业前，必须进行安全预想；使用绝缘护品和绝缘工具前，必须进行双人互检，确认状态良好；施工作业时，必须制定三级安全卡控措施；需接触网停电时，必须由供电部门按程序办理停电手续，装设可靠的临时接地线，并设专人监护，必须明确监护的对象、范围和安全注意事项。

17. 在距接触网带电部分不足 2 m 的建筑物作业时，接触网必须停电，由供电部门验电和装设可靠的临时接地线，并设专人监护。作业结束，供电部门要确认所有工作人员都已进入安全地点，方可通知正式完工，办理送电手续。

18. 禁止在接触网支柱上搭挂衣物、攀登支柱或在支柱旁休息。禁止在吸流变压器下、支柱、铁塔下避雨。在雷雨天气巡视设备时，不准靠近避雷针、避雷器。雨天作业时，必须远离接触网支柱、接地线、回流线等设备。

19. 用水或一般灭火器扑灭距接触网带电部分不足 4 m 的燃着物体时，接触网必须停电；扑灭距接触网超过 4 m 的燃着物体时，可不停电，但必须使水流不向接触网方向喷射。若用沙土灭火时，距接触网在 2 m 以上时，可不停电。

20. 在距离接触网支柱及带电部分 5 m 以内的钢管、脚手架、钢梁杆、道口金属杆等金属结构上，均需装设接地线。在距接触网 5 m 范围内使用发电机、空压机、搅拌机等机电设备时，应有良好的接地装置。

21. 严禁向接触网上抛挂绳索等物体，发现接触网断线或吊挂在接触网上的外来飘落物线头、绳索等，均视为带电，并保持 2 m

以上的安全距离；接地时必须保持 10 m 以上的距离，并将该处（产生跨步电压触电伤害地点）加以防护，立即通知供电部门进行处理。

22. 遇雨雪等天气不良情况下，禁止靠近接触网设备部件等；禁止使用带金属的雨伞等物在接触网下作业。

23. 电气化铁路各单位要根据《技规》、《行规》、《接触网安全工作规程》、《牵引变电所安全工作规程》和《电气化铁路有关人员电气安全规则》等安全规章的要求，结合单位的具体情况，制定保证人身安全和作业安全的细则、措施，以及事故应急处理预案等。

（四）事故案例分析

1. 事故概况

2009 年 7 月，某建筑段在物业站露天停车场更换路灯电线路作业，电工×××在无人监护的情况下，独自拉接临时电源线，当其对第 4 盏路灯进行徒手验电时，触电死亡。

2. 事故原因

电工×××作业过程中没有人身安全自保意识，没有佩戴使用劳动防护用品、用具，简化安全操作规程，违规进行徒手试电作业是造成这起人身伤害事故的直接原因。

3. 预防措施

(1)用电设备检修时，应先切断电源，在电源开关处设专人防护或挂上“禁止合闸，有人工作”的警示牌，并派专人监护。

(2)按规定穿戴防触电绝缘鞋、手套等劳动防护用品，与带电部分保持安全距离后，方可进行作业。

(3)当用电设备出现异常情况后，应先切断电源再做处理，未经修复的用电设备不准使用。

四、预防高处坠落事故

（一）高处坠落事故概述

《高处作业分级》(GB/T 3608—2008)规定："凡在坠落高度基准面2 m以上(含2 m)有可能坠落的高处进行作业，都称为高处作业"。

按照不同的坠落高度，高处作业的等级可分为四级。高度在2～5 m时，称为一级高处作业；高度在5～15 m时，称为二级高处作业；高度在15～30 m时，称为三级高处作业；高度在30 m以上时，称为四级或特级高处作业。

高处作业按性质和环境的不同，分为一般高处作业和特殊高处作业两类。一般高处作业为正常作业环境下进行的各项作业；特殊高处作业指较复杂的作业环境下对操作人员具有危险性的作业，包括以下8类：

1. 强风高处作业(阵风6级，风速10.8 m/s)；
2. 异温高处作业；
3. 雪天高处作业；
4. 雨天高处作业；
5. 夜间高处作业；
6. 带电高处作业；
7. 悬空高处作业；
8. 抢救高处作业。

（二）预防高处坠落的作业安全要求

预防高处坠落需加强科学管理，明确岗位责任，熟悉作业方法，掌握技术知识，执行操作规程，正确使用防护用具用品，加强日常检查，做好防范工作，防止人与物从高处坠落的事故发生，才能有效地保障作业人员的人身安全。

1. 高处作业人员要求

(1)凡从事高处作业的人员必须身体健康,并必须定期进行体格检查。严禁患有高血压、心脏病、严重贫血、美尼尔氏症、癫痫病、精神病、癫痫病等疾病和年老体弱、疲劳过度、恐高、视力不佳等不适于高处作业的人从事高处作业。

(2)凡从事高处作业的人员必须经高处作业上岗前安全技术培训,熟知现场环境和施工安全要求,经考训合格后,方可上岗作业。对在高处从事电气焊、电工、建筑登高架设等特种作业人员,还须按国家特种作业安全管理部门规定的周期进行培训考试,取得特种设备作业人员证,方可从事相应作业。

(3)凡从事高处作业的人员工作中必须服从分工,听从指挥,了解本工作的作业内容和作业区域的环境条件,相互密切配合,行动统一,在保证作业安全的条件下开展作业。

(4)从事高处作业必须设立并明确现场监护人员。对于违章指挥,作业人员有权抵制;对于违章作业,施工作业负责人和监护人有权制止与批评教育;对于不听劝阻者,监护人有权制止停止作业。相关管理人员应随时检查高处作业情况。在雷雨、大雾或 6 级以上(含 6 级)大风的气象条件下,不得安排露天高处作业。

(5)从事高处作业的人员必须正确穿戴好劳动防护用品,戴好安全帽、系好安全带(绳),穿好防滑软底鞋,不准穿拖鞋、硬底鞋或带钉易滑的鞋或赤脚作业,应有专门的工作服,扎紧袖口、扣好纽扣、束好衣服下摆、扎好裤管口,不能穿过于宽松和飘逸的衣服,做到衣着灵便。

(6)从事高处作业的人员严禁岗前饮酒,作业中严禁追逐、嬉闹、开玩笑,在作业的高处睡觉。作业中严禁因争抢时间而违章冒险作业;须注意劳逸结合,防止疲劳作业,工间休息应选择安全的地方休息。

（7）从事高处作业的人员应熟悉现场环境和施工安全要求，熟悉安全防范措施和事故应急处置措施。

（8）作业完毕要对作业场所进行检查，确认安全无误后方可下班，有交接班的作业必须认真进行交接班，做好交接班记录，做到交班不清楚不接班。

2. 高处作业人身安全防护措施

（1）高处危险作业现场必须设置安全防护、警示标志，并安排防护人员现场监护。

（2）安全、技术部门要派有关管理人员现场监督防控。

（3）作业前，施工现场负责人、作业人员及现场安全防护人员要认真执行安全预想提示防控制度，技术人员要对施工现场负责人进行安全交底。

（4）作业前，施工现场负责人应对作业人员穿着佩戴的劳动防护用品、用具和登高器具以及安全防护设施逐项检查和验收，验收合格并签认后，方可进行高处作业。

（5）对解系安全带、转移作业等关键环节必须落实监护制度，并认真执行两人安全确认呼唤应答制度。

（6）登高梯子不得缺档，不得垫高使用。梯子横档间距以 30 cm 为宜，下端应采用防滑措施，单面梯与地面夹角以 60°～70°为宜，如需接长使用，应绑扎牢固，经现场负责人验收确认合格后方可使用。人字梯底脚须拉牢使用。

（7）简易脚手架所用的铁凳、木凳、人字梯等，要码放牢固，并设防滑装置。铺板长度不得大于 3 m，宽度不得小于 25 cm。

（8）深基础临边、楼梯口、屋面周边、采光井周边、卸料平台边等临边处所以及楼板孔洞等洞口处防护要牢固可靠，并设置警示标志。

（9）安全带必须挂在施工作业处上方的牢固构件上，不得系挂在有尖锐棱角的部位，安全带系挂点下方应有足够的净空，安全带应高挂(系)低用。严禁用绳子捆在腰部代替安全带。

(10)高处作业严禁上下投掷工具、材料和杂物等。作业人员上下时手中不得持物，工具应放在工具套(袋)内，并有防止坠落的措施。

(11)高处作业人员严禁在没有防护设施的外墙和外壁板上行走。严禁在没有安全防护设施的屋架、支撑、擦条、挑架、挑梁、砌体、未固定的构件上行走或作业。不得站在不牢固的结构物(如石棉瓦、木根条等)上进行作业。不得坐在平台、孔洞边缘和躺在通道或安全网内休息。

(12)禁止两人同时在登高梯上作业。凡遇恶劣天气，大雾、下雪、暴雨、雷电和六级以上大风时应停止露天高处作业。

(13)30 m以上的特级高处作业与地面要有互相联系的专用通信装置，并设专人负责。

(14)夜间高处作业应有充足的照明。在电杆上作业时，要先确认电杆编号，非带电作业时，要进行验电，确认已停电，方可作业。

3. 登高危险作业人身安全“十不准”红线禁令

(1)不准患有高血压、心脏病、癫痫等登高禁忌症人员进行登高作业。

(2)不准无特种作业安全操作资格证和安全审批许可证进行登高作业。

(3)不准未戴安全帽、系安全带、不扎紧裤管口的作业人员进行登高作业。

(4)不准在大雾、下雪、暴雨、雷电和六级以上大风时进行露天登高作业。

(5)不准在脚手架、踏板不牢固情况下进行登高作业。

（6）不准梯子撑角无防滑措施和作业人员不穿戴防滑鞋、安全帽、安全带进行登高作业。

（7）不准非资质许可人员攀爬井架、龙门吊、脚手架或乘坐非载人的垂直运输设备进行登高作业。

（8）不准携带笨重物件进行登高作业。

（9）不准在无安全遮拦防护措施的高压线旁进行登高作业。

（10）不准未进行开工前安全预想和制定安全风险防范措施或未安排现场专门监管人员进行登高作业。

（三）事故案例分析

1. 事故概况

2007 年 11 月，某供电段在两站间自闭线路 1 号～141 号电力杆进行杆上更换绝缘子作业。电力工×××在 49 号杆上解开安全带进行拆除金属支架作业时，因没有安全带保护措施，导致其从 6 m 高的电杆上滑落摔伤，经医院抢救无效死亡。

2. 原因分析

电力工×××人身安全自保意识差，电力杆上违规解开安全带，进行拆除金属支架作业，作业过程中精力不集中，没有踩稳抓牢，导致在高空作业中手脚滑脱是造成这起人身伤害事故的直接原因。

3. 预防措施

（1）落实安全预想、作业互控制度。班组负责人在开工前进行充分的安全预想，宣读工作票，针对关键环节布置具体安全卡控措施和安全注意事项。

（2）作业中按规定明确安全监护人，落实工作监护制度，对现场登高危险作业实施不间断的监护。

（3）登高作业要精力集中，做到手抓牢靠、脚踏稳准，按规定配备使用具有双保险防护功能的安全带。

五、预防起重伤害

(一)起重伤害概述

起重伤害事故主要是指在起重机械使用、维修等各种作业中发生的人身伤害事故。

从起重伤害情况和原因来分,起重伤害事故类型主要有以下5类。

1. 打击伤害事故

起重作业中,由于吊具或吊装容器损坏、物件捆绑不牢、挂钩不当、电磁吸盘突然失电、起升机构零件故障(特别是制动器失灵,钢丝绳断裂)等原因,吊物、吊具等物件从空中坠落,造成伤害。

2. 夹挤伤害事故

起重作业中,起重机轨道两侧缺乏良好的安全通道或与建筑结构之间缺少足够的安全距离,使运行或回转的金属结构机体对作业人员造成夹挤伤害;运行机构的操作失误或制动器失灵引起溜车,造成碾压伤害。

3. 坠落伤害事故

起重作业人员在离地面大于 2 m 的高度进行起重机械作业时,因坠落造成伤害。

4. 触电伤害事故

起重作业人员在使用、维修中,因触电遭受电击发生伤害。触电一般是因为起重机械本身作为触电源造成触电事故,或是因为起重机械在输电线附近作业时,距离高压带电体过近,感应带电或触碰带电物体,引发触电伤害。

5. 倾翻伤害事故

由于操作不当(例如超载、臂架变幅或旋转过快等)、支腿未找平或地基沉陷等原因，或者由于坡度或风载荷作用，起重机倾翻，造成伤害。

（二）预防起重伤害的作业要求

起重机械设备安全是操作起重机械、有效预防起重伤害事故的根本，充分掌握起重机械安全操作措施，才能在起重作业中起到有效防范事故，保障作业人员人身安全的作用。

1. 作业前准备

(1)必须正确佩戴个人防护用品。起重机司机、指挥人员需持证上岗。

(2)检查清理作业场地，确定搬运路线，清除障碍物。室外作业应了解天气预报。流动式起重机要垫实支撑地面，牢固可靠打好支腿，防止地基沉陷。

(3)对起重机各设备部件状态和吊装工具、辅件等进行安全检查、交接。

(4)熟悉吊物状况，根据技术数据进行受力计算，确定吊点位置和捆绑方式。

(5)对于大型、重要物件吊运或多台共同作业吊装，须由物件有关人员、指挥、起重机司机和司索工共同确定作业方案，必要时提报审查批准。

(6)作业前应做好安全预测，对可能出现事故，采取有效预防措施，制定应急处置对策。

2. 作业过程中安全事项

(1)操作前和操作中接近人，必须及时鸣铃或示警。

(2)操作过程中“六不准”：不准利用权限位置限制器停车；不准利用打反车进行制动；不准在起重作业中进行检查和维修；不准带载调整起升、变幅机构的制动器，或带载增大作业幅度；不准吊物从人头顶上通过；吊物和起重臂下不准站人。

(3)严格按指挥信号操作，接到紧急停止信号，均必须立即紧急停止作业。

(4)吊载接近或达到额定值，或起吊危险品(液态金属、有害物、易燃易爆物)时，吊运前认真检查制动器，并用小高度、短行程试吊，确认没有问题后再吊运。

3. 作业过程中指挥注意事项

(1)无论采用何种指挥信号，必须规范、准确、明了。

(2)指挥者所处位置应能全面观察作业现场，并使司机、司索工都可清楚看到。

(3)在作业进行的整个过程中(特别是重物悬挂在空中时)，指挥者和司索工都不得擅离职守，应密切注意观察吊物及周围情况，发现问题，及时发出指挥信号。

4. 作业过程中，所有人员应根据现场作业条件选择安全的位置作业。在卷扬机与地滑轮之间穿越钢丝绳的区域，禁止人员停留和通行。起重吊装过程中必须设专人指挥，其他人员必须服从指挥。

5. 作业过程中严格执行“十不吊”

(1)超重或埋藏地下物不吊。

(2)非信号人员指挥或信号不明不吊。

(3)重量不明不吊。

(4)吊钩没对准货物重心(歪拉斜拽)不吊。

(5)未试吊不吊。

(6)简化挂索、捆绑不牢不吊。

(7)6 m以上长大件货物无牵引绳不吊。

(8)货件上有人，有浮摆物或勾连其他货件不吊。

(9)吊索夹角过大不吊(不宜超过90°)。

(10)金属尖锐楞角货物吊索无衬垫不吊。

6. 作业过程中吊运物品坚持“三不越过”

(1)不从人头上越过。

(2)不从汽车、火车头上越过。

(3)不从设备上越过。

7. 作业完毕

(1)将吊钩升至规定高度,吊钩不准悬挂重物;小车停到驾驶室一端。

(2)露天起重机作业完毕后应加以锚定。

(3)各控制器手柄必须放于“0”位,切断电源。

(4)认真填写运行记录、交接班记录,特别是不安全因素必须交代清楚。

8. 工作中突然断电,应将所有控制器手柄扳回零位;重新工作前,应检查起重机是否正常。

(三)事故案例分析

1. 事故概况

2007年8月,某单位使用起重机吊混凝土吊斗,地面指挥人员张××在未确认吊斗安全状态的情况下,即通知司机起吊作业。起吊后地面指挥人员张××看到吊斗不垂直,重心偏离起吊垂直线约2 m,立即呼叫地面正背对吊斗捆绑钢筋作业的于××闪开,于××因躲闪不及时,被倾斜的吊斗撞伤,经医院抢救无效死亡。

2. 原因分析

起重机地面指挥人员张××在作业中未确认起吊物体的安全状态,违反“十不吊”中“歪拉斜拽不准起吊”的规定,导致吊斗重心偏离失去控制是造成这起人身伤害事故的直接原因。

3. 预防措施

(1)起重作业时地面指挥人员必须经过培训考试持证上岗,地面指挥人员在确认地面作业人员、设备设施具备安全条件后,才能向起重机司机发出指令。

(2)起重机司机吊取重物之前应对重物状态进行安全检查和采取试吊措施,发现吊物不垂直、重心偏离后,立即停止作业或采取补救措施。

(3)作业现场安全监督检查人员对明显的违章作业应及时制止,待安全隐患消除后,方可进行作业。

六、预防物体打击

(一)物体打击概述

物体打击是指由失控物体的重力或惯性力引起的伤害事故。物体打击适用于落下物、飞来物、滚石、锤击、碎裂、崩块等所造成的伤害。常见事故类型有以下四种。

1. 坠落物伤人。如工具、零件、零部件等高处掉落伤人,钢轨、钢筋等重物坠落等伤人。

2. 飞溅物伤人。如打桩、锤击造成碎物屑飞溅伤人,砂轮机、切割机破碎等伤人。

3. 抛落物伤人。如旅客列车上抛掷的酒瓶、食物,货物列车上坠落的货物、松动的篷布、绳索等伤人。

4. 惯性力伤人。如撬棍、扳手滑脱伤人,钢丝绳甩击,夹具、工件飞出等伤人。

(二)预防物体打击的安全知识和作业要求

在作业过程中,作业人员要仔细观察、检查作业区域内的机械设备、建筑物、机具材料等的安全状况,及时发现和解决安全问题和隐患;严格执行安全作业标准,防止物体打击事故发生。

1. 作业人员安全防护要求

(1)作业人员或检查人员进入施工现场必须按规定佩戴好合格安全帽和其他防护用品。应在规定的安全通道内出入和上下,不得在非规定通道位置行走。

(2)打桩和锤击时,作业人员必须戴防护眼镜,穿棉质工作衣裤和工作皮鞋。

(3)常用工具应放在工具袋内物料传递不准向下或向上抛掷。

(4)高处安装起重设备或垂直运输机具,注意零部件落下伤人。拆除或拆卸作业要设置警戒区域,在有人监护的条件下进行作业。高处拆除作业时,对拆卸下的物料、建筑垃圾要及时清理和运走,不得在通道上乱放或向下丢弃。

(5)禁止戴手套使用手锤或单手抡大锤。

(6)高处作业的下方不得有人作业。必须同时作业时,应做好防止落物伤人的措施,并设专人看护。

2. 铁路机械加工作业安全要求

(1)机器启动前应认真检查,保证安全可靠使用,防止零部件飞出伤人。

(2)转动机器应加装防护罩,不得触及转动部位。

(3)用撬棍翻转钢轨时,作业人员要站在同一侧,且不能用力过猛,防止撬棍、钢轨伤人。

(4)使用砂轮机时严禁戴手套,要戴好防护镜。

(5)开动砂轮时必须 40～60 s 转速稳定后方可磨削,磨削工件时应站在砂轮的侧面,不可正对砂轮,以防砂轮片破碎飞出伤人;不允许在砂轮机上磨削较大较长的工件,防止震碎砂轮飞出伤人。

(6)挥抡大锤不准戴手套,在打击第一锤之前,应注意周围环境,确认安全状态。

(7)架落车时,禁止手扶心盘销。必要时必须在两侧旁承上各垫以 200 mm 以上厚的硬木防护垫方准进行。在任何情况下不准将头和身体探入枕梁与摇枕之间。

(8)转向架检修作业时,分解组装各部螺栓,要选用合适的扳手。使用电动工具时,精力要集中。更换套筒时,双手要紧握其中部。使用螺栓防转卡子时,要停机安放,防止挤手或滑落砸脚。

(9)登高检修手制动机前,要先检查扶手、脚踏板、制动台的安装螺栓是否牢固,工具配件要放妥,防止坠落伤人。

(10)在列车顶上作业时,不准将工具、材料放在边沿脚位,防止受震后落下伤人。

(11)敞车下侧门需要撑起时,应确认前方无人,用规定的专用工具或吊钩撑牢。关闭下侧门时,要呼唤确认车下无人。修换上侧门板时,要确认侧门的两侧插好扁销。修换门轴和插销座螺栓时要逐个更换,禁止全部拆除,注意防止插销座螺栓松弛受震脱落伤人。

(12)装卸轮对、车轴、车轮时,吊具挂妥后,要呼唤应答,人员要及时躲开,防止滑动、坠落。

3. 设备设施防护措施

(1)高处作业应铺设隔离层、隔离落物。

(2)临边设施的盖顶不得使用石棉瓦。

(3)边长小于或等于 250 mm 的预留洞口应用坚实的盖板封闭,用砂浆固定。

(4)高处物料应堆放平稳,不得放在临边及洞口附近,不得妨碍通行。

(5)吊运大件应使用有防止脱钩装置的吊钩或卡环,吊运小件应用吊笼或吊斗。吊运长件应绑牢,吊运散料应用吊篮。

(6)机器启动前应保证安全可靠，防止零部件飞出伤人。机器转动部位应加装防护罩，不得触及转动部位。

(7)防止压力容器爆炸事故的发生。

(三)事故案例分析

1. 事故概况

2004 年 2 月，某电务段作业人员×××处理轨道电路接续线断股故障，因塞钉头过紧，改用 9.8 mm 的钻头钻铣。作业人员×××使用电钻过程中用力不均匀，知识钻头突然崩断成碎块飞出，其中一块钻头碎片屑溅入作业人员×××的左眼，造成左眼失明。

2. 原因分析

作业人员×××违章使用电钻冲铣旧塞钉头，未按规定戴防护眼镜是造成这起人身伤害事故的直接原因。

3. 预防措施

(1)使用电钻前必须认真阅读使用说明，熟悉电钻的性能，仔细检查绝缘、防护部位是否良好，配备必要的劳动防护用品。

(2)电灶使用时与身体保持好安全距离，时刻注意电钻的旋转部位，防止头发、衣服卷入旋转设备内。

(3)电钻钻头尽量保持锋利，减少卡钻问题，使用时抓牢电钻手把，防止旋转的电钻脱手伤人。

(4)加强工、机具的使用管理，严禁外借和非专业人员使用，防止因操作不当和违章使用产生安全隐患。

七、预防机械伤害

(一)机械伤害概述

机械设备种类繁多，设备运行时，其加工部件和机械设备本身可进行不同形式的机械运动，在其制造及运行、使用过程中，也会带来撞击、挤压、切割等，容易导致机械伤害事故的发生。

铁路常用的通用机械主要有：

1. 金属切削机床，如钻床、车床、刨床、铣床、砂轮机等。

2. 锻压机械，如压力机等。

3. 冲剪压机械，如剪板机、液压机等。

4. 起重机械，如轻小型起重机械（千斤顶、绞车、滑车、手拉葫芦、电动葫芦等）、桥架式起重机械（梁式、通用桥式、门式和冶金桥、装卸桥式及缆索起重机械等）、臂架式起重机械（门座式、塔式、汽车式、履带式及铁路起重机械等）、升降机械（载人电梯或载货电梯、货物提升机等）。

5. 木工机械，如轻型带锯机、平刨机等。

机械伤害指人们在接触设备或与静止设备某部位做相对运动时，机械设备运动（静止）部件、工具、加工件直接与人体接触引起的挤压、碰撞、冲击、剪切、卷人、绞绕、甩出、切割、切断、刺扎等的伤害。

1. 机械设备零、部件做旋转运动时造成的伤害。例如机械设备中的轮、皮带轮、滑轮、轴、丝杠、联轴节等零部件，伤害的主要形式有绞伤和物体打击伤。

2. 机械设备的零、部件做直线运动时造成的伤害。例如锻锤、冲床、切钣机的施压部件、牛头刨床的床头，龙门刨床的床面及桥式吊车大、小车和升降机构等，伤害的主要形式有压伤、砸伤、挤伤。

3. 刀具造成的伤害。例如车床上的车刀、铣床上的铣刀、钻床上的钻头、磨床上的磨轮、锯床上的锯条等刀具。伤害的主要形式有烫伤、刺伤、割伤。

4. 被加工的零件造成的伤害。这类伤害事故主要有：(1)被加工零件固定不牢被甩出打伤人，例如车床卡盘夹不牢，在旋转时将工件甩出伤人。(2)被加工的零件在吊运和装卸过程中，可能造成砸伤。

5. 电气系统造成的伤害。主要包括电动机、配电箱、开关、按钮、局部照明灯以及接零(地)和馈电导线等，伤害的主要形式是电击。

6. 手用工具造成的伤害。

7. 其他的伤害。例如有的机械设备在使用时伴随着发出强光、高温，还有的放出化学能、辐射能，以及尘毒危害物质等，这些对人体都可能造成伤害。

(二)预防机械伤害的安全知识和作业要求

有效消除或控制设备、设施、作业环境的不安全因素和人的不安全行为，改善机械设备操作的不安全状况，加强从业人员的人身保护，避免或减少机械伤害事故的发生。

1. 一般安全常识

(1)未经授权许可，任何人不得拆除设备的安全装置或对安全装置进行改造。

(2)严禁动用未经授权许可操作的设备。

(3)严禁随意更改设备的参数，以免影响安全操作。

(4)作业前穿戴好相应个人防护用品，着装要“三紧”：领口紧，袖口紧，下摆紧。

(5)设备的危险处所、不安全因素的部件，需要设置安全标志及明显的指示牌。

(6)不得用手或身体任何部位接触运转中设备的运动部件。

(7)2 m以下的齿轮、三角带、联轴器均需设置安全护罩并妥加维护。

(8)有联锁装置的防护门在联锁失效后严禁操作。

(9)需要打开或卸下安全装置时，应有显示危险的标志，防止设备被意外启动。

2. 操作安全规定

(1)操作者须经相关安全培训,充分了解设备的安全性能及操作规范;严禁未经安全培训上岗作业。

(2)每日作业前应对设备进行点检,严禁设备带故障运行。

(3)开机前应检查是否有维修人员在维修,输送带上是否有杂物。

(4)开机前禁止将各种工具、工件材料放在设备台面上,防止对象坠落伤人。

(5)操作车床、铣床等设备,操作者应佩戴防护眼镜;禁止徒手清理铁屑等杂物。

(6)操作旋转设备,严禁戴手套、穿宽松的衣服,长头发必须用头巾包好。

(7)清理、维护、维修设备时,必须停机后进行。

(8)设备运行中,禁止身体任何部位靠近、接触设备运动或旋转部件。

(9)禁止伸手越过转动的部位或工件进行操作、调整。

(10)操作机床时,在旋转刀具(钻头、丝攻、铣刀等)未完全停止转动前,不得用手接触刀具或使用工具制动。

(11)操作设备时发现任何异常状态应立即停机,报告主管或请设备维修人员进行检查;严禁操作人员私自维修设备。

(12)设备长时间不用时,必须使机器各部件设定归为零位,并切断电源、气源、水源。

3. 预防机械伤害人身安全“十不准”红线禁令

(1)不准在机械运转时进行检修和擦拭。

(2)不准不设防护安装、拆卸机械设备。

(3)不准超负荷使用索具作业。

(4)不准人为取下机械设备安全罩、切断联锁装置等安全防护设施,使机器处于不安全状态。

(5)不准在设备运转时随意离开岗位或串岗。

(6)在刀具或工部件旋转的情况下,不准戴手套作业。

(7)不准直接用手拿工件进行机械加工。

(8)锻工、铸造工不穿防砸工作鞋,不准上岗作业。

(9)不正确使用劳动防护用品,不准作业。

(10)不准直接用压缩空气吹扫或用手直接清理工作台上的切屑。

(三)事故案例分析

1. 事故概况

2012 年 7 月,某车辆配件厂操作工×××使用压力机冲压闸瓦瓦背作业时,在冲床未断电情况下直接用左手到模具内取冲件,此时冲床冲头从正上方落下,将操作工×××的左手挤压在模腔内,造成左手重伤。

2. 事故原因

操作工×××在冲压闸瓦瓦背作业时,违反操作规程,未使用专用工具,直接用左手取拿模具内冲好的瓦背是造成这起人身伤害事故的直接原因。

3. 预防措施

(1)严格落实安全操作规程和安全卡控措施。使用冲床压力机更换压模时,要切断电源并将手把置于空位。

(2)往模具内送料时,要使用工具敏捷取放,不得直接用手取送。操作手柄时应掌握准确,手脚动作协调一致。

(3)冲压作业操作单调、频繁,容易引起精神疲劳,出现操作失误造成人身伤害事故。操作人员必须精神状态良好，严格遵守操作规程，杜绝违章操作或习惯性违章。

第三节 劳动安全相关安全知识

一、消防安全

（一）火与火灾的基本概念

燃烧是物质与氧化物之间的放热反应，它通常会现时释放出火焰或可见光。“火灾”是在时间和空间上失去控制，对财物和人身造成一定损害的燃烧现象。发生火灾必须同时具备可燃物、氧化剂和引火源三个要素。

（二）火灾事故类型

按照一次火灾事故所造成的人员伤亡、受灾户数和财物损失金额划分，可把火灾分为以下3个等级：

1. 特大火灾。死亡10人以上：重伤20人以上：死亡、重伤20人以上；受灾户50户以上：烧毁财物损失100万元以上。

2. 重大火灾。死亡3人以上：重伤10人以上：死亡、重伤10人以上；受灾户30户以上：烧毁财物损失30万元以上。

3. 一般火灾。不具有前两项情形的燃烧事故。

根据物质及其燃烧特性划分，可将火灾分为以下四种类型。这种分类表明了燃烧物质的种类属性和扑救火灾时选择相应的灭火剂。

1. A类火灾

A类火灾是指固体物质火灾，如木材、棉、毛、麻、纸张、塑料制品、化学纤维等火灾。

2. B类火灾

B类火灾是指液体和可熔化固体物质的火灾，如汽油、柴油、酒精、植物油、变压器油、各种溶剂、沥青、石蜡等火灾。

3. C类火灾

C类火灾是指气体火灾，如煤气、天然气、氢气、沼气、氨气、一氧化碳等火灾。

4. D类火灾

D类火灾是指金属火灾，如钾、钠、铝、镁、铝合金等火灾。

（三）灭火的基本方法

1. 火灾报警方法

发生火灾时，首先要拨打“119”火警电话，及时准确地报警是火灾施救的关键。

（1）火警电话接通后，应讲清着火单位，所在区县、街道、门牌号码或乡村的详细地址。

（2）要讲清什么东西着火，起火部位，燃烧物质和燃烧情况，火势如何。

（3）报警人要讲清自己的姓名、工作单位和电话号码。

（4）报警后要有专人在街道路口等候消防车到来，引导消防车去往火场，以便迅速、准确地到达起火地点。

2. 冷却灭火法

冷却灭火法的原理是将灭火剂直接喷射到燃烧的物体上，以降低燃烧的温度在燃点之下，使燃烧停止。或者将灭火剂喷洒在火源附近的物资上，使其不因火焰热辐射作用而形成新的火点。

3. 隔离灭火法

隔离灭火法的原理是将正在燃烧的物资和周围未燃烧的可燃物资隔离或移开，中断可燃物资的供给，使燃烧因缺少可燃物而停止。

4. 窒息灭火法

窒息灭火法的原理是阻止空气流入燃烧区域或用不燃物资冲淡

空气中的氧气含量，使燃烧得不到足够的氧气而停止。

5. 化学抑制灭火法

化学抑制灭火法使灭火剂参与到燃烧反应中去，起到抑制反应的作用。具体而言就是使燃烧反应中产生的自由基与灭火剂相结合，形成稳定分子或低活性的自由基，从而切断了自由基的连锁反应链，使燃烧停止。

（四）消防设备设施使用方法

起火十几分钟的初起阶段利用灭火器材及时扑救是最有效的手段。根据研究表明，建筑物起火后5～7分钟内是扑救火灾最有利的时机。因此，在火灾初期应想方设法利用就近消防器材将火灾消灭在萌芽状态之中。

按充装灭火剂的种类不同，常用灭火器有水型、空气泡沫型、干粉型、卤代烷型、二氧化碳型、7150型等灭火器具。

1. 储压式干粉灭火器。使用灭火器时，先将灭火器上下颠倒并摇晃几下，使内部干粉松动并与压缩气体充分混合。然后摆正灭火器，拔出手压柄和固定柄（提把）间的保险销，右手握住灭火器喷射管，左手用力压下并握紧两个手柄，使灭火器开启。待干粉射流喷出后，右手根据火灾情况，上下左右摆动，将干粉喷于火焰根部即可灭火。

2. 外储气瓶式干粉灭火器。该灭火器主要由二氧化碳钢瓶、筒身、出粉管及喷嘴组成。使用时用力向上提起储气钢瓶上部的开启提环，随后右手迅速握住喷管，左手提起灭火器，通过移动和喷嘴摆动，将干粉射流喷于火焰根部即可灭火。

3. 水是最常用的灭火剂，木头、纸张、棉布等起火，可以直接用水扑灭。

（五）火灾自救与逃生方法

火场逃生是避免伤亡事故的关键环节。在火灾发生时，一定要想方设法进行逃生。人们在同火灾做斗争的同时，总结出火场逃生的 15 种方法，有效掌握对于顺利逃出火海，减少伤亡具重要作用。

1. 逃生预演，临危不乱

每个人对自己工作、学习或居住所在的建筑物结构及逃生路径要做到心中有数，必要时可按逃生路线图进行消防训练。

2. 熟悉环境，暗记出口

处于陌生环境，如入住酒店、商场购物、进入娱乐场所时，务必留心疏散通道、安全出口及楼梯方位等，以便关键时刻能尽快逃离现场。

3. 保持镇静，明辨方向

保持冷静，不要盲目出逃。要了解自己所处的环境位置，及时掌握当时火势的大小和蔓延方向，然后根据情况选择逃生方法和逃生路线。

4 迅速撤离，不贪财物

逃生时不要为穿衣服或寻找贵重物品而浪费时间，也不要为带走自己的物品而身负重压影响逃离速度，更不要贪财，本已逃离火场而又重返火海。

5. 简易防护，匍匐前进

逃生时经过充满烟雾的路线，可采用毛巾、口罩蒙鼻，匍匐撤离的办法，开门窗前用手探查门窗温度以防烫伤：穿过烟火封锁区时，可向头部、身上浇冷水或用湿毛巾、湿棉被、湿毯子等将头、身裹好，再冲出去。

6. 胆大心细，善用通道

发生火灾时，除可以利用楼梯，还可以利用建筑物的阳台、窗台、天面屋顶等攀到周围的安全地点，再沿着落水管、避雷线等滑下楼脱险。

7. 高楼火灾,忌乘电梯

逃生时,一般不要坐电梯(消防电梯要在救护人员的指挥下使用),应从安全出口逃生。其原因:一是火灾中,易断电而使电梯"卡壳",给救援带来难度;二是电梯直通楼房各层,火场的浓烟易涌入电梯中形成"烟囱效应"。人在电梯里随时都有可能被浓烟毒气熏呛或窒息而死亡。

8. 巧妙逃生,滑绳自救

用绳子或把床单、被套撕成条状连成绳索,紧拴在窗框、暖气管、铁栏杆等固定物上,用毛巾、布条等保护手心,顺绳滑下或下到未着火的楼层脱离险境。

9. 堵塞门户,固守待援

若用手摸房门已感到烫手,说明大火已经封门,再不能开门逃生。此时应关紧迎火的门窗,打开背火的门窗,用湿毛巾、湿布塞堵门缝或用水浸湿棉被蒙上门窗然后不停地用水淋透房门,防止烟火渗入,固守在房内,直到救援人员到达。

10. 缓晃轻抛,寻求援助

被烟火围困暂时无法逃离的人员,要立即返回室内,用打手电筒、挥舞衣物、呼叫等方式向窗外发出求救信号等待救援。

11. 走投无路,厕所避难

当逃离烟火区已无可能,又无其他条件可利用时,应冲向浴室、卫生间等。这些房间既无可燃物,又有水源。进入后,应闭门堵缝,向门泼水,打开排气扇,打开背火的窗子等待救援。

12. 身上着火,切勿惊跑

如果身上着火应及时脱去衣服或就地打滚进行灭火,也可向身上浇水,用湿棉被、湿衣物等把身上的火包起来,使火熄灭。

13. 辨明情况,低层跳离

火场上切勿轻易跳楼,在万不得已的情况下,住在低楼层(一般2层以下)的居民可采取跳楼的方法进行逃生。但首先要根据周围地形选择高度差较小的地面作为落地点,然后将席梦思床垫、沙发垫、厚棉被等抛下做缓冲物,并使身体重心尽量放低,做好准备以后再跳。

14. 互相帮助,利人利己

要发扬互助精神,帮助老人、小孩、病人优先疏散。对行动不便者可用被子、毛毯等包扎好,用绳子布条等吊下。逃生过程中如看见前面的人倒下,应立即扶起,对拥挤的人应给予疏导或选择其他疏散方法予以分流,减轻单一疏散通道的压力,竭尽全力保持疏散通道畅通,以最大限度减少人员伤亡。

15. 既已逃出,不要回头

一旦逃离危险区,受灾者就必须留在安全区域并及时向救助人员反映火场情况,即使发现还有人没撤出来,也不能贸然返回。正确的做法是,由消防人员组织营救。

二、防中毒窒息

(一)中毒窒息事故概念

当人体在有窒息性气体环境中时,窒息性气体导致人体呼吸系统终止呼吸而造成的伤亡事故就是中毒窒息事故。

中毒窒息事故分为中毒事故和窒息事故。中毒事故指操作人员在有毒气体浓度较高的作业场所内操作,不断吸入有毒气体而发生的事故。窒息事故是指作业人员在空气中含氧的浓度较低的作业场所内作业,由于氧气不足而导致的事故。

(二)安全防护措施

中毒窒息伤害多发生在封闭和半封闭的有限空间内,所以在有限空间内的作业需要采取一定的防护措施：

(1)有限空间作业严格落实作业许可审批制度，必须配备监护人员和应急救援人员。

(2)进入有限空间作业前，应根据有限空间盛装(过)物料的特征，对有限空间进行清洗或置换，并达到相关要求。

(3)进入有限空间作业，对作业可能存在的电、高、低温及危害物质须采取可靠隔断(隔离)措施，将有限空间与其他可能危及作业安全的管道或其他空间隔离。

(4)在易燃易爆的有限空间作业时，应穿防静电工作服、工作鞋，使用防爆工具和照明器具。

(5)在有酸碱等腐蚀性介质的有限空间作业时，应穿戴好防酸碱工作服、工作鞋、手套等护品。

(6)进入有限空间时，应佩戴隔离式空气呼吸器、佩戴氧气报警器。严禁作业人员在有毒、窒息环境下摘下防护面具。

(7)进入有限空间时，应佩戴有效的通信工具，系安全绳。

(8)在产生噪声的有限空间作业时，应佩戴耳塞或耳罩等防噪声护具。

(9)在有限空间进入点附近应设置醒目的安全警示标识，并提前告知作业者存在的危险有害因素和防控措施。

(10)有限空间作业前和作业过程中，应采取强制性持续通风措施降低危险，保持空气流通。严谨用纯氧进行通风换气。

(11)进入有限空间作业必须严格执行“先通风、再检测、后作业”的原则，未经通风和检测，严谨作业人员进入有限空间作业。

(12)检测有限空间气体浓度时，检测人员应处于安全环境，做好检测记录，包括检测时间、地点、气体种类和检测浓度等。

(13)有限空间作业工作环境发生变化时，应视为进入新的有限空间，重新同分感和检测后方可进入。

(14)作业前后应清点作业人员和作业工器具。作业人员离开有限空间作业点使，必须将全部作业工器具带出。

(三)中毒窒息急救

1. 发生中毒事故，救援人员进入危险区域前必须戴好防毒面具、自救器等防护用品，必要时也给中毒者戴上，迅速将中毒者从危险环境中转移到安全、通风的地方。

2. 加强通风，用大量新鲜空气对工作地点的有毒、有害气体进行冲淡。

3. 如果是一氧化碳中毒，应脱去中毒者被污染的衣服，松开领口、腰带，使中毒者能顺畅呼吸新鲜空气；若呼吸已经停止但心脏还跳动，则应立即进行人工呼吸；若心跳也已停止，应迅速进行胸外心脏按压，同时进行人工呼吸。

4. 对于硫化氢中毒者，在进行人工呼吸前，要用浸透食盐溶液的棉花或手帕盖住中毒者的口鼻。

5. 如果是瓦斯或二氧化碳窒息，应迅速将中毒者转移至空气新鲜处，窒息时间较长者，要进行人工呼吸抢救。

6. 如果毒物污染了眼部、皮肤，应立即用水冲洗，对一些能与水发生反应的物质，要先用棉花、布或纸吸除后，再用水冲洗，以免加重损伤。

7. 在井(地)下施工发生中毒时，地面人员绝对不要盲目下去救助。必须先向下送风，救助人员必须采取个人保护措施，及时派人报告工地负责人并拨打119、110、120电话求救。中毒者救上来后，应尽快抬到空气新鲜、温度适宜的地方进行紧急处理和现场抢救。

三、防暑降温

1. 中暑的原因

中暑指人体在高温或烈日下，引起体温调节功能紊乱、散热机能发生障碍，致使热能积累所致的以高热、无汗及中枢神经系统症状为主的综合征。中暑的原因：

(1)环境因素：发生中暑的外界因素主要为高温、高湿、风速小。

(2)自身因素：主要有产热增加、热适应差、散热障碍。

2. 中暑症状

(1)先兆中暑：病人常常感到大量出汗、头晕、眼花、无力，恶心、心慌，气短，注意力不集中，定向力障碍。体温常常小于 37.5 ℃。在离开高温作业环境进入阴凉通风的环境时，短时即可恢复正常。

(2)轻症中暑：病人除有先兆症状外，有的表现为体温升高至 38 ℃以上，皮肤灼热、面色潮红；面色苍白，呕吐，皮肤湿冷，脉搏细弱，血压下降等表现，通常休息后体温可在 4 小时内恢复正常。

(3)重症中暑：上述症状进一步加重。中暑衰竭主要表现为皮肤苍白，出冷汗，肢体软弱无力，脉细速，血压下降(收缩压降至 80 mmHg 以下)，呼吸浅快，体温正常或变化较小，意识模糊或昏厥。中暑高热主要表现为高热，体温高达 40 ℃以上，伴有晕厥，皮肤干燥灼热，头痛、恶心、全身乏力，脉快，神志模糊，严重时引起脏器损害而死亡。

3. 中暑的现场急救措施

(1)搬移：迅速将患者抬到通风、阴凉、干爽的地方，使其平卧并解开衣扣，松开或脱去衣服，如衣服被汗水湿透应更换衣服。

(2)降温：患者头部可捂上冷毛巾，可用 50%酒精、白酒、冰水或冷水进行全身擦浴，然后用扇或电扇吹风，加速散热。有条件的也可用降温毯给予降温。但不要快速降低患者体温，当体温降至 38 ℃以下时，要停止一切冷敷等强降温措施。

(3)补水：患者仍有意识时，可给一些清凉饮料，在补充水分时，可加入少量盐或小苏打水。但千万不可急于补充大量水分，否则，会引起呕吐、腹痛、恶心等症状。

(4)促醒：病人若已失去知觉，可指掐人中、合谷等穴，使其苏醒。若呼吸停止，应立即实施人工呼吸。

(5)转送：对于重症中暑病人，必须立即送医院诊治。搬运病人时，应用担架运送，不可使患者步行，同时运送途中要注意，尽可能地用冰袋敷于病人额头、枕后、胸口、肘窝及大腿根部，积极进行物理降温，以保护大脑、心肺等重要脏器。

四、防寒过冬

我国北方地区冬季时间较长，环境多变，气候条件恶劣，造成职工伤害的危险因素增多，保证作业人员防寒过冬是铁路冬季运输生产必须提前做好的一项工作。铁路防寒工作的对象，主要是指铁路作业人员在冬季作业的人身安全和设备设施的防寒检查和整备。

冬季作业的特点，实际上是铁路运输安全生产的难点，季节变换给铁路运输生产带来了不利因素。充分做好冬季作业的思想准备，在实际工作中应采取针对性的有效措施，克服这些不利条件，只有这样才能确保安全生产，高质量地完成冬季运输生产任务。

(一)气候特点

冬季天气寒冷、气温低，风、雪雾、霜频繁发生，夜间长、昼间长、昼间短，温差大，这些自然现象对铁路运输生产的设备作业场所、作业人员及行车组织工作等多方面增加了很大的难度，给人员作业带来了极大的不便，可概括为冷、长、滑、凝、笨、畏、忙。

1. 冷:冬季气温低,天气寒冷,人的视觉、人的视觉听觉、行动都会受到一定影响,对外界反映敏感度降低,容易发生冻伤跌滑、交通等人身伤害事故。另外也给人们的生活、心理上带来诸多不良影响,对严寒易产生畏惧心理,精神不集中,工作中易出现简化作业、违章作业等行为。

2. 长:昼短夜长,车场内照明不好会产生死角,给现场作业人员带来极大不便,特别是夜间作业难度大,作业人员体力消耗大,精力往往不够充沛。

3. 滑:冰天雪地是北方冬季的真实写照。冬季经常冰雪覆盖现场,特别是有时午间阳光融化了冰雪表面,到了夜间又结成光滑的冰面,地面,轨面、台阶、梯凳湿滑,易发生滑跌摔伤等人身事故,给现场作业人员带来极大的不便,增加了作业的难度。

4. 凝:由于冬季雾多,能见度低,而且信号、玻璃、眼镜都容易凝霜、凝雾,从而影响视线,使瞭望困难,现场作业防护瞭望视线距离短,尤其巡道、巡桥等单独作业人员作业困难更大,给人身、作业带来影响。

5. 笨:冬季天气寒冷,露天作业人员穿戴较多,衣着笨重,行动不便,反应相对迟缓,作业场所溜滑,易碰伤或摔伤。因此,作业人员要相互关照,搞好互控,注意人身安全。

6. 畏:冬季气候严寒,铁路行车人员几乎天天在寒风凛冽、零下几十度的冰天雪地里作业,易产生畏寒怕冷思想而缩手缩脚,反应迟钝,导致简化作业程序,违章蛮干,给行车和人身安全带来隐患。

7. 忙:冬季是铁路冬运、春运繁忙季节,车流密度大,再加上中国两大传统节日,职工家务忙、事情多,思想比较活跃,容易休息不好,造成工作精力分散,劳动纪律松弛,思想抛锚,诱发各类事故,对人身安全构成威胁。另外,年末阶段生产任务紧张,容易产生“抢任务、轻安全”的思想倾向。

(二)冬季作业人员特点

1. 畏寒情绪。怕冷、畏寒是人的共同特点。因此,简化作业过程、晚出务或出务不全的现象时有发生。

2. 行动不灵敏。冬运行车作业人员要穿上棉衣棉裤、棉鞋,戴上棉帽、棉手套等,这样,行动必然要比其他季节缓慢。

3. 瞭望困难。冬季夜长,风、雪雾多,都给作业人员瞭望带来诸多不便。

根据冬季生产人员的变化特点,在冬运前要专门进行教育,做好职工的思想工作,采取措施解决好职工的具体生活困难。每次接班前,也要进行思想动员,使职工树立克服困难的信心。在实际工作中,要掌握规律,抓住特点,提前出务,做好准备,相互配合,互控联防,仔细观察,认真检查,正确及时地显示信号,确保行车、调车作业及作业人员的人身安全。

(三)冬季作业对人身安全的基本要求

防寒过冬安全一直是铁路企业生产中的重要工作,《技规》中对防寒工作有明确的要求:一是对有关人员进行防寒过冬培训,并按规定做好防寒劳动防护用品的配备和发放工作;二是对铁路技术设备进行防寒过冬检查整修,并做好包扎管路等工作;三是做好易冻的设备物资的防冻解冻工作;四是储备足够的防寒过冬材料、燃料和工具,检修好除冰雪机具和防雪设备,组织好除冰雪队伍。

根据冬季作业特点和作业规律,必须认真贯彻落实“安全第一、预防为主、综合治理”的方针,全体干部职工冬季必须做到以下要求:

1. 冬季上班前有关要求

(1)上班前严禁饮酒,充分休息,保证工作时精力充沛、思想集中。

(2)工作前必须按规定穿戴好防护用品,防寒帽必须有耳孔且孔径不小于 20 mm。禁止穿高跟鞋、塑料底鞋及带钉子鞋作业。

(3)作业前认真检查确认使用的工具交接的设备状态良好,严禁使用不良机具,严格执行岗位责任制和交接班制度,认真听取工班长班前对生产计划安排以及对安全生产注意事项的布置要求,作业中要认真执行各种规章命令,团结协作,密切联系,不得臆测行事,不准玩笑打逗。

2. 冬季在站场上作业及行走时的安全要求

在站场上作业和行走时,禁止戴妨碍视觉、听觉的色镜、帽子或其他遮盖物,有冰冻时在鞋上绑扎草绳或穿其他防滑鞋具,以防滑倒摔伤;要随时注意来往的列车和机车车辆的移动,遇风雪、雾天气更应特别注意邻线有无来往机车车辆,要站在适当位置防止被车上坠落物品、篷布、绳索等击伤。严禁走枕木头、道心、轨面严禁在车底下、车端部和站台边坐立、闲谈休息、避风雪。

3. 取暖时防止煤气中毒

(1)安装炉具烟筒时,炉灶周围要设炉挡、烟筒安装要顺安,不可逆向安装。

(2)取暖用炉具及安装必须合格,并须有检查合格证,方准使用。

(3)夜间值班有人住宿的房屋使用炉火取暖者,必须安有风斗,无风斗的房屋不准人员住宿。

(4)必须按期清理烟筒、烟道,防止倒烟,严禁敞口取暖。

4. 冬季使用镐类的安全事项

使用各种镐类起重时,起镐作业前,要整顿现场,清除积雪,打好止轮器垫好木墩,找准重心,地面必须坚固可靠,底座安放平稳牢固,镐体垂直金属与金属接触部分要加防滑木垫,顶升高度不得超过全长的 3/4(或安全线)。在一个起重物上同时使用多台镐时,每台镐的起重能力，不得小于其计算载荷的2倍，要由专人指挥，平衡起落，防止倾斜。在起重过程中起重物尚未垫妥稳之前操作人员不得离开岗位，身体任何部位不得伸入起重物下方。

（四）冬季除冰雪作业

除雪、除冰工作是一项非正常工作，由于天气恶劣、作业时间不固定给人身安全带来严重隐患。作业前，作业人员要根据除雪位置制定详细的安全措施，制定行走路线图、待避列车位置图。遇到易于溜滑的地段，应注意提高警惕，踏稳、踩牢，防止滑倒摔伤。除雪、除冰负责人负责除雪前的安全教育。

1. 遇有雪情预告，必须提前做好人员、用具通信设备防护用品等各项除雪准备工作。

2. 线路上除雪作业必须设置安全防护，现场设防护员、车站设驻站联络员，缺一不可。

3. 线路上除雪作业必须有组织、有防护，严禁单人除雪，现场除雪必须保证3人以上必须设一名专职防护人员。特别是清除雪后道岔内残雪时，也必须严格按规定设置安全防护。

4. 除雪作业前，每一个小组必须明确负责人，必须指定专人担任安全防护工作；在站场道岔咽喉区多个作业组同时作业时，可在作业群体两端分别设置现场防护员，负责全体作业人员的安全防护。

5. 同小组的作业人员必须同出同回，并严格按照规定的路线图行走，作业期间不得单人离开作业小组。

6. 驻站联络员要先于现场作业人员到达车站行车室，在驻站防护期间要认真掌握列车通过和调车作业情况并及时通知现场防护人员。

7. 现场防护员要按规定携带防护用具，与作业人员一同到达现场并及时向驻站联络员报告作业位置，确认无车方可进行除雪作业；在防护期间要认真监听电台，接到来车报告后及时通知作业人员按规定距离下道避车。

8. 使用风力、内燃除雪机的作业小组，要绝对听从小组负责人或现场防护员的指挥，不得擅自上道作业。上道作业时，必须执行一人一机牵绳防护的规定，确保安全防护措施的有效落实。

9. 除雪作业人员必须按照规定着装，确保听觉、视觉不受影响。严禁穿戴连体帽或无听声孔防寒帽，防寒帽听声孔尺寸要符合标准并开放。禁止穿大帽钉鞋、塑料底鞋、高跟鞋及易滑鞋，防止发生人身伤害。

10. 除雪人员上下道，必须清点人数，必须向驻站联络员进行登销记。

五、职业健康

我国职业病防治工作坚持预防为主、防治结合的方针，建立用人单位负责、行政机关监管、行业自律、职工参与和社会监督的机制，实行分类管理、综合治理。

（一）职业病的概念

《中华人民共和国职业病防治法》明确规定，职业病是指企业、事业单位和个体经济组织等用人单位的劳动者在职业活动中，因接触粉尘、放射性物质和其他有毒、有害因素而引起的疾病。

国家卫生部、劳动和社会保障部公布的职业病分类和目录包括10大类，115种职业病。包括尘肺13种，职业性放射性疾病11种，职业中毒56种，物理因素所致职业病5种，生物因素所致职业病3种，职业性皮肤病8种，职业性眼病3种，职业性耳鼻喉口腔疾病3种，职业性肿瘤8种，其他职业病5种。

（二）职业病危害因素

职业病危害因素指在职业活动中产生或存在的、可能对职业人群健康、安全和作业能力造成不良影响的因素或条件，包括化学、物理、生物等因素。

工作场所中的职业病危害因素按其来源可分为下列三类。

1. 生产工艺过程中产生的有害因素

（1）化学因素

①生产性毒物：如电焊作业中存在的锰烟及铜烟，检修时刷漆、补漆作业中存在的苯系物等。

②生产性粉尘：如电焊作业中存在的电焊烟尘，造型、浇筑作业中存在的矽尘，打磨及抛光作业中存在的砂轮磨尘等。

（2）物理因素

包括噪声、振动、电离辐射（如 X 射线、γ 射线）、非电离辐射（如紫外线、微波辐射）、异常气象条件（如高温、高湿、低温）和异常气压（如高气压、低气压）等。

（3）生物因素

如炭疽杆菌、真菌、生物传染性病原体等。

2. 劳动过程中的有害因素

（1）劳动组织和制度不合理，劳动作息制度不合理等。

（2）职业性精神（心理）紧张。

（3）劳动强度过大或生产定额不当，不能合理地安排与劳动者身体状况相适应的作业。

（4）个别器官或系统过度紧张，如视力紧张等。

（5）长时间处于不良体位或姿势，或使用不合理的工具劳动等。

3. 生产环境中的有害因素

（1）自然环境因素的作用，如炎热季节高温辐射。

(2)厂房建筑或布局不合理,如采光照明不足,通风不良,有毒与无毒、高毒与低毒作业安排在同一车间内。

(3)作业环境空气污染。

(三)职业病预防措施

我国职业病防治工作坚持“预防为主、防治结合”的方针,建立用人单位负责、行政机关监管、行业自律、职工参与和社会监督的机制,实行分类管理、综合治理。

职业病的预防遵循“三级”预防原则,即病因预防(群体)、临床前期预防(群体)、临床预防(个体)。

1. 一级预防:病因预防(群体)

从根本上着手,使劳动者尽可能不接触职业性有害因素,或控制作业场所有害因素水平在卫生标准允许限度内。具体措施如下:

(1)进行技术革新,改革生产工艺。如以无毒或低毒的物质代替有毒或者剧毒的物质,以低噪声设备代替高噪声设备等。生产过程实现机械化、自动化,从而减少工人与职业病危害因素接触的机会。

(2)采取通风、排毒、降噪、隔离等技术性措施来降低或消除职业病危害因素。

(3)对新建、改建、扩建和技术改造项目、技术引进项目进行“三同时”审查,确保这些项目完成后有害因素的浓度或强度符合国家相关标准。

(4)加强生产设备的管理,防止毒物的跑、冒、滴、漏污染环境。

(5)制订和严格遵守安全操作规程,防止发生意外事故。

(6)合理安排休息制度,注意营养,增强机体对有害物质的抵抗能力。

(7)对接触生产性有害作业的工人,进行岗前职业健康检查,及早发现禁忌症及职业病患者,及早进行处理。

(8)为作业人员提供配套的个体防护设施,监督其佩戴个体防护用品。

2. 二级预防:临床前期预防(群体)

通过早期发现、早期诊断、早期治疗防止病损的发展。具体措施如下:

(1)对接触生产性有害作业的工人,进行定期在岗职业健康检查,明确诊断,及时治疗。

(2)根据国家制定的一系列卫生标准,定期检测作业环境中生产性有害因素的浓度或强度,及时发现问题,及时解决。

(3)根据国家相关部门制定的标准,定期进行作业场所职业病危害现状评价,对作业场所进行总体评估。

3. 三级预防:临床预防(个体)

使患者在明确诊断后,得到及时、合理的处理,防止疾病恶化及复发,防止劳动能力丧失。对慢性职业病患者,通过医学监护,预防并发症和伤残,通过功能性和心理康复治疗,做到病而不残,残而不废,达到延长寿命的目的。

(四)心理卫生健康基本知识

在社会中,成年人总是在某一工作单位从事某种劳动,某些有害因素接触时间虽然短,时间作用不明显,但却具有慢性刺激的不良影响。

1. 产生心理异常的原因

(1)劳动自身的因素

简单、重复操作容易引起抑制和疲劳,因为违背了人追求新颖、寻求刺激的基本需要,而变动频繁、无章可循的工作,会造成生活节律紊乱,容易引起睡眠障碍、精神不安、食欲不振等症状。昼、夜倒班者要经过较长时间的调节适应。工作无计划、没有心理准备,全凭上级的临时指挥，难以发挥主动精神，容易引起疲劳和厌倦。紧张、危险的工作，注意力持续高度集中，心理过度紧张，责任感压力过重，易罹患神经症、哮喘、指震颤和痉挛、消化不良，消化性溃疡和慢性皮肤病。隔离和孤独的环境（高山、单仪表观察等），生活寂寞、单调，容易导致疲劳和厌倦。环境污染（如超量的噪声、振动、粉尘、气味、高温、冷冻、潮湿等理化刺激的延续）会影响人的生理和心理状态，改变人的情绪和行动。例如，噪声会影响人对信息的感知和情绪，改变一个人的智能和操作反应能力，导致失误，尤其突然来临的噪声对人的干扰更为严重。

（2）生理疲劳与心理疲劳

生理因素和心理因素是交互作用的，心理上的疲劳往往能加重生理上的疲劳。强体力劳动，如高温环境的工种，如果业余生活只用于恢复生理疲劳，而没有足够的文体活动，便会加重心理疲劳。某些药物对消除疲劳和调节厌倦情绪有积极效应，但不能解决根本问题，甚至会产生对药物的依赖性。心理上的不满、烦恼，增加易疲劳感，并使厌倦情绪加重。

（3）人与工作的相互适应

人与工作一方面是工作特点对进行这种工作的人员要求。一个人如果长期不能满足和适应工作的要求（如不能胜任某一岗位职务），就会产生强烈的持久的心理应激，严重时亦可与其他因素共同作用使人患病。另一方面是作为具有某种个性心理特征的人对工作是否满意。人的需要是多方面的、多层次的，不单只是为了谋求物质资料而工作，还有更多．更高的社会和精神的需要。

2. 职业性疲劳的阶段划分

职业性疲劳划分为三种阶段。

在第一阶段上，疲劳表现为精神不振、困倦、打盹等。这时仍能够在提高工作兴趣的情况下，用意志力控制自己保持原有的工作水平。当然，如果硬性地在这种疲劳状态下长时间坚持工作，将会引起“疲劳暴发”。

第二阶段的疲劳表现为准确性下降，工作中错误率提高，但工作速度往往仍然可以维持原有的水平，这时的准确性下降无法用意志力和加强外部刺激的办法得以改善。

第三阶段的疲劳是一种极度的疲劳体验。如果说前两种疲劳只是一种保护性反应，那么第三种疲劳就已经告诉我们：身心已经受到伤害。在这种过度疲劳情况下，工作能力急速下降，人们会体验到无法继续工作下去，对工作毫无兴趣，甚至厌倦、憎恨，有的人可以进入歇斯底里状态。

3. 避免心理异常发生的方法

(1)倾诉倾倒心理垃圾

心理垃圾在心里积存太久会毒化你的心灵，而牢骚、苦闷、悔恨、怨气、委屈或者愤怒的时候，倾诉就是倒垃圾。因此要学着不沉溺于自己的苦难，做自己的心灵清洁师，只要有勇气敞开心扉，并选择安全的听友(如亲友或者心理专家)，倾诉会使你受益良多。

(2)转移注意力

过分紧张焦虑，会削弱你的行为能力，而缺乏有效的行为，又会加重紧张焦虑。因此在紧张不安的时候，可以思考一下，在目前的情势之下可以做些什么？然后按轻重缓急排序，立足一个最主要的目标，着手实施，使自己的全部注意力转移到目标上去。

(3)学会宽容

不要苛求别人，也不为难自己。一般而言，一个人对别人的好不会超过对自己，这就是人性，超越它是伟大的，遵从它也不该受到责难。较低的期待几乎总是能得到较多的快乐。

(4)常怀感恩之心

感恩父母给予我们生命;感谢家庭给我们幸福;感恩老师教授我们知识;感谢朋友给我们友谊;感谢企业给我们发展平台;感谢陌生人给我们的帮助。常怀感恩之心才能看到社会美好的一面,才能更加积极乐观地工作和生活。

(5)互相帮助

社会支持系统是生活的缓冲垫,人活在社会中,要学着去帮助他人。因为帮助他人可能使你忘却痛苦、增进友谊,同时,也要给他人帮助自己的机会,帮你在困难的时候渡过难关。

(6)学会等待

伤心、痛苦都是暂时的,在走厄运时,要耐心等待转机出现;让时间把伤痛愈合;在冲动的时候,要等待理性恢复,避免在冲动时做出决策;也要在等待中积累充实资源,做到厚积而薄发。

(7)懂得妥协

人要懂得妥协,妥协后会发现,人生并不是只有这一条路可以走。

(8)抛开心理包袱

人要有所为有所不为,有所舍才能有所得,所以要专注于最重要且紧迫的事物。也要知道让他人分担你,是给他人成长的机会。掌握三种智慧,懂得什么时候应坚守,什么时候应放弃自己,什么时候应撤离战场。

(9)拓展心理空间

过分专注于繁杂的事务会使内心过于拥挤,健康的心灵需要有自由的空间。不妨培养点自己的爱好,如运动、音乐、书法、旅行等,用心地体验亲情、友情与爱情。左右事情而不要被事情所左右。

六、现场急救

(一)一般急救措施

当伤害事故发生后,应立即拨通120急救电话,报告出事地点、受伤人员及伤情,同时应根据具体情况对伤员进行现场急救。对伤员的现场抢救包括以下内容。

1. 对心跳呼吸停止者,现场施行心肺复苏。

2. 对失去知觉者宜清除口鼻中的异物、分泌物、呕吐物,随后将伤员置于侧卧位以防止窒息。

3. 对出血多的伤口应加压包扎,有搏动性或喷涌状动脉出血不止时,暂时可用指压法止血:或在出血肢体伤口的近端扎止血带,上止血带者应有标记,注明时间,并且每20分钟放松一次,以防肢体的缺血坏死。

4. 遇有开放性颅脑或开放性腹部伤,脑组织或腹腔内脏脱出者,不应将污染的组织塞入,可用干净碗覆盖,然后包扎;避免进食、饮水或用止痛剂,并迅速送往医院诊治。

5. 当有木桩等物刺入体腔或肢体时,不宜拔出,宜锯断刺入物的体外部分(近体表的保留一段),送至医院后,手术再拔出,有时戳入的物体正好刺破血管,暂时尚起填塞止血作用,一旦现场拔除,会导致大出血而来不及抢救。

6. 若有胸壁浮动,应立即用衣物、棉垫等充填后适当加压包扎,以限制浮动,无法充填包扎时,应使伤员卧向浮动壁,也可起到限制反常呼吸的效果。

7. 若有开放性胸部伤,立即取半卧位,对胸壁伤口应行严密封闭包扎。使开放性气胸改变成闭合性气胸,速送医院。救护人员中若能断定张力性气胸者,有条件时可行穿刺排气或上胸部置引流管。

8. 骨折者应就地取材固定骨折的肢体，防止骨折的再损伤。

（二）心肺复苏法

伤员呼吸和心跳停止时，应立即按心肺复苏法支持生命的三项基本措施，正确进行就地抢救。

1. 胸外心脏按压

使伤员仰面躺在平硬的地方，救护人员立或跪在伤员一侧肩旁，救护人员的两肩位于伤员胸骨正上方，两臂伸直，肘关节固定不屈，两手掌根相叠，手指翘起，不接触伤员胸壁；以髋关节为支点，利用上身的重力，垂直将正常成人胸骨压陷 3～5 厘米（儿童和瘦弱者酌减）；压至要求程度后，立即全部放松，但放松时救护人员的掌根不得离开胸壁。按压必须有效，有效的标志是按压过程中可以触及颈动脉搏动。

胸外按压要以均匀速度进行，每分钟 80 次左右，每次按压和放松的时间相等；胸外按压与口对口（鼻）人工呼吸同时进行，其节奏为：单人抢救时，每按压 15 次后吹气 2 次（15∶2），反复进行；双人抢救时，每按压 5 次后由另一人吹气 1 次（5∶1），反复进行。在医务人员未接替抢救前，现场抢救人员不得放弃现场抢救。

2. 打开气道

仰头抬颌法。口腔无分泌物，无假牙。

3. 人工呼吸

在保持伤员气道通畅的同时，救护人员用放在伤员额上的手指捏住伤员鼻翼，救护人员深吸气后，与伤员口对口紧合，在不漏气的情况下，先连续大口吹气两次，每次 1～1.5 秒。如两次吹气后试测颈动脉仍无搏动，可判断心跳已经停止，要立即同时进行胸外按压。

4. 抢救过程中伤员的移动与转院

(1)心肺复苏法应在现场就地坚持进行，不要为方便而随意移动伤员，如确需要移动时，抢救中断时间不应超过30秒。

(2)移动伤员或将伤员送医院时，除应使伤员平躺在担架上并在其背部垫平硬阔木板，移动或送医院过程中应继续抢救，心跳呼吸停止者要继续心肺复苏法抢救，在医务人员未接替救治前不能终止。

七、手机使用管理红线

为确保人身、作业安全，遏制当班人员使用手机(工作需要配发的定位手机、GSM-R手持终端等除外)影响正常工作问题发生，特制定以下红线制度，违反相关条款的按红牌考核。

1. 所有行车作业人员禁止在工作时间内、作业过程中使用手机等电子产品从事与工作无关的事。

2. 场内、库内、段内的安全重点场所作业人员，当班期间手机集中统一管理。

3. 施工及上线作业人员严禁携带手机(施工负责人可携带手机，仅允许用于应急处置或联系工作事宜)。

4. 在机车、车辆等移动行车设备上作业的人员，仅允许使用手机进行应急处置或联系工作事宜。

5. 行车重要处所及应急值守的单人单岗作业人员，仅允许使用手机进行应急处置或联系工作事宜。

6. 检查盯控、驻站防护人员在行车场所或添乘时，禁止大声长时间接打电话，分散作业人员精力。

7. 机动车驾驶员行驶中禁止使用手机。

第四节 劳动保护相关知识

一、工 伤

工伤，又称为职业伤害、工作伤害，是指劳动者在从事职业活动或者与职业活动有关的活动时所遭受的不良因素的伤害和职业病伤害。为了保障因工作遭受事故伤害或者患职业病的职工获得医疗救治和经济补偿，促进工伤预防的职业康复，分散用人单位的工伤风险，国务院制定了《工伤保险条例》。

（一）应当认定为工伤的情形

1. 工作时间和工作场所，因工作原因受到事故伤害。

2. 工作时间前后在工作场所，从事与工作有关的预备性或收尾性工作受到事故伤害。

3. 在工作时间和工作场所内，因履行工作职责受到暴力等意外伤害的。

4. 患职业病的。

5. 因工作外出期间，由于工作原因受到伤害或者发生事故下落不明的。

6. 在上下班途中，受到非本人主要责任的交通事故或者城市轨道交通、客运轮渡、火车事故伤害的。

7. 法律、行政法规规定应当认定为工伤的其他情形。

（二）视同工伤的情形

1. 工作时间和工作岗位上，突发疾病死亡或者在48小时之内经抢救无效死亡的。

2. 在抢险救灾等维护国家利益、公共利益活动中受到伤害的。

3. 职工原在军队服役，因战、因公负伤致残，已取得革命伤残军人证，到用人单位后旧伤复发的。

（三）不得认定为工伤或者视同工伤的情形

1. 故意犯罪的。

2. 醉酒或者吸毒的。

3. 自残或者自杀的。

二、劳动防护用品

1. 劳动防护用品的概念和作用

劳动防护用品是劳动者在劳动中为防御物理、化学、生物等有害因素伤害人体而穿戴和配备的各种物品的总称，对于减少职业危害起着相当重要的作用。劳动防护用品又称为劳动保护用品，是劳动安全工作的重要组成部分。

当技术措施尚不能消除生产过程中的危险和有害因素，达不到国家标准或有关规定时，或不能进行技术改造时，穿戴劳动防护用品就成为既能完成生产任务，同时又保证劳动者安全和健康的唯一手段，也是保护劳动者安全和健康的最后一道防线。

2. 劳动防护用品的分类

劳动防护用品分为一般劳动防护用品和特种劳动防护用品，特种劳动防护用品实行生产许可制度。按人体防护部位劳动防护用品可分为9大类。

（1）头部防护用品

头部防护用品是为防御头部不受外来物体打击和其他危险和有害因素而配备的个人防护用品。按防护功能分为普通防护帽、防尘帽、防水帽、防寒帽、安全（防冲击）帽，防静电帽、防高温帽、防电磁辐射帽和其他头部防护用品。

（2）呼吸器官防护用品

呼吸器官防护用品是为防御有害气体、粉尘、烟、雾经呼吸道吸入，或直接向使用者供氧或清净空气，保证尘、毒污染或缺氧环境中作业人员正常呼吸而配备的防护用具。按防护功能分为防尘口罩、防毒口罩、防酸碱口罩、给氧装备和其他呼吸器官防护用品五类。

(3)眼面部防护用品

眼面部防护用品是为防御眼面部不受烟雾、尘粒、金属火花和飞屑、热、电磁辐射、激光、化学飞溅物等伤害而配备的个人防护用品。按防护功能分为防尘风镜(面罩)、防水眼罩、防冲击眼罩、防毒面罩、防高温面罩、防电磁辐射眼镜、焊接护目镜、防强光眼镜等。

(4)听觉器官防护用品

听觉器官防护用品是为防御噪声侵入耳道，预防噪声对人身引起的不良影响而配备的个人防护用品。按防护功能分为防水耳塞、防噪声耳塞和其他听觉器官防护用品等。

(5)手部防护用品

手部防护用品是为防御手部不受外来物体打击和其他危险和有害因素而配备的个人防护用品。按功能分为普通防护手套、防水手套、防毒手套、防静电手套、防高温手套、绝缘手套、防油手套等其他手部防护用品。

(6)足部防护用品

足部防护用品是为防御足部不受外来物体打击和其他危险等有害因素而配备的个人防护用品。按防护功能分为防尘布鞋、防水鞋、防寒鞋、防静电鞋、防油鞋、防滑鞋、电绝缘鞋等足部防护用品。

(7)躯干防护用品

躯干防护用品是为防御躯干不受外来物体打击和其他危险和有害因素而配备的个人防护用品。按防护功能分为普通防护服、防水服、防静电服、防电磁辐射服、防油服、阻燃服等防护服。

(8)护肤用品

护肤用品用于防止皮肤(主要是手、面等外露皮肤)免受化学、物理等有害因素的危害。根据防护功能分为防毒、防射线、防油、其他劳动护肤品等。

(9)其他劳动防护用品

根据防护功能分为防高温的遮阳伞,防坠落用品的安全带(绳)和安全网,水上救生圈(筏、艇),电绝缘地板、防滑垫等。

第五章　劳动用工与岗位培训

第一节　劳动用工管理

一、北京铁路局劳动用工管理有关规定

（一）总　　则

1. 路局劳动用工管理工作围绕安全运输生产、总公司的战略规划和相关政策，以建设高素质职工队伍为目标，坚持以岗位管理为核心，从制度和机制上促进人力资源优化配置，最大限度地调动广大职工的积极性、主动性和创造性，为全局改革发展提供人才保证。

2. 路局劳动用工管理工作坚持以人为本、服务发展原则，依法规范管理原则，民主、公开、竞争、择优原则，继承与创新相统一原则。

3. 路局工作岗位划分为管理、专业技术和操作技能三类。管理岗位是指承担管理职责和管理任务的工作岗位；专业技术岗位是指专职从事专业技术工作的岗位；操作技能岗位是指直接从事运输生产、设备运用和维护、市场营销、后勤服务保障等工作的岗位。

（二）人员选拔

1. 职工实行岗位管理，根据岗位类别特点，建立岗位序列体系，明确岗位名称、岗位等级和晋升关系。管理岗位按组织机构规模和管理职责设置岗位等级，专业技术岗位按业务范围和技术含量设置岗位等级，操作技能岗位按职业（工种）技能水平和岗位间劳动差别设置岗位等级。

2. 在建立同一类别岗位晋升关系的同时，构建不同类别岗位间互通、转化关系，形成统一的岗位序列体系和转化关系，畅通各类岗位人员职业生涯发展路径。

3. 根据不同类别岗位，分别建立相应的人员选拔制度，明确人员选拔条件、选拔程序、工作流程和组织实施等规定，规范开展人员选拔工作。

4. 管理岗位以组织选拔和公开招聘、竞争上岗为主，根据需要也可采用市场选聘等方式。管理岗位人员应逐级提拔，提任中层管理岗位应具有下一级岗位相应的任职经历。从操作技能岗位选聘到管理岗位，应采取公开招聘或竞争上岗的方式择优选聘。

5. 按照专业技术岗位设置和岗位说明书，专业技术岗位人员，以专业技术能力和工作业绩评价为主要依据，择优选聘。从操作技能岗位选聘到专业技术岗位，应采取公开招聘或竞争上岗的方式择优选聘。

6. 按照操作技能岗位设置和岗位标准，操作技能岗位人员岗位等级晋升，通过组织开展职业技能鉴定，加强技师、高级技师聘任管理，择优选聘。

7. 健全完善高层次专业技术人才和操作技能人才评选表彰制度，通过周期性选拔和组织职业技能竞赛(技术比武)等方式，做好高层次专业技术人才和操作技能人才选拔表彰工作。积极推荐优秀专业技术人才和操作技能人才参加路局、总公司、国家或省部级高层次专业人才的评选表彰。

8. 健全完善高层次专业技术人才选拔培养制度。路局负责向总公司推荐领军人才人选，统筹抓好专业带头人、拔尖人才选拔工作，形成高层次专业人才梯队结构，充分发挥高层次专业技术人才的带头作用。

9. 健全完善首席技师培养选拔制度。路局负责路局级首席技师的选拔、命名。向铁路总公司推荐全路首席技师。各单位负责推荐路局级首席技师，并对本单位首席技师进行管理和动态考核，充分发挥首席技师在技术创新、技术攻关、传授技艺方面的作用。

10. 落实铁路总公司技能大师工作室建设项目，完善保障措施，充分发挥技能大师工作室作用。

11. 定期组织职业技能竞赛（技术比武），开展群众性岗位练兵、技术比武活动。对在职业技能竞赛（技术比武）中取得优异成绩的选手给予路局先进个人称号等表彰奖励，提前参加职业技能鉴定或直接晋升相应职业资格等级。

12. 建立健全高层次专业技术人才和操作技能人才"培养、评价、使用、激励"相结合的一体化工作机制，激发职工钻研技术技能、立足岗位成才的积极性和主动性。

（三）职工奖惩

1. 职工奖惩工作坚持以人为本、依法管理，保证企业和职工依法履行职责，充分调动职工的积极性、主动性和创造性，维护企业正常生产工作秩序，促进企业健康发展。

2. 奖励工作坚持精神鼓励与物质奖励相结合，以精神鼓励为主的原则，奖励种类分为周期性奖励和即时性奖励。周期性奖励是指建立相应的奖励制度，按固定周期组织开展的奖励活动；即时性奖励是指对生产工作中取得突出贡献的集体或个人随时给予的奖励。

3. 惩处工作坚持教育与惩戒相结合，以教育为主的原则。职工违反企业有关规定，视情节轻重给予相应处分。处分分为警告、记过、记大过、撤职、留用察看、开除。

4. 给予职工处分，应当坚持事实清楚、证据确凿、定性准确、处理恰当、程序合规、手续完备的原则。

（四）人员退出

1. 人员退出主要包括自然退出、岗位退出和职业退出。自然退出是指达到法定退休年龄、办理退休手续，以及按照国家政策和企业规定程序办理内部退养手续的人员。岗位退出是指不胜任岗位工作要求，按企业规定程序退出现有岗位，安排到其他岗位工作的人员。职业退出是指符合法定解除、终止劳动合同条件，与企业解除、终止劳动关系的人员。

2. 实施自然退出和职业退出，应严格按政策、按规定、按程序办理，做到依法合规。

3. 实施岗位退出，应在建立健全岗位考核体系的基础上，经严格的岗位考核后，不胜任人员按程序办理岗位退出手续。

4. 依据岗位标准（岗位说明书），根据不同岗位性质，分类建立健全岗位考核体系，明确各岗位考核内容、考核指标、考核周期、考核方式，科学运用考核结果。

5. 岗位考核内容包括工作业绩、业务水平、工作态度、遵章守纪和职业道德等。依据考核内容，分类建立考核指标，落实岗位职责。

6. 坚持日常考核与定期考核相结合，对管理人员和专业技术人员履职尽责情况进行考核评价，对操作技能人员进行工作质量考核，确定岗位考核结果。对经考核不符合岗位要求的人员，经履行相应程序实施岗位退出。

7. 对岗位退出人员，组织参加离岗培训，经培训后合格人员重新安排参加竞争上岗，不合格人员转岗到其他岗位或职业退出。

8. 对于业务能力强、工作经验丰富以及岗位责任大、培训周期长、工作要求高的一线岗位人员，应完善相应管理措施，规范岗位退出程序，保持岗位人员相对稳定。

二、北京铁路局奖惩工作实施有关规定

（一）总　　则

1. 奖惩工作指导思想：奖惩工作坚持以人为本、依法管理，保证企业和职工依法履行职责，充分调动职工的积极性、主动性和创造性，维护企业正常生产工作秩序，促进企业健康发展。

2. 奖惩工作原则

(1)坚持实事求是、依法合规的原则。

(2)坚持公开、公平、公正的原则。

(3)坚持精神鼓励与物质奖励相结合，以精神鼓励为主的原则。

(4)坚持正常情况按程序办理与特殊情况应急处理相结合的原则。

(5)坚持由劳动、人事部门归口管理的原则。

（二）奖　　励

1. 奖励种类

奖励分为周期性奖励和即时性奖励。

周期性奖励是指建立相应的奖励制度，按固定周期组织开展的奖励活动。对获得周期性奖励的集体或个人授予先进集体（单位、车间、班组）、先进生产（工作）者荣誉称号，并给予适当物质奖励。

即时性奖励是指对生产工作中取得突出贡献的集体或个人随时给予的奖励。对获得即时性奖励的集体、个人予以记功、记大功，并给予适当物质奖励。

2. 奖励权限

(1)路局对所属单位和职工，有权给予记功、记大功，授予路局级先进集体（单位、车间、班组）、先进生产（工作）者荣誉称号。在给予上述奖励时，可以发给一次性奖金。

（2）局属有任免权限的基层单位，对所属车间、班组和职工有权授予本级先进集体（车间、班组）、先进生产（工作）者荣誉称号。在给予上述奖励时，可以发给一次性奖金。

（3）路局级周期性奖励由路局按照《北京铁路局先进集体、先进生产（工作）者评选办法》负责组织实施。局属有任免权限的单位依据上述办法，制定本单位具体评选奖励办法，并组织实施。

（4）即时性奖励由路局按照《北京铁路局记功办法》负责组织实施。

（5）对在处理突发事件、防止事故、抢险救灾等特殊情况下做出突出贡献的集体或个人，经路局主要负责人批准，可直接给予即时性奖励。奖励实施后按规定程序办理相关手续。

（6）对路局管理的领导干部的即时性奖励，需事先征求路局纪检监察部门意见。

（三）处　　分

1. 处分种类分为警告、记过、记大过、撤职、留用察看、开除。

2. 处分期限。

（1）警告，六个月；

（2）记过，十二个月；

（3）记大过，十八个月；

（4）撤职，二十四个月；

（5）留用察看，二十四个月。

3. 处分权限。

（1）路局或局属有任免权的基层单位，有权对任免权限内的所属职工给予警告、记过、记大过、撤职、留用察看、开除处分。给予上述处分的同时，可减发或免发奖金，或责令其赔偿经济损失。

（2）没有任免权限的单位、车间对职工处分有建议权，没有决定权。

4. 警告。有下列情形之一、情节较轻的，给予警告处分。

(1)违反国家法律法规、铁路总公司规定和路局规章制度，造成一定经济损失或不良影响的。

(2)发生一般D类事故中“挤脱撞轧”事故的直接责任者。

(3)违反劳动(工作)纪律，经常迟到、早退，当班期间打牌、下棋、玩游戏，工作时间擅离职守、消极怠工，无正当理由拒不完成生产(工作)任务，经批评教育无效的。

(4)利用职务或工作便利，违反财经、人事纪律或招投标、物资采购、合同管理、投资管理有关规定，以及玩忽职守、弄虚作假、营私舞弊情节较轻的。

(5)违反铁路路风管理规定，构成一般路风事件的直接责任者和主要管理责任者。

(6)在生产工作中，不服从生产指挥、任务分配，以及无理取闹，冲击办公场所或行车重地，影响正常生产(工作)秩序和社会秩序的。

(7)携带危险或违禁物品进入工作场所的。

(8)违反保密规定，擅自在互联网等公众媒体发布工作信息和内部资料等，造成经济损失或不良影响的。

(9)违法违规组织或参与集体上访，放任纵容违法上访，因工作不到位造成信访事件以及矛盾激化，职工违反《信访条例》和属地政府地方信访法规规定有关情形的。

(10)聚众闹事，打架斗殴，违反社会道德规范，影响正常生产(工作)秩序和社会秩序尚未构成刑事责任的，或受到公安机关行政拘留处罚的。

(11)其他依据有关规定应当给予处分的情形。

5. 记过。有下列情形之一的，视情节轻重，给予记过处分。

(1)有上述警告中(1)～(11)项所列情形之一,情节较重的。

(2)发生客运列车一般D类事故(D21除外)、其他一般C类事故、从业人员重伤一般B2类事故的直接责任者。

(3)违反财经纪律或招投标、物资采购、合同管理、投资管理有关规定的,经路局认定金额较大的。

(4)有其他违规违纪行为或犯有其他较严重错误的。

6. 记大过。有下列情形之一的,视情节轻重,给予记大过处分。

(1)有上述记过中(1)～(4)项所列情形之一,情节比较严重的。

(2)发生客运列车一般C类事故、其他一般B类事故、从业人员死亡一般B1类事故的直接责任者。

7. 撤职。有下列情形之一的,视情节轻重,给予撤职处分。撤职一般适用于管理人员和具有职务管理关系或特殊岗位的生产人员。

(1)有上述记大过中(1)～(2)项所列情形之一,情节严重的。

(2)违反财经纪律或招投标、物资采购、合同管理、投资管理有关规定的,经路局认定金额比较巨大的。

(3)犯有其他比较严重错误的,不适宜继续担任现任职务的。

8. 留用察看。有下列情形之一的,视情节轻重,给予留用察看处分。

(1)有上述撤职中(1)～(3)项所列情形之一,情节十分严重的。

(2)给国家、企业财产和人民生命造成严重损失,不适宜继续从事铁路企业岗位工作的。

(3)发生客运列车一般B类事故、其他一般A类、从业人员死亡一般A类及以上事故的直接责任者。

(4)违反财经纪律或招投标、物资采购、合同管理、投资管理有关规定,经路局认定金额巨大但未达到刑事责任的。

(5)连续旷工达到十天及以上、十五天以下,或一年内累计旷工达到二十天及以上、三十天以下的。

(6)犯有其他严重错误的，不适宜继续从事铁路企业岗位工作的。

9. 发生铁路交通事故或从业人员伤亡责任事故，对直接责任者、责任单位或部门负直接管理责任的干部、责任单位或部门主管领导、责任单位或部门主要领导，依据第十条至第十四条有关铁路交通事故处分规定情形，视情节轻重，分别给予警告、记过、记大过、撤职、留用察看处分。

同一事故，负同等责任或追究同等责任，按照同一档次进行责任追究；对负有重要责任的，比照负主要责任的降一档次进行责任追究；负次要责任的，比照负主要责任的降二档次进行责任追究。

隐瞒铁路交通事故，按上一档次实施责任追究。

10. 职工有下列情形之一的，应给予开除处分，并依法解除劳动合同：

(1)被依法追究刑事责任的；

(2)连续旷工满十五天，或年内累计旷工满三十天，或被公安机关行政拘留十五日及以上的；或严重违反用人单位规章制度的；

(3)铁路特有工种(岗位)和与行车安全有关的通用工种(岗位)职工在工作时间内饮酒，或私自雇人、请托无相应工种(岗位)职业资格人员顶岗替班的；

(4)造成铁路交通客运列车一般B类责任事故且造成旅客死亡，或客运列车一般A类及以上责任事故，或货运列车较大及以上责任事故，或其他重大责任事故，或重大路风事件的直接责任人；

(5)严重失职、营私舞弊，给企业(单位)造成重大损害的；

(6)违反《劳动合同书》约定，不服从甲方工作分配或因工作需要调整工作岗位的。

11. 处分程序。

(1)对职工给予处分应遵循以下程序:

①按照人事管理权限,相应职能部门对职工违规违纪事实进行调查取证,并形成调查报告。

②将调查认定的违规违纪事实告知被调查职工,听取其陈述和申辩。

③根据调查结果,由相关职能部门(车间)提出处分意见,填写《职工处分呈报表》,向实施奖惩工作的同级主管(劳动、人事)部门申报。

④主管部门按处分权限审核后提出建议,并征求同级工会意见后,提交本级党政联席会议研究决定。

⑤下达处分决定,处分决定以书面形式送达受处分人所在单位(部门)及本人。处分决定应进入职工个人档案。

⑥对职工给予开除处分的,须由基层单位职工代表大会或职代会联席会议审议通过。并报上级主管部门备案。

(2)在处置突发事件或抢险救灾等特殊情况下,对拒不履行职责的职工,经单位主要负责人批准,可以采取停职处理,待调查等相关工作结束后,再按规定程序处理。

12. 处分决定包括下列内容:

(1)被处分职工的姓名、岗位(职务)、职务层级、工作单位等基本情况;

(2)经查证的事实;

(3)处分的种类和依据;

(4)处分期限的起始、终止日期;

(5)不服处分决定的申诉途径和期限;

(6)做出处分决定的单位名称、印章和日期。

13. 处分实施。

(1)职工受撤职处分的,应相应降低职务层级。

(2)对受警告、记过、记大过处分需调整工作岗位,以及受撤职、留用察看处分调整工作岗位的职工,应依法办理劳动合同变更手续。对受开除处分的职工,应依法办理劳动合同解除手续。

(3)职工因受处分调整工作岗位的,应按有关规定重新核定其工资等待遇,自下达处分决定的次月起按核定的待遇标准执行。

(4)给予职工留用察看处分,处分期间安排其从事行车相关岗位之外的其他临时性或辅助性工作,按照不低于单位所在地最低工资标准支付临时性工资。

(5)对因处分情形未能完成工作任务的职工,由单位按相应的考核办法进行经济考核。造成经济损失的,应依法承担赔偿责任,对造成经济损失的直接责任者,视情节承担赔偿责任。个人经济赔偿金额自单位做出决定起,按月在本人工资中扣除,每月不超过应得工资收入的20%,每月扣除赔偿金后其月度工资性收入不得低于当地最低工资标准。

(6)职工受处分期间,不得参加周期性奖励,不得提高工资等级(档次、标准),不得晋升职务(岗位)和职务层级。

14. 职工对处分决定不服的,在处分决定下达之日起十日内,可向做出处分决定的单位提请申诉。做出处分决定的单位应责成相应主管部门及时进行调查处理。

申诉期间不停止处分的执行。

单位不得因职工提出申诉而对其加重处分。

15. 对职工处分申诉进行复查后,认定存在处分所依据事实证据不足或处分不当等情况的,应及时变更或撤销处分决定,并按规定调整或恢复职工的职务(岗位)、职务层级、工资待遇等。被撤销处分或被减轻处分的职工降低的工资待遇，应当予以补发。

16. 职工在受警告、记过、记大过、撤职处分期间有积极表现，没有再发生违规违纪行为的，处分期满后，处分自动解除。在处分期间有重大立功表现，按照规定给予个人记功以上奖励的，经批准后可提前解除处分。

17. 职工留用察看处分期满后，单位对其进行考核，处分期间没有再发生违规违纪行为的，解除处分并重新安排工作岗位，并按照新岗位核定工资等待遇。经考核，处分期间又发生违规违纪行为的，可以依法解除劳动合同。

18. 提前解除处分的决定，按照人事管理权限由做出处分决定的单位参照第十七条规定的程序做出。提前解除处分决定除包括被处分职工的姓名、岗位（职务）、职务层级、工作单位等基本情况和经查证的事实以及原做出处分决定的单位名称、日期之外，还应包括原处分的种类和提前解除处分的日期和依据，以及受处分的职工在受处分期间的表现情况等。

19. 受到撤职、留用察看处分的，处分解除不视为恢复原工资待遇、原职务（岗位）和原职务层级。

20. 职工处分解除后，可按照有关规定正常参加周期性奖励、提高工资等级（档次、标准）、晋升职务（岗位）和职务层级。

21. 违反计划生育政策的，按有关规定处理。

22. 给予职工处分，应当坚持事实清楚、证据确凿、定性准确、处理恰当、程序合规、手续完备的原则。

三、北京铁路局劳动合同管理有关规定

1. 用人单位与劳动者协商一致，可以解除劳动合同。

2. 劳动者提前 30 日以书面形式通知用人单位，可以解除劳动合同

同。劳动者在试用期内提前 3 日通知用人单位，可以解除劳动合同。

3. 用人单位有下列情形之一的，劳动者可以解除劳动合同：

(1)未进行安全生产教育和岗位技能培训，强行要求劳动者上岗的；

(2)未按照劳动合同约定向劳动者提供劳动保护和劳动条件的；

(3)未及时足额支付劳动者劳动报酬的；

(4)未依法为劳动者缴纳社会保险费的；

(5)制定的规章制度违反法律、法规的规定，损害劳动者权益的；

(6)管理人员违章指挥、强令冒险作业，危及劳动者人身安全的；

(7)以暴力、威胁或者非法限制人身自由的手段强迫劳动者劳动的；

(8)以欺诈、胁迫的手段或者乘人之危，使劳动者在违背真实意思的情况下订立或变更劳动合同的；

(9)法律、法规规定劳动者可以解除劳动合同的其他情形。

4. 劳动者有下列情形之一的，用人单位应予解除劳动合同：

(1)被依法追究刑事责任的；

(2)连续旷工满十五日，或年内累计旷工满三十日，或被公安机关行政拘留十五日及以上的，或严重违反用人单位规章制度的；

(3)铁路特有工种(岗位)和与行车安全有关的通用工种(岗位)职工在工作时间内饮酒，或私自雇人、请托无相应工种(岗位)职业资格人员顶岗替班的；

(4)造成铁路交通客运列车一般 B 类责任事故且造成旅客死亡，或客运列车一般 A 类及以上责任事故，或货运列车较大及以上责任事故，或其他重大责任事故，或重大路风事件的直接责任人；

(5)严重失职、营私舞弊，给用人单位造成重大损害的；

(6)违反《劳动合同书》约定，不服从用人单位工作分配或因工作需要调整工作岗位的。

5. 有下列情形之一的,用人单位提前三十日以书面形式通知劳动者本人或者额外支付劳动者一个月的工资后,可以解除劳动合同:

(1)劳动者患病或者非因工负伤,在规定的医疗期满后,不能从事原工作,也不能从事由用人单位另行安排工作的;

(2)劳动者不能胜任工作,经过培训或调整工作岗位,仍不能胜任工作的;

(3)劳动合同订立时所依据的客观情况发生重大变化,致使劳动合同无法履行,经甲乙双方协商,未能就变更合同内容达成协议的。

6. 劳动者在试用期内(无试用期的在新入职一年内)有下列情形之一的,用人单位可以解除劳动合同:

(1)被公安机关行政拘留的;

(2)违反用人单位规章制度经教育仍不改正的;

(3)不参加用人单位规定的岗位培训的;

(4)经培训后未能取得上岗资格的;

(5)其他被用人单位证明不符合录用条件的。

7. 有下列情形之一的,劳动合同终止:

(1)劳动合同期满的;

(2)劳动者开始依法享受基本养老保险待遇的;

(3)劳动者达到法定退休年龄的;

(4)劳动者死亡,或者被人民法院宣告死亡或者宣告失踪的;

(5)用人单位被依法宣告破产的;

(6)用人单位被吊销营业执照、责令关闭、撤销或者用人单位决定提前解散的;

(7)法律、行政法规规定的其他情形。

8. 劳动者违反劳动合同有关约定或违法解除劳动合同,给用人单位造成损失的,应承担赔偿责任。

劳动者违反法律法规规定的服务期或保守秘密、竞业限制约定的,应向用人单位支付违约金。

四、北京铁路局职业技能鉴定实施有关规定

(一)总　　则

1. 职业技能鉴定是指在国家职业技能鉴定主管部门许可范围内,按照国家职业标准,对从业人员的专业知识和技能水平进行客观公正、科学规范地评价和认证的活动。

2. 路局劳动工资处是职业技能鉴定管理部门,依据国家、铁路总公司职业技能鉴定有关规定,统筹规划、指导监督职业技能鉴定工作。

(二)职业技能鉴定实施

1. 职业技能鉴定申报分为正常申报、破格申报和直接认定。

正常申报,是指从业人员按照国家职业标准规定的申报条件,申报相应职业(工种)等级的职业资格鉴定。

破格申报和直接认定,是指从业人员符合国家、铁路总公司和路局对优秀技能人才职业技能鉴定有关规定,突破申报年限或资格等级等限定申报某一等级的职业资格鉴定,或直接晋升某一等级的职业资格。

2. 职业技能鉴定以国家职业标准为依据,一般包括理论知识考试和操作技能考核两部分。技师、高级技师资格考评包括职业技能鉴定和综合评审。

3. 理论知识考试采用闭卷考试(纸质笔试或计算机考试)或闭卷考试辅以答辩的方式进行。操作技能考核结合生产实际,选择典型工作或作业项目,采用实际操作或模拟生产的方式进行。对群体

作业(生产)和特殊条件下作业项目的考核,也可采用口试、答辩的方式进行。

4. 职业技能鉴定理论知识、操作技能和技师、高级技师综合评审的工作业绩、职业道德、潜在能力评分采取百分制,单项成绩均达到60分及以上为合格。理论知识、操作技能单项合格成绩两年内有效(自然年)。

(三)职业技能津贴制度

1. 对经职业技能鉴定,取得职业资格证书并实际从事本工种岗位工作的中级工、高级工和取得技师、高级技师任职资格未聘任的人员实行职业技能津贴、职业技能资格津贴。职业技能津贴标准为:中级工30元/(人·月);高级工45元/(人·月)。职业技能资格津贴标准为:技师、高级技师60元/(人·月)。

2. 职业技能津贴、资格津贴实行日常考核,按月发放,对有以下情况之一者停发职业技能津贴、资格津贴。

(1)长期脱产入学(半年以上)人员;

(2)受各种处分,在处分期内人员;

(3)发生一般及以上责任事故或因违章、违纪,在工作中造成损失或严重不良影响的;

(4)不能坚持正常的生产工作或个人原因改职的。

3. 毕业前已取得职业资格证书的毕业生,见习期间不享受职业技能津贴,见习期满定职后,其职业资格证书鉴定职业(工种)与所从事的职业(工种)一致的,可享受相应等级的职业技能津贴。

4. 按照《职工提职范围》提职、由单位安排转岗的职工,原享受的职业技能津贴分别保留两年、一年。在此期间内,应参加新任职业(工种)的职业技能鉴定,取得新任职业(工种)职业资格证书的,按相应等级享受职业技能津贴,未取得职业资格证书的停发原职业技能津贴。

5. 职工当年取得职业资格证书后，职业技能津贴均从次年1月1日发放或调整标准。

（四）考核监督

1. 建立健全职业技能鉴定考核监督制度，组织开展鉴定站鉴定质量年检与评估，对管理制度健全、鉴定质量良好的鉴定站，以及工作业绩突出的鉴定工作人员、考评人员和质量督导员按有关规定予以表彰。

2. 对在职业技能鉴定工作中弄虚作假、徇私舞弊的工作人员、考评人员和质量督导员，视情节轻重，取消考评、督导资格，情节严重的，按管理权限和有关规定给予行政处分。

3. 对伪造、仿制、违规核发职业资格证书的，由职业技能鉴定管理部门宣布证书无效，并对主要责任者视情节轻重按有关规定给予处分，涉嫌犯罪的移交司法机关。

五、北京铁路局技师、高级技师考评聘任管理实施有关规定

（一）总　　则

1. 依据职业标准，职业技能等级设置达到技师的工种，可以考评聘任技师；职业技能等级设置达到高级技师的工种，可以考评聘任高级技师。

2. 技师、高级技师考评聘任坚持统一标准、自主申报、统一考核、评聘分开的原则。依据职业标准统一技师、高级技师考评条件和标准，符合技师、高级技师考评申报条件的从业人员，自愿申请参加技师、高级技师职业资格考评。各单位根据生产经营实际，对技师、高级技师实行择优聘任。

（二）考评条件

1. 技师、高级技师职业资格考评申报分为正常申报、破格申报

和直接认定。

2. 具备职业标准规定的申报条件，可以正常申报参加技师、高级技师职业资格考评。

3. 具备下列条件之一的，由个人申请和基层单位推荐，经路局劳资处等相关部门审核同意，可破格参加上一等级的技师、高级技师职业资格考评，三年内免理论知识、操作技能鉴定。

（1）掌握高超技能、复合技能且有突出业绩，对企业做出重大贡献。

（2）作为主要研制人员，近三年内获得路局级及以上科技成果三等及以上奖。

（3）取得经铁路总公司备案的路局级职业技能竞赛（技术比武，下同）前三名（不包括授予全路技术能手称号的参赛选手），或未经铁路总公司备案的路局级职业技能竞赛第一名。

（4）在铁路总公司、省部级及以上职业技能竞赛中取得认可名次。

（5）对取得预备技师资格的高职院校毕业生，在相应工作岗位上工作满两年后，经单位认可，可申报参加技师职业资格考评。

（6）国家和铁路总公司规定的其他条件。

4. 具备下列条件之一的，由个人申请和基层单位推荐，经路局劳资处等相关部门审核同意，可直接认定上一等级的技师、高级技师职业资格。

（1）获得全国技术能手称号的，可直接晋升技师职业资格，已具有技师职业资格的，可直接晋升高级技师职业资格。

（2）获得铁路总公司、省部级技术能手称号。

（3）经铁路总公司同意参加国际职业技能竞赛取得认可名次。

（4）国家和铁路总公司规定的其他条件。

5. 按照"掌握高超技能、复合技能且有突出业绩，对企业作出重大贡献"条件破格申报上一等级技师、高级技师职业资格考评的，要有具体事例，并经路局业务部门鉴定认可；符合其他破格申报条件或直接认定技师、高级技师职业资格的，必须提供近三年（自然年）内具体的文件、证书等证明材料。同一技术称号、竞赛名次等破格、直接认定条件在职业资格等级晋升中只能使用一次。

（三）考评内容

1. 技师、高级技师职业资格考评包括职业技能鉴定和综合评审。

职业技能鉴定依据职业标准对申报者的理论知识和操作技能进行鉴定。路局职业技能鉴定机构按照鉴定许可职业（工种）范围，对铁道行业特有工种、社会通用工种进行鉴定。

综合评审对申报者的日常工作业绩和技能素质水平等进行评议。

2. 技师、高级技师综合评审内容包括：

(1)工作业绩。按照《工作业绩评价表》，对技师申报者取得高级工职业资格后、高级技师申报者聘任技师以来的工作业绩进行评价。

(2)职业道德。按照《职业道德评价表》，对技师申报者取得高级工职业资格后、高级技师申报者聘任技师以来的职业道德进行评价。

(3)潜在能力。通过申报者的技术总结、技术答辩，按照《潜在能力评价表》，对申报者的潜在能力进行评价。

a. 技术总结。申报者结合本人业务能力、技术专长，以及解决技术难题、技术革新、组织管理及培训指导等方面情况，撰写个人技术总结。

b. 技术答辩。根据职业标准专业知识及操作技能要求，拟题衡量申报者对专业知识的掌握程度；根据申报者的技术总结，对申报者的绝招、特长、可推广的实践经验及技术革新成果等进行扩展提问。

3. 正常申报者的操作技能、理论知识、工作业绩、职业道德、潜在能力成绩按 3∶2∶3∶1∶1 比例，破格申报者的工作业绩、职业道德、潜在能力成绩按 6∶2∶2 比例，折算综合成绩。

4. 操作技能、理论知识、工作业绩、职业道德、潜在能力单项成绩均实行百分制，其中一项成绩达不到 60 分及以上的，视为未通过考评。其中，操作技能和理论知识单项成绩两年(自然年)内有效。

5. 单项成绩合格的人员，在单项合格成绩有效期内发生下列情况之一者，不再保留单项合格成绩，按规定程序、考评内容重新申报。

(1)发生人身伤亡、一般 D 类及以上责任事故的。

(2)病、事假累计 50 天以上的。

(3)受到党内处分、行政处分或行政拘留的。

(4)因提职、改职不再从事原工种(岗位)工作的。

(四)聘　任

1. 加强技师、高级技师聘任管理。按照突出运输生产关键岗位、优化技能人才队伍结构、提高职工整体素质的原则，路局每年下达各单位技师、高级技师岗位设置数量及比例。各单位要结合实际情况，制定各工种技师、高级技师聘任方案，编制技师、高级技师岗位说明书，制定岗位职责、量化考核指标，履行审批手续，确保高技能人才岗位设置的合理性和作用的发挥。

2. 对取得技师、高级技师职业资格的人员，各单位要按照“严格条件、择优聘任”的原则，依据岗位设置数量，公布聘任岗位，组织公开竞聘，在生产经营操作技能岗位上，选拔聘任业务熟练、技术高超、素质过硬的技师、高级技师。

3. 技师、高级技师岗位竞聘要坚持“公开、公平、公正”的原则，按照技师、高级技师岗位设置数量，组织实施岗位竞聘。同一工种，按岗位设置数量择优聘任，不得超岗位设置聘任。

4. 按照个人申报、资格审核、竞聘述职、民主评议、组织考核、单位审定、公布结果的竞聘程序，组织技师、高级技师岗位竞聘。

5. 民主评议和组织考核可在班组、车间、全段(站)不同层次，按百分制计分考核。考核内容为竞聘者的劳动态度、任务完成、安全生产、技术革新、传授技艺等方面，各占一定比例，从高分到低分排列考核结果。

6. 考核结果经单位考评小组审核确定拟聘任人员，在本单位公示一周无异议后，下达技师、高级技师聘任通知。

7. 技师、高级技师聘任后，单位应与其本人签订《技师、高级技师聘任协议》，明确聘任期限、双方的权利和义务，以及解聘、违约责任等事项。

8. 技师、高级技师聘期为三年，且不超过其劳动合同期限。聘任期满后符合条件的可继续参加竞聘。

（五）激　　励

1. 对取得技师、高级技师职业资格证书并实际从事本工种岗位工作，未聘任的人员实行职业技能资格津贴。技师、高级技师资格津贴60元/(人·月)。职业技能资格津贴实行日常考核，按月发放。职工当年取得职业资格证书后，职业技能资格津贴从次年1月1日起发放。

2. 聘任的技师、高级技师，分别享受本单位中级、高级专业技术人员福利待遇及技师、高级技师技术津贴和书报费。其标准：技师技术津贴200元/(人·月)；高级技师技术津贴300元/(人·月)。技师、高级技师技术津贴按规定考核发放；技师、高级技师书报费按有关规定执行。

3. 对首次聘任技师、高级技师的人员，聘任时增加三档技能工资。解聘技师、高级技师任职时，同时核减增加的技能工资。对连续聘任技师、高级技师任职满三年(技师、高级技师任职连续计算)解聘的,不再核减由此增加的技能工资。

4. 实行优秀技师、高级技师选拔表彰制度。路局成立由局运输、客运、货运、机务、供电、车辆、工务、电务、职教、劳资、安监等有关部门人员参加的“优秀技师、高级技师”选拔领导小组,每两年在全局机务、车务、工务、电务、供电、车辆等系统竞聘到技师、高级技师岗位的人员中组织一次优秀技师、高级技师选拔。路局按聘任技师、高级技师1.5%的比例下达选拔推荐名额,各单位按要求推荐上报。对经路局优秀技师、高级技师选拔领导小组综合审定,获得“优秀技师、高级技师”荣誉称号的人员,由路局予以表彰,分别给予一次性奖励1 000元。

(六)日常管理

1. 技师、高级技师在完成本职工作的同时,应履行以下职责:

(1)模范遵守国家法律法规和企业规章制度。

(2)热爱本职工作,坚守职业道德,坚持安全生产,发挥骨干表率作用,高质量完成生产任务。

(3)掌握、应用和推广本工种先进技术、先进工艺和国内外先进经验,解决本工种关键性操作技术和生产中高难度技艺、工艺等难题。

(4)积极参与技术革新、技术改造、技术攻关,以及新装备、工具的操作、调试、维修和故障隐患排除等工作。

(5)积极推广应用新技术、新工艺、新设备、新材料,参与新产品、新材料的开发试制和新设备使用。

(6)刻苦钻研专业技术,积极带徒传授技艺,担任兼职培训师资,指导岗位练兵,及时纠正和制止违反操作技术规程、生产工艺和安全操作的行为。

(7)参与本专业有关安全、质量、技术等规章、规程、标准的制定、修订工作。

(8)承担单位交给的其他技术工作。

2. 在坚持技师、高级技师不脱离生产一线的前提下,各单位要合理安排其工作,并为其履行工作职责提供必要的条件。

3. 组织技师、高级技师进行技术攻关、技术交流、技术咨询、技术讲座,总结推广技师、高级技师先进作业方法、绝活绝技和技术经验。

4. 组织技师、高级技师继续教育。继续教育应结合生产实际,紧靠技术前沿,突出新技术、新设备、新工艺、新规章等内容,着重提高技师、高级技师的新装备技术应用、应急处置、解决关键技术难题和岗位创新能力。

5. 各单位要建立技师、高级技师技艺传授奖励制度。在技术含量较高的工种中实施技师、高级技师"目标带徒",对"目标带徒"中成绩突出的师傅和徒弟,单位可给予适当奖励。

6. 建立技师、高级技师管理考核制度。对聘任的技师、高级技师进行日常考核、年度考核和聘期考核。考核内容包括政治思想、业务水平、劳动态度、工作业绩、安全质量、职责履行等内容。考核坚持定量与定性分析相结合,以定量分析为主。考核结果与聘期和津贴相挂钩。聘期考核在年度考核基础上进行综合考核,由本人写出书面总结,在一定范围内进行民主评议,经车间鉴定后,由聘任单位审定。考核结果统一填写《技师、高级技师考核表》。考核结果分合格、基本合格、不合格。考核不合格的人员应予以解聘。

7. 各单位应建立技师、高级技师技术档案,加强对技师、高级技师的管理,及时掌握技师、高级技师基本情况和工作动态。

8. 技师、高级技师有下列情况之一的,应及时办理解聘手续,并自次月起停止发放技术津贴，取消相关待遇。

（1）不履行技师、高级技师职责，工作不负责任，严重失职，或年度考核不合格。

（2）由于本人直接责任，触碰路局安全“红线”或发生一般及以上事故。

（3）违章违纪或受到党纪、政纪处分尚未达到解除劳动合同条件。

（4）不再从事聘任岗位专业工作。

（5）因工负伤或因病休假，不能履行职责，脱离生产岗位医疗、休养达六个月及以上。

（6）聘任期满后不再继续聘任。

（7）其他原因不再适合继续聘任。

9. 具有技师、高级技师职业资格从事管理、专业技术岗位工作的人员，原则上不予聘任。如生产一线需要，单位认为确需聘任的，要按照操作技能人员聘任程序，设置岗位，实行按岗聘任，并严格考核，考核结果与技术津贴挂钩。

六、北京铁路局毕业大学生培养使用管理有关规定

为增强生产一线专业技术力量，加强对大学毕业生的培养使用，结合我局实际，制定本规定。

1. 研究生不实行见习期，直接定职在专业对口岗位；本科生（含双学士学位毕业生）见习期为六个月。

2. 见习及定职岗位。本着有利于人才成长的原则，根据专业特点和工作需要，安排大学毕业生到关键岗位进行见习，见习期满，经考核达到上岗要求后，合理安排定职岗位。

（1）研究生

①业务处室、运输站段的研究生原则上定职在对口专业业务科

室专业技术岗位。

②其他单位的研究生，根据工作需要和所学专业，有针对性地安排定职岗位。

(2)本科生

①运输站段主专业本科生，根据专业特点和工作需要，安排在生产一线关键作业岗位定岗见习；见习期满，定职在所见习的岗位。原则上，车务系统的安排在行车岗位；机务系统的安排在机车运用、检修岗位；工务系统的安排在线桥或大机操作、检修岗位；电务系统的安排在信号或通信岗位；车辆系统的均安排在检修和运用主要岗位；供电系统的安排在供电岗位和电力检修岗位；客运系统的安排在乘务、售票、客运等主要岗位。

②运输站段的计算机、财经类专业本科生，根据工作性质和所学专业，有针对性地安排见习岗位，见习期满，原则上定职在专业对口的工作岗位。

③其他单位的本科生，根据工作需要和所学专业，有针对性地安排见习岗位和定职岗位。

(3)大专(高职)生

大专(高职)毕业生全部安排在生产一线关键作业岗位工作。

3. 运输站段根据《铁路特有工种技能培训规范》中主专业相应岗位的本科生逐人制定见习计划，经党政正职审核同意，报路局人事处(党委组织部)审批后实施。见习期间，要完成培训规范规定的培训内容及学时，并按照相关规定为毕业生指定指导师傅，签订师徒合同；指导师傅要按照有关要求履行好相应职责。见习期满，毕业生要围绕岗位见习情况，撰写一篇见习总结报告交单位人事部门，作为定职考核的一项内容。

4. 严格定职考核。各单位要成立由党政正职任组长，分管领导任副组长，人事、组织、技术、职教等有关科室及所在车间相关人员任组员的考核小组，履行大学毕业生定职考核程序。

(1)生产一线关键作业岗位的本科生，定职前要按照见习岗位的相关要求完成上岗资格考试和职业技能鉴定。在试用期内未能取得上岗资格的，按双方签订的《劳动合同书》有关条款解除劳动合同。

(2)考核小组要根据见习总结报告、上岗资格考试结果、见习车间和指导师傅的意见，从思想状况、工作态度、业务水平和工作能力等方面对大学毕业生进行综合评议，提出考核鉴定意见。同时，按照相关规定和程序，结合所学专业和岗位需求，提出定职意见，报路局人事处(党委组织部)审批后执行。

5. 运输站段的本科生在生产一线关键作业岗位工作时间原则上不得少于 5 年。对于表现特别优秀的本科生，可提前选拔充实到关键技术岗位或管理岗位工作，但在生产一线工作时间不得少于 3 年(选配专职团干部除外，但不得少于 2 年)，同时须报路局人事处(党委组织部)审批。

6. 实施双向锻炼培养。采取“双肩挑”模式，即：在生产一线关键作业岗位工作期间，在不影响一线工作的情况下，根据工作性质、专业特点、作业班制、工作需要、个人意愿等实际情况，有计划、分批次地由单位安排毕业生利用休班时间到站段机关科室进行学习锻炼，拓宽工作视野，促进快速成才。

7. 对于在机关工作的研究生，适时选拔思想上进、表现突出、具有管理潜能的人员，安排到基层管理岗位挂职锻炼；对于在生产一线关键作业岗位工作满 5 年的本科生，也可按上述条件选拔安排到管理岗位挂职锻炼，丰富岗位经历，提高业务水平，提升管理能力。

附:运输站段生产一线关键作业岗位明细

一、车务系统

信号员(长)、助理值班员、车站值班员。

二、机务系统

1. 检修岗位:内燃机车钳工、电力机车钳工、制动钳工、机械钳工、机车电工、电工、探伤工。

2. 运用岗位:电力机车学习司机、内燃机车学习司机、电力机车司机、内燃机车司机。

三、工务系统

线路工、桥隧工、测量工、钢轨探伤工、钢轨焊接工、大型线路机械司机及操作手、大型线路机械检修主要岗位。

四、电务系统

信号工、通信工。

五、车辆系统

1. 动车方向

(1)检修岗位:机械件检修岗位、电器件检修岗位、地勤机械师、探伤工。

(2)运用岗位:地勤机械师、随车机械师。

2. 客车方向

(1)检修岗位:车辆钳工、车辆电工、内燃机钳工中的主要岗位。

(2)运用岗位:客车检车员(库检、库电、乘务、站检岗位)、发电车司机。

3. 货车方向

(1)检修岗位:车辆钳工、制动钳工中的主要岗位,轮轴钳工、电器钳工。

(2)运用岗位：货车检车员。

六、供电系统

1. 牵引供电岗位：接触网工、变电值班员、电器钳工。

2. 电力检修岗位：电力线路工、电机钳工。

七、客运系统

列车员、列车值班员、售票员、售票值班员、客运计划员、客运员、客运值班员、客运值班站长。

第二节　岗位培训

岗位培训指对铁路从业人员按岗位需要在一定政治、文化基础上进行的以提高政治思想水平、工作能力和生产技能为目标的定向培训。岗前培训主要包括按照岗位规范要求，取得上岗(在岗)、转岗、晋升等资格的培训和根据本岗位生产(工作)发展需要而进行的各种适应性培训。

一、培训依据

1. 国家职业标准

国家职业标准属于工作标准。国家职业标准是在职业分类的基础上，根据职业(工种)的活动内容，对从业人员工作能力水平的规范性要求。它是从业人员从事职业活动，接受职业教育培训和职业技能鉴定以及用人单位录用、使用人员的基本依据。国家职业标准由劳动和社会保障部组织制定并统一颁布。

国家职业技能标准包括职业概况、基本要求、工作要求和比重表四个部分，其中工作要求为国家职业技能标准的主体部分。职业概况是对本职业的基本情况的描述，包括职业名称、职业定义、职业等级、职业环境条件、职业能力特征、培训要求、鉴定要求等内容。基本要求包括职业道德和基础知识。工作要求是在对职业活动内容进行分解和细化的基础上，从技能要求和相关知识两个方面完成各项具体工作所需职业能力的描述，包括职业功能、工作内容、技能要求和相关知识。比重表包括理论知识比重表和技能操作比重表。

2. 铁路特有工种技能培训规范

铁路特有工种技能培训规范(以下简称“培训规范”，下同)是为了建立规范的职工教育培训制度，增强职工教育培训工作的针对性、实用性，为适应国家职业分类大典和铁路的发展变化，依据铁路特有工种《国家职业标准》而制订的。培训规范是组织对铁路特有工种进行新职、转岗、晋升等资格性培训的主要依据，是规范培训、提高质量的重要基础。

培训规范由能力分析总表、培训科目组成表、培训科目指导书和考核内容及要求四部分组成。能力分析总表将本工种所需能力按照能力种类细化为具体的能力项，能力种类分为安全、理论、实作、综合四大类；培训科目组成表，按照不同的培训对象、培训目标，确定培训科目、培训形式、培训学时；培训科目指导书与培训科目组成表对应，明确每个培训科目的具体培训目的及培训内容；考核内容及要求供新职、转岗、晋升人员定职考试使用。

3. 培训类别

铁路从业人员岗位培训分为资格性培训和适应性培训。

资格性培训是按照培训规范要求取得定职资格、改职(转岗)资格、晋升资格的培训，以及职业技能等级晋升培训。

适应性培训是指对在岗职工适应本岗位生产要求和安全生产需要而进行的各种培训，是对基本知识技能的巩固、强化、补充和提高，包括安全知识培训，季节性培训，基本功演练，新技术、新设备、新规章、新工艺和非正常情况下应急处理能力等培训。

二、主要培训制度

1."先培训、后上岗"制度

(1)新职、转岗、晋升人员资格性培训严格按照《北京铁路局新职、转岗、晋升人员资格性培训管理办法》(京铁职教〔2012〕104号)，严格人员准入，规范培训流程，强化过程控制，确保取得相应职业资格证书和岗位培训合格证书后持证上岗。

铁路动车组司机、机车司机，大型线路机械、轨道车、接触网作业车等自轮运转车辆司机，经过岗前资格性培训，由国家铁路局统一组织资格考试，在取得驾驶证的同时，取得职业资格证书和岗位培训合格证书后上岗。

(2)在岗职工必须按照总公司、铁路局有关规定，定期参加现任岗位适应性培训，并经考试考核合格后，方可继续履行岗位职责。

2. 高速铁路运营人员准入资格培训

高速铁路运营人员培训工作严格依据《北京铁路局高速铁路运营人员培训管理办法》(京铁职教〔2012〕218号)组织实施，上岗前须根据相应岗位培训规范及《北京铁路局高速铁路其他主要工种岗位培训教学指导书》要求，经资格性培训合格持证上岗，上岗后须按照规定参加岗位适应性培训和定期考核鉴定。

3. 班组长"先培训、后任职"制度

拟任班组长必须参加由铁路局统一组织的任职资格培训，培训形式为脱产集中培训，培训时间不少于50学时，经培训考试合格取得拟任班组长资格后方可任职。在职班组长脱产轮训每两年至少一次，培训形式为脱产集中培训，培训时间不少于30学时，经培训考试合格方可继续任职。

4. 职业资格等级培训制度

在岗职工晋升职业资格等级前，必须按照培训规范要求参加相应技能等级的培训。

5. 安全培训制度

新职、转岗、晋升人员上岗前应进行站段、车间、班组三级安全教育培训，总培训时间不少于24学时，考试成绩以满分为合格，对不合格人员应进行补培补考，直至全部合格。各单位在进入暑期和防寒期前，结合《防止机车车辆人身伤害安全措施》、《铁路电气化区段人身作业安全措施》等进行有针对性的全员安全教育和考试，总培训时间不少于8学时，不合格不得上岗作业。在使用新设备（产品）、新技术、新规章、新工艺、新材料前，必须对有关人员进行设备技术特性、安全操作技能、操作方法等方面的培训，保证作业人员熟悉和掌握有关安全知识和操作技能等。

6. 特种作业和特种设备作业人员培训

对从事特种作业和特种设备作业的人员，必须按照国家规定，经过专业培训和有关部门考核，取得特种（设备）作业操作证方准上岗，并按要求定期参加复审考核。

7. 职工日常学习制度

严格落实《关于加强车间班组职工培训工作的指导意见》（京铁职教〔2010〕220号），加强站段、车间、班组三级教育培训网络建设，强化车间、班组在职工日常培训中的作用，落实班组日常技术业务学习制度，班组每周组织技术业务学习不少于2小时。站段对车间、车间对班组定期下达学习计划，加强对车间、班组培训工作的指导和检查考核，确保职工日常学习制度有效落实。

三、新入路人员培训

1. 培训实施

站段是新入路人员岗前资格性培训管理和实施的责任主体。

岗前资格性培训按照入路教育、专业理论培训、实作技能训练、跟班学习四个阶段实施。入路教育采取集中方式(复退军人采用军训方式),专业理论采取集中与现场观摩相结合的方式,实作技能采取实训基地训练与师带徒学习相结合的方式,跟班学习采用师带徒跟班作业方式。专业理论和实作技能培训按照先理论、后实作的顺序进行,也可交叉进行。

新入路人员的培训期限除电力机车副司机(学习司机)、内燃机车副司机(学习司机)、接触网作业车学习司机等涉及行政许可人员外不超过半年。入路教育 80 学时(其中安全知识不少于 24 学时),专业理论培训、实作技能训练按照《铁路特有工种技能培训规范》执行。跟班学习期限由各单位根据岗位要求确定,技术工种不少于三个月。

2. 培训内容

(1)入路教育

新入路人员报到后首先进行入路教育。主要以职业道德和安全意识为重点,通过铁路基础知识、劳动安全知识等学习,使新入路人员全面了解铁路及单位历史沿革、发展建设、企业文化和工作任务,使他们明确责任,迅速融入,快速适应。主要内容包括:

安全教育:以劳动安全教育为重点,学习人身安全、电气化安全、专业安全等知识,提高新入路人员的安全意识。

铁路基础知识教育:学习铁路基础知识(运输组织、牵引动力、牵引供电、客货车辆、通信信号、铁路线路及铁路规章),了解铁路建设、安全运输生产相关知识和未来发展趋势，清楚路局及本单位基本情况。

职业道德教育：了解铁路职业道德基本规范、铁路运输主要岗位职业道德规范、铁路员工职业道德修养等知识，增强新入路人员责任感。

法纪教育：了解《劳动法》《铁路法》及安全生产法律知识等法律法规的有关规定，提高入路人员遵章守纪的自觉性。

(2)专业理论培训、实作技能训练

安全考试合格后按照《铁路特有工种技能培训规范》规定的培训科目、学时、内容进入专业理论知识培训、实作技能训练阶段。重点突出岗位应知应会、学规背规、岗位作业标准等内容。专业理论培训采取集中脱产形式，实作技能培训采取集中脱产与师带徒跟班学习相结合的方式。培训内容主要包括基础知识、专业知识、学规背规、基本技能和专业技能等内容。

(3)跟班学习

完成专业理论知识培训和实作技能训练并考试合格后，围绕岗位需要进入跟班学习阶段，跟班学习采取师带徒形式。跟班学习本着“干什么学什么，缺什么补什么”的原则，熟练掌握本岗位标准化作业程序、非正常情况下的应急处理等内容。

3. 师带徒培训

师带徒培训前，各基层单位根据岗位要求确定师傅与徒弟签订《师徒合同》，根据《师徒合同》确定的内容和时限进行师带徒培训。

(1)师傅选聘。师徒关系的确定采取双向选择和组织安排相结合的方式进行。师傅由新入路人员所有车间推荐，报单位主管部门审核确定。师傅选聘条件：具有良好的职业道德，职业资格达到相应工种(岗位)《国家职业标准》《铁路特有工种技能培训规范》要求，熟练掌握本工种(岗位)的理论知识和操作技能,具有本岗位 3 年及以上现场工作经验,责任心强,两年内未发生责任事故的高级技师、技师、高级工和技术骨干。

(2)签订合同。师带徒方式进行实作技能训练及跟班学习必须签订《师徒合同》,基层单位职教部门和新职人员所在车间共同确定学习内容,制定培训计划。合同期限由基层单位根据岗位要求确定。

(3)师傅职责。服从组织安排,承担"师带徒"的培训任务;按培训计划负责徒弟的安全、职业道德和岗位技能等教育工作;在作业中师徒不得分离,并严格遵守各项规章制度;负责指导徒弟按标准作业,并负责徒弟的人身、作业安全;关心徒弟,耐心解答徒弟提出的有关作业问题;协助车间、班组对徒弟做出鉴定。

(4)徒弟职责。严格遵守各项规章制度,服从组织和师傅的安排;虚心学习安全、技术业务等知识,按期完成培训任务;必须在师傅的指导、监督下作业,严禁单独作业;严格按有关技术规范和操作程序作业,保证人身及作业安全;尊重师傅,虚心向师傅请教作业中的有关问题;经班组、车间鉴定,按期参加由站段组织的定职考试。

4. 鉴定考试。师带徒跟班学习结束时,车间、班组组织对新职人员进行鉴定,基层单位职教部门按照培训规范规定组织考试。安全、理论考试采用试纸试卷,按照培训科目独立成卷,试题覆盖主要培训内容,所有安全科目以 100 分为合格,对不合格人员进行补培补考,直至全部合格。实作技能考试按岗位作业标准逐人操作。

5. 核发证书。新入路人员所有培训项目考试合格后,基层单位职教部门按有关规定填写《铁路岗位培训合格证书》,经路局职教处审核签章后核发。

四、岗位培训合格证书

1. 证书的作用

岗位培训合格证书按照使用对象，分为《铁路岗位培训合格证书》和《高速铁路岗位培训合格证书》，是记载职工接受技术业务培训情况和考核结果的凭证，是铁路从业人员上岗、晋升和交流的重要依据。铁路从业人员上岗前必须根据岗位标准进行岗前资格性培训，考试合格并取得《铁路岗位培训合格证书》或《高速铁路岗位培训合格证书》中相应岗位的"资格性培训合格证"后，方具备上岗资质。

2. 证书的内容

证书内容包括个人基本信息、专业学历登记、资格性培训合格证、工班长资格培训合格证、适应性培训考核记录、工作部门及岗位变更情况。职工取得专业学历教育毕(结)业证书及资格性培训、适应性培训合格后，应分别在相应栏目中予以登记。

3. 证书的管理

局职工教育处负责《铁路(高速铁路)岗位培训合格证书》印制，并对基层单位证书管理、持证上岗等工作进行检查与监督。基层单位负责所属从业人员的证书发放、编号、登记造册和管理。证书应妥善保管，单人独岗作业的由个人携带，实行班组集体作业的，可由班组统一保管，以备随时接受检查。

铁路从业人员按照规定参加相关培训时应携带证书，培训承办单位于培训结束时应完成证书填记。证书内容除专业学历登记和岗位变更栏外，其他各项均须签章后方为有效。

五、高速铁路运营人员岗位培训与管理

1. 高速铁路准入岗位

我局高速铁路岗位包括铁道部颁布的 17 个高速铁路主要行车

工种岗位和路局颁布的9个高速铁路其他主要工种岗位。

(1)高速铁路主要行车工种岗位包括：

①动车组司机：包括动车组司机、动车组地勤司机等岗位；

②动车组机械师：包括随车机械师、地勤机械师等岗位；

③铁路线路工、桥隧工：包括高速铁路线路维修、高速铁路桥隧维修等岗位；

④轨道车司机：包括高速铁路轨道车司机、高速铁路接触网作业车司机等岗位；

⑤接触网工、电力线路工：包括高速铁路接触网维修、高速铁路电力线路维修、高速铁路变配电设备检修等岗位；

⑥信号工：包括高速铁路现场信号设备维修、控制中心信号设备维修、动车组列控车载信号设备维修等岗位；

⑦铁路通信工：包括高速铁路通信综合维修、通信网管、动车组车载通信设备维修等岗位。

(2)高速铁路其他主要工种岗位包括：

①大型线路机械司机：高速铁路大型线路机械司机岗位；

②动车组高级修及其他工种：包括动车组机械件修理人员、动车组电气件修理人员、动车组探伤人员等岗位；

③高速铁路车务人员：包括车务应急值守人员、客运值班员、客运员等岗位；

④动车组客运乘务人员：包括动车组列车长、列车员等岗位。

2. 高速铁路运营人员准入要求

《关于印发〈北京铁路局高速铁路运营人员岗位准入实施细则〉的通知》(京铁劳〔2012〕160号)文件中规定了高速铁路主要行车工种岗位标准(铁劳卫〔2011〕185号文件中规定的17个高铁岗位标准)、高速铁路其他主要工种岗位标准(路局制定的9个高铁岗位标准)。

每个岗位标准主要包括基本素质要求、基本技能要求、工作质量要求和培训考核要求四部分内容。

(1)严格把好高速铁路运营人员入口关,按照岗位标准配备所需人员,通过在既有线人员中择优选拔,保证人员配齐配强,从源头上提升高速铁路人员素质,保证运输安全,使高速铁路运营人员队伍满足路网快速扩充和技术装备水平快速提升的需要。

(2)高速铁路运营人员必须根据岗位要求进行系统专业理论及岗位实作技能培训,按程序通过各项技能考核测试,取得相应岗位培训合格证书后方可上岗作业。

(3)高速铁路运营人员日常使用、考核、培训由运营单位具体负责。各单位应积极调整内部分配机制,加大对高速铁路生产岗位的工资收入倾斜力度,建立与高速铁路安全生产相适应的内部工资分配制度,充分调动高铁运营人员的工作积极性,确保运输安全。

3. 高速铁路人员岗位培训

高速铁路运营人员岗位培训包括岗前资格性培训和岗位适应性培训。

(1)资格性培训

高速铁路 17 个主要行车工种的岗前资格性培训由铁路总公司统一组织,每年由铁路总公司下达计划,路局按照总公司安排分批组织抽调相关人员参加培训。主要培训依据为《高速铁路岗位培训规范》。

高铁主要行车工种资格性培训主要承办单位是武汉高速铁路职业技能训练段(简称训练段),它是全路高速铁路主要行车工种上岗前的准入培训机构,负责组织 17 个高铁行车主要工种岗前资格性培训,包括专业理论培训(含安全培训)与实作技能培训,同时根据上岗需要,还进行一定的现场体验培训。目前训练段对部分高铁岗位人员的资格性培训,只进行理论培训,实作技能培训由路局组织指导相关运营单位实施。

高速铁路其他主要工种岗位中动车组高级修人员岗前专业理论培训由铁路总公司组织实施，实作技能培训由路局组织指导相关运营单位实施。其余高速铁路其他主要工种岗位人员岗前资格性培训由路局指导相关运营单位实施，其培训主要依据为《北京铁路局高速铁路其他主要工种岗位培训教学指导书》。高铁人员完成岗前资格性培训所有科目后，应按照规定分安全知识、理论知识和实作技能三项进行考核。安全知识、理论知识考试分别组卷，实作考核按照规定项目和要求逐人逐项进行，计取加权成绩。所有考试项目满分为100分，理论、实作考试达到80分为合格，安全考试达到90分为合格，对安全关键项点内容未掌握人员应进行补培补考，直至全部掌握。

(2)适应性培训

高铁人员岗位适应性培训是指为巩固、提高在岗人员作业技能而组织开展的业务培训。培训内容要从在岗人员作业项目及岗位能力分析入手，按照"缺什么，补什么"的原则，以应知应会、故障处理和应急处置为主。每年高速铁路主要行车工种岗位人员培训不少于60学时，其中脱产培训时间不少于50%，其他高铁岗位人员培训不少于60学时。培训形式可采取脱产培训与日常技术业务学习相结合的方式进行。高铁人员岗位适应性培训由路局组织指导相关运营单位实施。

4. 持证上岗

高速铁路主要行车工种岗位人员及动车组机械件修理人员、动车组电气件修理人员、动车组列车长、动车组列车员持《铁路岗位培训合格证书(CRH)》上岗，其他高铁人员持《铁路岗位培训合格证书》上岗。

七、技术比武

1. 技术比武分类

职工技术比武活动实行分级分类管理。具体分为国家级、总公司级、省(直辖市)级、局级和站段级职工技术比武活动。国家级、总公司级、省(直辖市)级分别由人力资源和社会保障部、中国铁路总公司、省(直辖市)组织实施。

北京铁路局级技术比武分为两类:工种组别从业人员人数在两千人以上(含两千人)及主要行车工种技术含量较高的工种组别为一类;工种组别从业人员人数在两千人以下的为二类。站段级职工技术比武活动由各站段结合实际情况,按照路局确定的技术比武工种组别和时间安排具体组织实施。以下依据《北京铁路局职工技术比武管理办法》(京铁劳〔2015〕136 号)介绍北京铁路局技术比武组织相关政策要求。

2. 组织实施

局级各工种组别的职工技术比武活动由路局有关业务处在每年秋季举办,具体时间由业务处研究确定。各站段按照路局确定的技术比武时间,组织开展段级职工技术比武活动,择优选拔优秀选手参加局级职工技术比武。各业务处负责本系统职工技术比武活动,主管教育培训工作的处领导具体负责组织实施,制定实施方案,统筹安排,精心组织,确保技术比武活动顺利实施。

各级各类别职工技术比武活动要有一定数量的参赛选手参加,各单位要积极组织开展班组、车间选拔赛,扩大职工技术比武活动的覆盖面,借技术比武平台,促进职工技能水平的提升。站段级各工种组别的参赛选手原则上不少于 20 人;局级各工种组别的参赛选手原则上不少于 30 人。

局级一类、二类各工种组别的技术比武原则上一年举办一次。站段级职工技术比武的时间周期比照局级技术比武的时间周期执行。

凡从事路局确定的职工技术比武工种组别所列各工种工作的从业人员(含学习、劳务派遣、劳务输入人员)及从事相近工作、专业的技术人员、管理人员均可申报参加相应工种组别的技术比武。参加各级技术比武的选手，不受年龄、职业（工种）等级限制，经逐级技术比武，择优选拔产生。参加上一级技术比武的选手原则上应是下一级技术比武的优胜者。

3. 比武方式

职工技术比武采取理论知识、实际操作考试的方式。技术比武的理论知识比赛以背规方式进行，参赛选手在本工种组别范围抽取试题，现场口答，评委当场评分并公布成绩。实际操作技能比赛按照各工种作业性质和内容，采用现场操作的方式进行，对群体作业（生产）和特殊条件下作业项目可通过以笔代试的方式进行。理论知识、实际操作考试成绩分别实行百分制，按实际操作考试成绩占总成绩 60%，理论知识考试成绩占总成绩 40%的比例折算总成绩。按总成绩的高低排列名次，不设并列名次。总成绩并列时，以总成绩的实际操作成绩排列名次。实际操作成绩并列时，进行理论知识试题加时赛，按加时赛一题成绩的高低排列名次。凡理论知识背规答题，有一题未作答，或理论知识、实际操作单项成绩低于 70 分的，不计入获奖名次。

职工技术比武理论题库以《技规》等专业技术规章，以及本工种的应知应会等知识为比武主要内容。实际操作以各工种作业性质和特点为比武考试内容。各业务处负责编制本系统技术比武各工种组别理论知识试题库、实际操作试题范围。

4. 表彰奖励

对获得从业人数在三千人及以上局级一类技术比武各工种组别第一、二、三名的选手，分别给予一次性奖励 10 000 元、8 000 元、5 000 元，奖励晋升技能工资 10 档、8 档、6 档；对获得第四、五名的选手，分别给予一次性奖励 3 000 元，奖励晋升技能工资 4 档；对获得第六、七、八名的选手，分别给予一次性奖励 2 000 元，奖励晋升技能工资 2 档。同时，对获得从业人数在三千人及以上局级一类技术比武各工种组别前八名的选手，分别授予“北京铁路局技术能手”称号。

对获得从业人数在三千人以下局级一类技术比武各工种组别第一、二、三名的选手，分别给予一次性奖励 10 000 元、8 000 元、5 000 元，奖励晋升技能工资 10 档、8 档、6 档；对获得第四、五名的选手，分别给予一次性奖励 3 000 元，奖励晋升技能工资 4 档。同时，对获得从业人数在三千人以下局级一类技术比武各工种组别前五名的选手，分别授予“北京铁路局技术能手”称号。

对获得局级二类技术比武各工种组别第一、二、三名的选手，分别给予一次性奖励 5 000 元、3 000 元、2 000 元，奖励晋升技能工资 8 档、5 档、3 档。同时，对获得局级二类技术比武各工种组别前三名的选手，分别授予“北京铁路局技术能手”称号。

对授予“北京铁路局技术能手”称号的选手，由路局分别颁发“北京铁路局技术能手”奖章及证书，按照有关规定晋升职业资格等级。

对获得经中国铁路总公司备案的局级技术比武各工种组别第一、二名的选手，由路局向中国铁路总公司申报授予“全路技术能手”称号。

对获得站段级技术比武各工种组别第一、二、三名的选手，分别奖励晋升技能工资 5 档、4 档、3 档。

对获得局级一类各工种组别第一名，符合专业技术、管理岗位选聘条件的优秀选手，可直接聘用到铁路局机关或站段专业技术、管理岗位；对获得局级一类、二类各工种组别其他优秀获奖选手，可优先选聘到站段专业技术、生产管理岗位。

对获得国家级、中国铁路总公司职业技能竞赛各工种第一名的选手，分别给予一次性奖励 20 000 元，奖励晋升技能工资 15 档；对获得第二至五名的选手，分别给予一次性奖励 15 000 元，奖励晋升技能工资 12 档；对取得认可名次的选手，分别给予一次性奖励10 000 元，奖励晋升技能工资 10 档。同时，按照国家、中国铁路总公司现行有关规定予以晋升职业资格等级。

对获得省（直辖市）职业技能竞赛各工种第一、二、三名的选手，分别给予一次性奖励 10 000 元、8 000 元、5 000 元；奖励晋升技能工资 10 档、8 档、6 档。

八、高技能人才培训与使用

1. 技师培训项目

（1）培养计划

按照全局高技能人才振兴计划实施目标，到 2020 年末，全局新培养技师 1.8 万人，高级技师 0.27 万人，平均每年新培养技师不少于 2 000 人、高级技师不少于 300 人。全局技师、高级技师总量达到 2.5 万人，其中技师达到 2.2 万人，高级技师达到 0.3 万人，技师、高级技师人数占技术工人总数的比例达到 16％以上。实现全局技师、高级技师总量大幅度增加，结构明显优化，总体素质显著提高，形成一支数量充足、结构合理、技艺精湛、素质优良的高技能人才队伍，为全局运输生产提供可靠的技能人才支持。

技师培训项目分为技师研修培训和高级技师研修培训。技师研修培训，培训对象为优秀高级工，通过培训、参加考评取得技师职业资格。高级技师研修培训，培训对象为在职技师，通过培训、参加考评取得高级技师职业资格。

（2）考评鉴定

路局按照《国家职业标准》对技师、高级技师组织开展理论、实作考试及技师的综合评审工作，确保技能鉴定质量。

2. 技能大师工作室

铁路技能大师工作室是建立在企业单位，开展培训、研修、攻关、交流等活动的工作平台，是实现技术技能创新成果和绝技绝活推广传承的工作机制。

铁路技能大师工作室的主要功能是：带徒传技，组织重大技术革新和技能攻关，解决重大技术难题，推广绝活绝技，承担技术技能交流等。

铁路技能大师工作室实行三级管理。铁路总公司负责工作室建设项目的统筹规划、制度建设、宏观指导和检查评估；路局是铁路技能大师工作室建设管理主体，负责项目建设、管理考核和推荐申报；基层单位是铁路技能大师工作室建设实施主体，负责日常建设、运行和管理。

3. 首席技师

首席技师是运输生产一线政治素质好，技能水平高，安全质量优，实践经验丰富，业绩贡献突出，得到单位和业内广泛认可的优秀高技能人才，是本工种专项技能的领先人物。首席技师是在技能人才队伍建设方面设置的荣誉称号。

首席技师分为全路首席技师和路局首席技师。由铁路总公司命名的首席技师为全路首席技师，全路首席技师由路局向铁路总公司推荐，由铁路总公司命名。由路局命名的首席技师为北京铁路局首席技师，路局首席技师由路局组织评选选拔或直接命名，原则上每三年组织选拔一次。

4. 职工创新工作室

路局各级工会组织为充分发挥劳动模范、技术能手和能工巧匠在创新发展中的“领军人”作用，创建了一批职工创新工作室。通过开展技术交流、技术攻关、技术改进和发明创造活动，解决一批在安全生产、经营管理和工艺改进中的难点问题，有力地促进了全局安全运输生产。路局工会 2015 年命名了首批职工创新工作室，共 17 个。

下　篇

专业基础知识篇

第六章　铁路线路

铁路线路作为机车车辆和列车运行的基础，由路基、轨道及桥隧建筑物组成。路基是轨道的基础，它承受轨道的重量和列车的作用力，并将这些力传递到地基上；桥隧建筑物是铁路线路为跨越沟河及穿越山岭而修建的，用于减少工程量或避免修建过长的迂回线；轨道则用以引导列车沿着指定的方向运行，直接承受车轮的动载荷，并将其传递到路基面上。

为了保证列车能按规定的最高速度安全、平稳和不间断地运行，使铁路运输部门能够质量良好地完成客货运输任务，铁路线路必须经常保持完好状态。

一、概　　述

（一）线路分类

1. 按线路用途分类

铁路线路按用途划分可以分为正线、站线、段管线、岔线、安全线及避难线。

(1)正线是指连接车站并贯穿或直股伸入车站的线路。

(2)站线是指到发线、调车线、牵出线、货物线及站内指定用途的其他线路。

(3)段管线是指机务、车辆、工务、电务、供电等段专用并由其管理的线路。

(4)岔线是指在区间或站内接轨，通向路内外单位的专用线路。

(5)安全线是为防止列车或机车车辆从一进路进入另一列车或机车车辆占用的进路而发生冲突的一种安全隔开设备。

(6)避难线是在长大下坡道上能使失控列车安全进入的线路。

2. 按钢轨的联结方式分类

(1)普通线路,指钢轨与钢轨间用夹板等联结零件进行连接,各接头处留有缝隙。

(2)无缝线路,是将若干根标准长度的钢轨,焊接成 1 000～2 000 m 的长钢轨,在每节线路全长内无缝隙。

(二)线路等级

铁路(线路)等级是铁路的基本标准。设计铁路时,首先要确定铁路等级。铁路的技术标准和装备类型都要根据铁路等级去选定。

《铁路线路设计规范》规定,新建和改建铁路(或区段)的等级,应根据它们在铁路网中的作用、性质和远期的客货运量确定。我国铁路共划分为 4 个等级,即:Ⅰ级、Ⅱ级、Ⅲ级、Ⅳ级。具体的条件见表 6-1。

表 6-1 线路等级

等　级	铁路在路网中的意义	远期年客货运量(Mt)
Ⅰ级铁路	在路网中起骨干作用的铁路	年运量≥20
Ⅱ级铁路	铁路网中起联络、辅助作用的铁路	10≤年运量<20
Ⅲ级铁路	为某一地区或企业服务的铁路	5≤年运量<10
Ⅳ级铁路	为某一地区或企业服务的铁路	年运量<5

注:年客货运量为重车方向的货运量与由客车对数折算的货运量之和。1 对/天旅客列车按 1.0 Mt 年货运量折算。

(三)线路标志

根据列车运行、线路养护维修的需要,在线路沿线设有各种线路标志。线路标志用以表明铁路线路里程及铁路建筑物的设备状态和位置，以及各级管理机构管界等。其中，常见的有公里标、半公里标，曲线标，圆曲线和缓和曲线的始终点标，桥梁标，隧道(明洞)标，坡度标，以及铁路局、工务段、线路车间、线路工区和供电段的界标，如图6-1所示。

图6-1坡度标中坡度写的不标准，如：坡度2.2小数点后有1位小数，图中只标5或4；曲线标中第二条缓和曲线上部“直圆”两个字应掉个写作“圆直”。

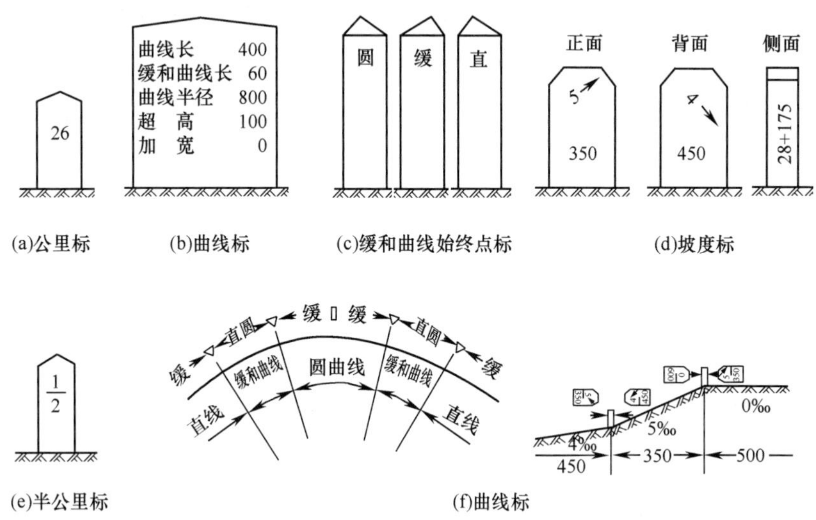

图6-1　线路标志

公里标、半公里标是线路的里程标。公里标表示从铁路线路起点开始计算的连续里程，每整公里设一个；半公里标设于线路的每半公里处。

曲线标设在曲线的中点处，标明曲线中心里程、半径大小、曲线和缓和曲线长度等。圆曲线和缓和曲线始终点标，设于直线与缓和曲线、圆曲线与缓和曲线的连接处，表明缓和曲线、圆曲线的起点和终点。标的断面为三角形，在该标侧面上分别写有“直缓、缓圆、圆缓、缓直”字样，标明所对应的方向是直线、缓和曲线或圆曲线。

桥梁标一般设于桥梁两端桥头处，标明桥梁编号、中心里程和长度。

隧道（明洞）标直接标注在隧道（明洞）两端洞门端墙上，标明隧道号或名称，中心里程和长度。

坡度标设于线路坡度的变坡点处两侧分别表示其所向方向的坡度和坡段长度。箭头向上斜为上坡，箭头向下斜为下坡，横线为平道。箭头尾部的数字表示坡度的千分数，下面数字表示坡段长度。标的侧面数字为变坡点所在的里程。

铁路局、工务段、线路车间、线路工区和供电段的界标，设在各该单位管辖地段的分界点处，两侧标明所向的单位名称。

线路标志应设在其内侧距线路中心不小于 3.1 m 处。

我国铁路采用左侧行车制，并且原则上规定以开往北京方向为上行方向，背离北京方向为下行方向，因此，线路标志一般应设置在线路里程增加方向的左侧，双线区段须另设线路标志时，应设在该线路列车运行方向的左侧。

（四）无缝线路

无缝线路在 20 世纪 30 年代开始出现，50 年代以后逐步得到推广，目前我国在跨区间无缝线路领域已跨入世界先进行列。

无缝线路也叫长钢轨线路。就是把若干根标准长度的钢轨经焊接成为 1 000～2 000 m 而铺设的铁路线路。通常是在焊轨厂将标准轨焊接成 250～500 m 的轨条，再运到现场就地焊接后铺设。

与普通线路相比，无缝线路在其长钢轨段内消灭了轨缝，从而消除了车轮对钢轨接头的冲击，使得列车运行平稳，旅客舒适，延长了线路设备和机车车辆的使用寿命，减少了线路养护维修工作量并能适应高速行车的要求，是轨道现代化的发展方向。目前我国允许速度为 120 km/h(不含)～160 km/h 的线路应铺设跨区间或全区间无缝线路,允许速度大于 160 km/h 的线路应铺设跨区间无缝线路。

无缝线路分温度应力式及放散应力式两种。目前世界各国绝大多数均采用温度应力式无缝线路。

温度应力式无缝线路一般是指由一根焊接长轨条及其两端连接 2～4 根标准轨,接头采用高强度螺栓联结所铺成的线路。当轨温变化时,焊接长轨条受到接头阻力和道床阻力的抵抗,其两端自由伸缩受到限制,中间区段(又称固定区)完全不能伸缩,在钢轨内部产生温度力,其大小随轨温变化幅度而异。温度应力式无缝线路结构简单,铺设和维修保养方便,故而得到世界各国广泛应用。

无缝线路铺设有一次铺设法和换铺法。一次铺设法要求轨道的基础路基和道床必须稳定后才能铺设,这种方法常在一些国家的高速高等级铁路建设中采用;换铺法一般是既有线大修作业道床稳定后换成长钢轨,铺设过程是预先把长轨条卸在轨道两边的砟肩上,线路封锁后,用特制的换轨小车把原来的普通钢轨换成焊接长钢轨。目前一般采取一次铺设法,有利于提高线路的整体质量。

实践证明,无缝线路由于消灭了钢轨接头轨缝,因而具有行车平稳,机车车辆及轨道维修费用降低,设备使用寿命延长,适合于高速行车等优点,是铁路轨道现代化的一项重要技术措施,也是当前高速、重载铁路的必需条件。

二、路基和桥隧建筑物

(一)路　　基

铁路路基是为满足轨道铺设和运营条件而修建的土工构筑物。路基必须保证轨顶设计标高,并与桥梁隧道连接组成完整贯通的铁路线路。

路基和桥隧建筑物都是轨道的基础，它们直接承受轨道的重量，以及机车车辆及其荷载的压力。路基和桥隧建筑物的状态与线路质量的关系极为密切。所以，路基面应当平顺，其高程以路肩标高表示。路基面应有足够的宽度，符合轨道铺设、附属构筑物设置和线路养护维修作业的要求。

路基工程主要由路基本体、路基防护和加固建筑物、路基排水设备三部分建筑物组成。

（二）桥　　梁

当铁路线路要通过江河、溪沟、谷地以及山岭等天然障碍，或要跨越公路、铁路时，就需要修建桥隧建筑物，以使铁路线路得以继续向前延伸。桥隧建筑物包括桥梁、涵洞、明渠、隧道等。在修建铁路时，桥隧建筑物的工程量一般占相当大的比重，而大桥和长隧道的施工期限，有时还成为新建铁路能否按时通车的关键。

桥梁是跨越河流、山谷、线路及各种障碍物的架空结构，由梁或（和）拱、支座、墩（台）、基础构成。按照梁跨结构主要分为梁桥、拱桥、斜拉桥、悬索桥。在新中国的铁路桥梁建筑史上最有代表性的铁路桥梁有武汉长江大桥、南京长江大桥、九江长江大桥、芜湖长江大桥、天兴洲长江大桥、大胜关长江大桥。

（三）涵　　洞

涵洞设在路堤下部的填土中，是用以通过水流的一种建筑物。

涵洞主要由洞身（由若干管节所组成）、基础、端墙和翼墙所组成。管节埋在路基之中，它具有一定的纵向坡度（从进口向出口），以便排水。端墙和翼墙的作用，是便于水流进出涵洞，同时还可以保护路堤边坡，使它不受水流的冲刷。

（四）隧　　道

铁路隧道是修建在地下或水下并铺设铁路供机车车辆通行的建

筑物，有利于降低线路标高，缩短线路长度，减缓纵向坡度，避开不良地质地段，提高列车运行速度和牵引重量，改善运营质量。隧道根据其所在位置分为：为缩短距离和避免大坡道而从山岭或丘陵下穿越的称为山岭隧道；为穿越河流或海峡而从河下或海底通过的称为水下隧道；为适应铁路通过大城市的需要而在城市地下穿越的称为城市隧道，这三类隧道中修建最多的是山岭隧道。

三、轨　　道

在路基、桥隧建筑物修成之后，就可以在上面铺设轨道。轨道是一个整体性工程结构，经常处于列车运行的动力作用下，所以其各组成部分均应具有足够的强度和稳定性，以保证列车按照规定的最高速度，安全、平稳和不间断地运行。

（一）轨道组成

轨道由各种不同力学性能材料的部件构成，自上而下依次为钢轨、轨枕、联结零件（扣件）、道床，此外还包括防爬设备和道岔等。它起着机车车辆运行的导向作用，直接承受由车轮传来的巨大压力，并把它传递给路基或桥隧建筑物。

轨道的基本组成如图 6-2 所示。首先是钢轨，它是由特殊的高碳钢所制成，直接承受来自机车车辆的荷载，并通过本身的挠曲，将荷载向下传递；其次是轨枕，轨枕是钢轨的支承，由木、钢和钢筋混凝土制成。现在普遍采用钢筋混凝土轨枕。轨枕承受来自钢轨的压力，并将压力通过一系列的轨枕传递到道床上；第三是联结零件，联结零件是将钢轨扣紧在轨枕上而组成轨排，由特殊的高弹性钢制成，为轨道提供足够的弹性；第四是道床，道床是由碎石道砟构成的具有一定厚度的棱体，支承轨枕并将轨枕的压力传递到路基上。

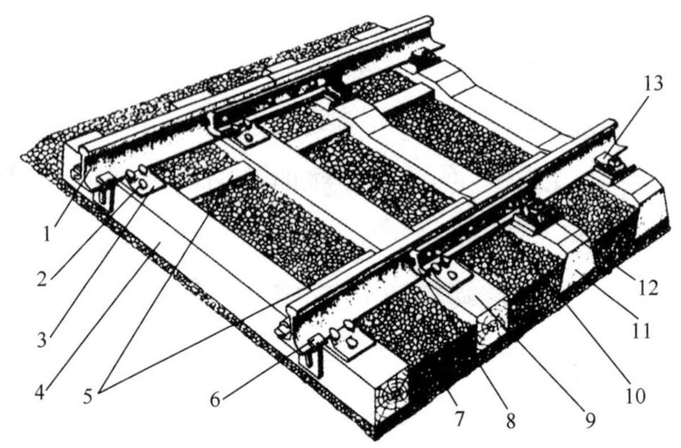

图 6-2 轨道的基本组成示意

1—钢轨；2—普通道钉；3—垫板；4，9—木枕；5—防爬撑；6—防爬器；7—道床；8—双头夹板；10—螺栓；11—钢筋混凝土轨枕；12—扣板式中间联结零件；13—弹片式中间联结零件

注：图中扣件是为示例之用，并非现场线路中的实际使用情况。

（二）有砟轨道与无砟轨道

当今世界铁路存在两种轨道结构，即有砟轨道和无砟轨道。前者是传统的轨道结构，已有上百年的历史，后者则是 20 世纪 60 年代伴随高速铁路而出现的一种轨道结构。

1. 有砟轨道

有砟轨道即所谓常规轨道，采用碎石作为道床，在国内外已获得广泛的应用。因石砟道床有增加弹性、减少振动、排水及方便维修养护等特点，使得有砟轨道具有投资小、弹性好、铺设方便、造价低、容易维修等优点，技术非常成熟。但它也具有一定的缺点，如轨道的横向抗力较小、维修工作量大、道砟飞散等问题。在现有的技术条件下，它不但可以用在一般运营条件下，通过适当加强后，也可用在重载和高速运营条件下。长期以来作为世界各国普通铁路轨道的主要结构形式。

2. 无砟轨道

无砟轨道是以混凝土或沥青混合料等取代散粒道砟道床而组成

的轨道结构型式。由于取消了碎石道砟道床，轨道保持几何状态的能力提高，轨道稳定性相应增强，平顺性高，维修工作减少，明显优于有砟轨道，在铁路运营中逐渐取得了明显优势。尤其是随着高速铁路的修建，无砟轨道更显出其优越性和重要性，成为目前高速铁路轨道结构的主要发展方向。

我国高速铁路无砟道床常用类型有 CRTSⅠ型板式、CRTSⅡ型板式、CRTSⅢ型板式、双块式以及道岔区轨枕埋入式和板式无砟道床等。无砟轨道原则上用于混凝土路基，如铺设在隧道内和桥梁上。我国京沪高速铁路全线共铺设无砟轨道 1 200 双线公里，占总长的 91%。

四、限　界

为了确保机车车辆在铁路线路上运行的安全，防止机车车辆撞击邻近线路的建筑物和设备，而对机车车辆和接近线路的建筑物、设备所规定的不允许超越的轮廓尺寸线，称为限界。铁路基本限界可分为机车车辆限界和建筑限界两种，如图 6-3、图 6-4 所示。

机车车辆限界是机车车辆横断面的最大极限，它规定了机车车辆不同部位的宽度、高度的最大尺寸和底部零件至轨面的最小距离。机车车辆限界是和桥梁、隧道等限界起相互制约作用的，当机车车辆在满载状态下运行时，也不会因产生摇晃、偏移等现象而与桥梁、隧道及线路上其他设备相接触，以保证行车安全。

建筑限界是一个和线路中心线垂直的横断面，它规定了保证机车车辆安全通行所必需的横断面的最小尺寸。按照规定，除了与机车车辆有直接相互作用的设备除（如车辆减速器、接触线等）外，一切靠近铁路线路的建筑物及设备，其任何部分都不得侵入限界之内。

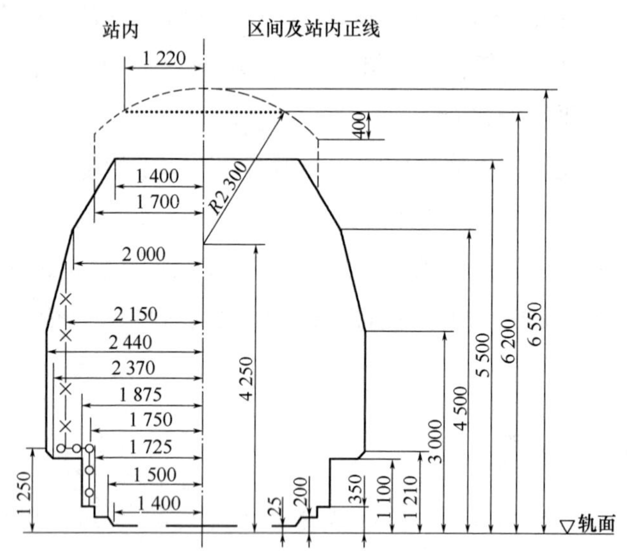

—×—×—×— 信号机、高架候车室结构柱和接触网、跨线桥、天桥、电力照明、雨棚等杆柱的建筑限界(正线不适用)。

—○—○—○— 站台建筑限界(正线不适用)。

———————— 各种建(构)筑物的基本限界。

\- - - - - - - - 适用于电力牵引区段的跨线桥、天桥及雨棚等建(构)筑物。

·············· 电力牵引区段的跨线桥在困难条件下的最小高度。

图 6-3 $v \leqslant 160$ km/h 客货共线铁路建筑限界(单位:mm)

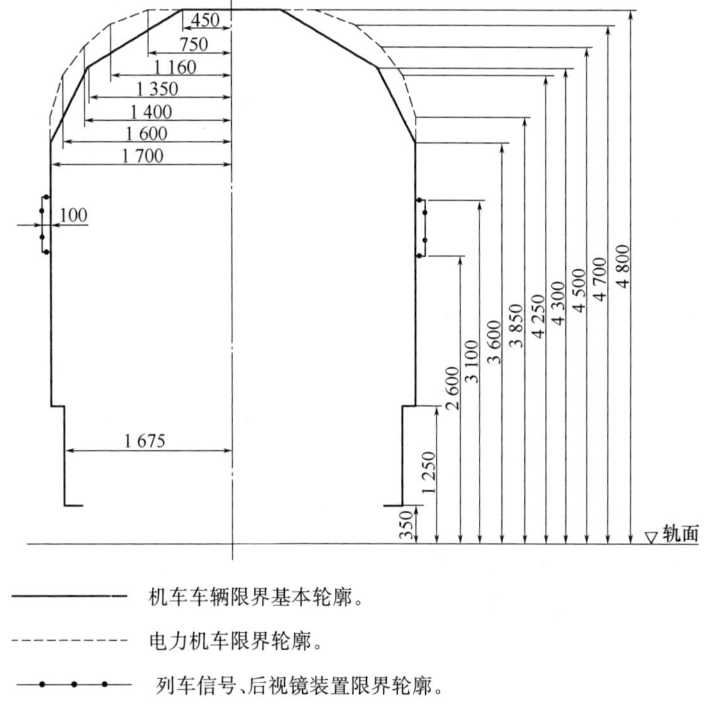

图 6-4　客货共线铁路机车车辆限界限图(机车车辆上部限界,单位:mm)

五、线路维修

在列车不间断地运行和自然条件作用下,铁路线路会发生各式各样的变形或损坏。为了确保列车能按规定的最高速度,安全、平稳和不间断地运行,以及延长线路各组成部分的使用寿命,必须加强线路的养护和维修工作,使线路设备经常保持完好状态,这就是铁路工务部门的基本任务。

线路的养护维修由铁路工务部门负责,主要工种是线路工、桥隧工。线路工负责线路的状态检查和维修保养,检查工作分为线路静态检查、线路动态检查、钢轨检查、春秋季检查等,维修保养工作分为线路大修和维修。桥隧工负责桥梁、隧道的状态检查和维修保养，检查工作分为水文观测、经常检查、定期检查、临时检查、专项检查、检定试验等，维修保养工作分为经常保养、综合维修和大修。其他工种有钢轨探伤工、轨道车司机、汽车司机、搬运工、测量工、钢轨焊接工、机修工等。

线路设备修理分为线路设备大修和维修。

（一）线路设备大修

线路设备大修的基本任务是根据运输需要及线路设备损耗规律，有计划、按周期地对线路设备进行更新和修理，恢复和提高线路设备强度，增强轨道承载能力。

线路设备大修应贯彻“运营条件匹配，轨道结构等强。修理周期合理，线路质量均衡”的原则，坚持全面规划、适度超前、区段配套的方针，并应采用无缝线路。

线路设备大修分为以下八类。

1. 线路大修。线路上的钢轨疲劳伤损，轨型不符合要求，不能满足铁路运输需要时，必须进行线路大修。线路大修分为普通线路换轨大修和无缝线路换轨大修。无缝线路换轨大修按施工阶段分为铺设无缝线路前期工程和铺设无缝线路。

2. 成段更换再用轨(整修轨)。

3. 成组更换道岔和岔枕。

4. 成段更换混凝土枕。

5. 道口大修。

6. 隔离栅栏大修。

7. 其他大修(以上未涵盖的线路设备大修项目列其他大修)。

8. 线路中修。在线路大修周期内，道床严重板结或脏污，其弹性不能满足铁路运输需要时，应进行线路中修。石灰岩道砟应结合中修有计划地更换为一级道砟。在无路基病害、一级道砟、道床污染较轻、使用大型养路机械按周期进行修理的区段，通过有计划地进行边坡清筛，应取消线路中修。

（二）线路设备的维修

线路设备维修应贯彻“预防为主，防治结合，修养并重”的原则，按线路设备技术状态的变化规律和程度，相应地进行综合维修、经常保养和临时补修，有效地预防和整治线路病害，有计划地补偿线路设备损耗，以取得较好的技术经济效益。

线路设备的维修分为以下三种。

1. 综合维修

根据线路变化规律和特点，全面改善轨道弹性、调整轨道几何尺寸和更换、整修失效零部件为重点，以大型养路机械为主要作业手段，按周期、有计划地对线路进行的综合性维修，以恢复线路完好技术状态。

2. 经常保养

根据线路变化情况，以养路机械为主要作业手段，对全线进行有计划、有重点的经常性养护，以保持线路质量处于均衡状态。

3. 临时补修

以小型养路机械为主要作业手段，及时对线路几何尺寸超过临时补修容许偏差管理值及其他不良处所进行的临时性整修，以保证行车安全和平稳。

（三）养护维修及检查

铁路技术设备的养护维修工作，应实现机械化、自动化、专业化、信息化，落实责任制和检验制，坚持以预防为主、检修与保养并重、预防与整治相结合的原则，合理确定检修项目和检修周期，组织定期检查，加强日常维修，提高设备质量。

基础设施实行天窗修制度，并推行预防性计划修、专业化集中修制度。

线路设备维修实行检修分开制度。

检修分开的基本原则是实行专业检查和机械化集中修理，实现检查与维修的异体监督。

检查监控车间（工区）应按规定的项目和周期进行设备检查分析，并及时传递检查信息；线路车间负责安全生产的组织实施；线路工区主要负责线路设备巡查、临时补修、故障处理；机械化维修车间（工区）主要负责综合维修、配合大机维修作业和经常保养；综合机修车间负责钢轨、道岔焊补，养路机械的维修保养，工具制作、修理及线路配件修理等工作。

六、高速铁路线路

根据UIC（国际铁路联盟）的定义，高速铁路是指通过改造原有线路（直线化、轨距标准化），使运营速度达到每小时200 km以上，或者专门修建新的“高速新线”，使运营速度达到每小时250 km以上的铁路系统。

随着列车运行速度的提高，对线路的建筑标准将有特定要求，以满足行车安全、旅客舒适的要求。

（一）高速铁路路基结构的特点

高速铁路路基与普通路基相比，高速铁路路基工程具有强度高、刚度大的特点，增加行车的舒适性和安全性。

路基横断面处应满足高速行车的技术要求外，还要为高速行车的安全及线路维修检查提供便利条件，因此需要设计较宽的路基宽度。法国高速铁路路基宽度规定为12.6 m；日本东海道新干线为10.7 m，山阳新干线为11.6 m；意大利高速线为13 m；德国则采用

13.7 m；我国采用的是13.6 m。

道床的基底除路堤可用石块填筑外，均应铺设15～55 cm的垫层，以保证高速列车良好的运行条件及行车安全。

（二）高速铁路对桥隧建筑物的要求

由于速度大幅度提高，高速列车对桥梁结构的动力作用远大于普通铁路桥梁。桥梁出现较大挠度会直接影响桥上轨道的平顺性，造成结构物承受很大的冲击力，旅客舒适度受到严重影响，轨道状态不能保持稳定，甚至影响列车的运行安全。此外，为保证轨道的平顺性还必须限制桥梁的预应力徐变上拱和不均匀温差引起的结构变形，这些都对高速桥梁结构的刚度和整体性提出了严格的要求。

1. 高速铁路桥梁的特点

(1)所占比例大、高架长桥多

高速铁路设计参数限制严格，曲线半径大、坡度小，并需要全封闭行车，导致桥梁建筑物数量要大大多于普通铁路。

我国京沪高速铁路的桥梁总延长占80%以上，合计超过1 000 km。

(2)以中小跨度为主

由于高速铁路对线路、桥梁、隧道等土建工程的刚度要求严格，因此，高速铁路桥梁的跨度不宜过大，应以中小跨度为主。

我国京沪高速铁路线上桥梁也绝大多数为中小跨度，跨度有24 m、32 m、40 m等，并以32 m居多，以保证桥梁具有足够的刚度和良好的整体性。

(3)刚度大、整体性好

列车高速、舒适、安全行使要求高速铁路桥梁必须具有足够大的刚度和良好的整体性，以防止桥梁出现较大挠度和振幅，同时，必须限制桥梁的预应力徐变上拱和不均匀温差引起的结构变形，以保证轨道的高平顺性。

(4)结构的耐久性与环境的协调

高速铁路是极其重要的交通运输设施,任何中断行车都会造成很大的经济损失和社会影响。因此,桥梁结构应易于检查与维修,并应尽量做到少维修或免维修。另外,高速铁路作为重要的现代交通运输线,应强调结构与环境的协调,重视生态环境保护。这主要指桥梁造型要与周围环境相一致并注重结构外观和色彩,在居民点附近的桥梁应有降噪措施,避免桥面污水损害生态环境等。

2. 高速铁路隧道的特点

高速铁路隧道与普速铁路隧道最大的区别就是当列车以高速通过隧道时,会产生极强的空气动力学效应,即瞬间压力、洞口微气压和行车阻力,对行车安全性、旅客舒适度及洞口环境等均产生不利影响。当列车以 200 km/h 以上的速度通过铁路隧道时,这种不利影响就已十分明显地起到控制作用。

另外,高速铁路隧道对于防排水标准、防灾救援和耐久性等方面也有较高的要求。

(三)高速铁路轨道结构

高速铁路轨道结构可分为有砟轨道(道砟轨道)和无砟轨道(板式轨道)两种类型。

1. 高速铁路对轨道结构的要求

(1)具有可靠的稳定性和高平顺性

轨道结构由钢轨、扣件、轨枕及枕下基础等轨道部件组成的结构体。其中,钢轨直接支撑着列车的运行,其合理外形及几何尺寸和良好的内在质量是列车运营高舒适性和高安全性的前提;而轨下基础的高精度和高可靠性,是钢轨精确稳定的几何位置的重要保障。因此,必须选用高精度和高可靠性的轨道部件。

轨道结构铺设高精度是实现轨道初始高平顺性的保证。轨道结构铺设阶段产生的初始不平顺，是运营阶段不平顺产生、发展、恶化的根源，一旦出现这种起源于铺设精度的不平顺，就会对轨道结构和路基基础产生不良的后果。因此，应高精度铺设轨道。

(2)具有沿纵向轨道均匀分布的合理刚度

轨道必须有合理的弹性，以满足吸收振动与噪声和减少冲击作用的需要，并保持钢轨轨底应力在允许范围内。其次，应保持沿线路纵向轨道弹性均匀分布，是无砟轨道耐久性的重要保证。

(3)质量良好的养护维修线路

高速铁路对舒适性标准和安全性标准要求更高，因此，可维修性是轨道结构的重要特点，也是设计和运营阶段需要考虑的重要方面。

2. 高速轨道结构特点

铺设超长轨条无缝线路、重型轨道结构、强韧性与弹性的轨道部件、有足够弹性及稳定性的道床，采用可动心轨或可动翼轨结构的大号道岔，正线应采用特技碎石道砟等。

七、重载铁路线路

重载运输是铁路现代化的一个标志。重载运输是指在先进的铁路技术装备条件下，扩大列车编组，提高列车重量的运输方式。根据我国有关铁路技术政策规定，既有铁路满足下列三项条件中二项者，就可定义为重载铁路，其轨道结构应按重载铁路要求配置。

(1)满足列车牵引重量 8 000 t 及以上；

(2)至少 150 km 的线路区段上，年运量大于 4 000 万吨；

(3)轴重为 27 t 及以上。

新建重载铁路设计速度不大于 100 km/h，轴重不小于 30 t，列车牵引重量万吨及以上。

重载铁路的特点是运量多、轴重大，导致轮轨接触应力、轨头内部剪应力大，钢轨疲劳伤损加剧，轨道残余变形加速等情况，加剧了轨道的破坏。

（一）重载铁路线路技术标准

开行重载列车必须有与之相适应的线路，主要是指线路的承载能力、几何尺寸、站线长度、线路坡度等，他们必须符合列车在运行中对线路所产生的各种力的要求。

1. 限制坡度

重载铁路的限制坡度一般按照重、空车方向分别确定。重车方向最大限制坡度为4‰～10‰，空车方向最大限制坡度为12‰～30‰。我国大秦铁路的限制坡度：重车方向为4‰，空车方向为12‰。

2. 最小曲线半径

选择最小曲线半径应充分考虑重载铁路的特点，通过技术经济比选尽可能采用较大的曲线半径。国外的重载铁路最小曲线半径一般为400～1 200 m，困难地段可取300 m。我国大秦铁路最小曲线半径一般地段为800 m，困难地段取400 m。

3. 到发线有效长度

列车重量和长度的增加，在很大程度上受车站到发线有效长的限制。而重载列车运行区段上站线需要延长的长度，又要根据组织开行的重载列车的主要方式确定。由机车在头部牵引重量超过5 000～6 000 t的整列式重载列车，站线有效长达到1 050 m；在开行两个普通货物列车合并编组而成的组合列车时，其牵引吨数可达7 600～8 000 t，股道有效长应延长到1 500～1 700 m；若牵引吨数达到8 000 t以上时则有效长应延长到1 700～2 300 m以上。

（二）重载轨道结构

为了适应重载运输特点，确保行车安全，重载铁路线路应选用重型和特重型的轨道标准。钢轨应采用 60 kg/m 及以上的新轨。为了延长钢轨使用寿命,减少养护维修工作量,宜采用跨区间无缝线路和可动心轨道岔。此外,在曲线地段、长大下坡制动地段和长隧道内,应采用全长热处理钢轨、承载力大的轨枕、扣压力大的弹性扣件等,以减少钢轨由于接触应力所引起的伤损。

第七章　铁路车辆及动车组

第一节　铁路车辆

铁路车辆是运送旅客和货物的工具，除动车组外，铁路客车或货车一般没有动力装置，必须把车辆连挂成列，由机车牵引才能沿线路运行。

一、车辆种类及用途

车辆按用途分为客车、货车及特种用途车（如试验车、发电车、轨道检查车、检衡车、除雪车等）。

按轴数分，车辆有四轴车和多轴车。

按载重量分，货车有60吨、70吨、75(80)吨、90(100)吨等多种。

（一）货　　车

货车是指供运输货物和为此服务的或原则上编组在货物列车中使用的车辆。货车按用途分为通用货车、专用货车、特种车。

1. 通用货车

通用货车指可装载多种货物的车辆，如通用敞车、平车、棚车等。

(1)棚车(P)：车体具有顶棚、车墙及车窗，可防治雨水侵入车内，用于装载贵重器材及怕日晒和潮湿的货物。有的棚车车内还设有烟囱、床托等装置，必要时可运送人员和马匹，如图7-1所示。

(2)敞车(C)：车体两侧及端部设有0.8 m以上的固定墙板，无顶

图 7-1　棚车

棚，可装运不怕湿损的货物。若装货后盖上防水篷布，也可装运怕湿损的货物，如图 7-2 所示。

图 7-2　敞车

(3)平车(N)：车体为一平板或设有活动墙板，可以装运砂石等。在装长大货物时，可将侧、端板翻下，主要用于装运木材、钢轨、汽车、拖拉机、桥梁、军用特载等货物，如图 7-3 所示。

图 7-3　平车

2. 专用货车

专用货车指专供运送某些货物的车辆，如家畜车、罐车、冷藏车、水泥车、漏斗车、自翻车、集装箱专用平车、运煤专用敞车等。

(1)罐车(G)：设有圆筒形罐体，专用于装载液体、液化气体或粉状货物的车辆。按货物品种分为轻油罐车、粘油罐车、沥青罐车、食油罐车、水罐车、化工品罐车、粉状货物罐车、液化气罐车等；按卸货方式分为上卸式罐车和下卸式罐车等，如图 7-4 所示。

图 7-4　罐车

(2)冷藏车(B)：车体设有隔热材料，车内设有降温和加温设备。用以装运易腐货物，如鱼、肉、水果等，也可装运对温度有特殊要求的货物。根据保温设备的不同，保温车分为机械冷藏车和冷藏加温车等，如图 7-5 所示。

(3)矿石车(K)：车体有固定的侧、端墙和卸货用的特殊车门，主要用于运送各种矿石、矿粉。有的整个车体能借液压或空气压力的作用向任一侧倾斜，并自动开启侧门，把货物倾泻出来(此种车辆也称为自动倾翻车，简称自翻车)，如图 7-6 所示。

3. 特种车

长大货物车是铁路运输中使用的一种特种车辆，专门装运各种长大重型货物，如大型机床、发电机、化工合成塔等。长大货车按其

图 7-5 冷藏车

图 7-6 矿石车

结构形式分为长大平车、凹底平车(或称元宝车)、落下孔车和钳夹车等。由于这些车的载重量及自重较大,为适应线路允许的轴重要求,因此,长大货车的轴数较多。

重载运输是除高速铁路以外,铁路现代化的又一个标志。重载运输是指在先进的铁路技术装备条件下,扩大列车编组,提高列车重量的运输方式。铁路重载运输的发展,必然对原有的技术装备提出新的要求,车辆应采用载重量大、强度高、自重系数小的大型四轴货车。货车大型化的主要途径是提高轴重,但轴重又受到轨道与桥梁结构强度的限制,因此要求线路结构与轴重提高相协调。如国外已采用 70 kg/m 的钢轨,货车载重量达到 90 t,轴重为 31.25 t。

(二)客　　车

铁路客车是指载运旅客的车辆、为旅客提供服务的车辆。客车分运送旅客、为旅客服务的车辆。

1. 运送旅客的车辆

(1)硬座车(YZ):旅客座位为半硬制品(如泡沫塑料)或木制品的座车。相对的两组座椅中心距离在 1 800 mm 以下的座车,如图 7-7 所示。

图 7-7　硬座车

(2)软座车(RZ):旅客座位及靠垫设有弹簧装置,相对的两组座椅中心距离在 1 800 mm 以上的座车,如图 7-8 所示。

(3)硬卧车(YW):卧铺为三层,铺垫为半硬制品(如泡沫塑料)或木制品的,卧室为敞开式或半敞开式的卧车。

(4)软卧车(RW):卧铺为二层,铺垫有弹簧装置,卧室为封闭式单间,单间定员不超过 4 人的卧车。

2. 为旅客服务的车辆

(1)餐车(CA):供旅客在旅行中饮食就餐用的车辆。车内设有厨房、餐室及储藏室(同时还有小卖部)等设备。

(2)行李车(XL):供运输旅客行李及物品的车辆。车内设有行

图 7-8 软座车

李间及办公室等设备。

(3)邮政车(UZ):供运输邮件使用的车辆,设有邮政间及邮政员办公室等设备。常固定编挂于旅客列车中。

(4)空调发电车(KD):专给集中供电的空调车供电的车辆,车内设有柴油发电机组。

(三)特种用途车

特种用途车是为办理铁路自身业务用的车辆,在使用中可以是单辆车,或由若干辆组成的车列。

1. 除雪车

除雪车用于扫除钢轨内外侧积雪的车辆,由机车推送后借助前端的犁铧除雪器,将积雪推向线路一侧或两侧,车辆的侧面还装有可张开的翼板,以增大除雪面。此外,还有转轮式除雪车,它的前端装有与线路中心线相垂直的转轮,通过车上的动力驱动转轮时,轮上的叶片将积雪刮起抛出线路以外。

2. 救援车

在发生列车脱轨、颠覆和线路水害、塌方等事故时,用以排除线路故障物和起复事故机车车辆的专用车列。救援车通常由轨道吊车、平车、棚车和宿营车组成。轨道吊车用于吊装车辆或其他，平车用于在途中放置吊杆时作游车使用，并可放置救援用枕木、钢轨等，棚车用于存放备品和工具，宿营车供救援人员食宿和休息用。

3. 限界检查车

用于检查和核对铁路桥梁、隧道等大型建筑物是否符合建筑限界要求，以及确认某待运超限车辆能否安全通过特定区段的车辆。车上装有可调节的触杆，在车辆横断面的高和宽方向均可伸出借以进行检测。

此外，还有检衡车、试验车、电路修理车等。

二、车辆标记

为便于对客、货车辆的运用和管理，在车辆指定部位涂打的用于标明车辆配属、车种、车型、用途、编号、主要参数、方向、位置等的文(数)字和代号称为车辆标记。车辆标记分为运用、产权、检修与制造标记。

(一)运用标记

运用标记是铁路运输部门如何运用车辆的依据，有以下7种。

1. 车辆编码

为了对车辆识别和管理，适应全国铁路用微机联网管理的需要，对运用中的每一辆车进行编码。编码的主要包括车种、车型、车号。

(1)货车车辆的车型、车号编码

①车种编码方法

车种原则上用该车种汉语名称中关键的一个或两个汉语拼音大写字母表示。例如：敞车用C表示，棚车用P表示，矿翻车用KF表示。

②车型编码方法

车型编码用大写汉语拼音字母和数字混合表示。

货车最大位数不得超过五位，依次由以下三部分组成：

第一部分为货车所属车种编码，用1位或2位大写字母表示，作为车辆编码的首部；

第二部分为货车的质量系列或顺序系列，用1位或2位数字或大写字母表示；

第三部分为货车的材质或结构，用1位或2位大写字母表示。

③车号编码方法

货车车号采用七位数字表示。前四位表示车型车种，后三位表示生产顺序。

(2)客车车辆的车型、车号编码

客车的车型车号由基本型号、辅助型号和车辆制造顺序号码三部分组成。

①基本型号

基本型号即为车辆的车种编码，原则上用该车种汉语名称中关键的两个或三个汉语拼音大写字母表示。例如：硬座客车用YZ表示，双层软座客车用SRZ表示。

②辅助型号

辅助型号为表示同一种型号客车的不同结构系列及内部有特殊设施，用1位或2位小阿拉伯数字及小号汉语拼音字母表示，附在基本型号的右下角。将这些小阿拉伯数字及小号汉语拼音字母称为车辆的辅助型号。例如：YZ_{25B}中的YZ为基本型号，25B为辅助型号；YW_{22}中的YW为基本型号，22为辅助型号。

③制造顺序号码

客车的制造顺序号码即为客车车号，用6位数字表示。客车车号表示按预先规定的规则而编排的某一车种的顺序号码，用以区分同一类型的不同车辆，用大阿拉伯数字表示，记在基本型号和辅助型号的右侧。

2. 自重(t)

自重指车辆自身质量。

3. 载重(t)

载重指车辆的设计装载质量，客车还要标明载客定员。

4. 容积(m^3)

容积指车辆内部的空间容积。有的车辆标注“长×宽×高”，平车标注“长×宽”，罐车要标明容量计算表号码。

5. 换长

换长指车辆全长(m)除以 11 m 所得之值，取小数点后一位。

6. 车辆定位标记

装有人力制动机或制动缸活塞杆伸出方向为一位端，另一端为二位端。

7. 表示车辆特殊用途的标记

(1)㊅:具有车窗和车顶烟囱的棚车及 P64、P65 型系列棚车，须在车体两侧性能标记的下方涂打“㊅”字标记。

(2)㊂:凡有栏马杆座的棚车，必须涂打“㊂”形标记。

(3)㊇:货车活动墙板及其他活动部分翻下超过车辆限界者，必须关闭完好后才准运行，并应在每扇门内侧及侧梁中部涂打“㊇”字标记。

(4)㊕:可以装运坦克及特殊货物的车辆应在车体两侧性能标记的下方涂打“㊕”字标记。

(5)㊈:禁止通过机械化驼峰的车辆应在车体两侧性能标记的下

方涂打“禁止上驼峰”标记。如长大货物车，压缩气体或液化气体的罐车，自翻车、底开门式车，无自动制动机的车辆。

(6)Ⓜⓒ：符合参加国际联运技术条件的货车应涂打联运标记。

(7)㊍：凡装有牵引钩的货车，必须在1、4位牵引钩上方涂打“㊍”字标记。

(8)白色横线：救援列车车辆车体中部涂200 mm宽的专用识别色带。

(9)黄色横线：装运剧毒品的罐车、棚车在车体中部涂300 mm的黄色色带。

(10) 红色横线：装运爆炸品的货车，涂300 mm宽的红色色带，中间还要涂打“危险”二字。

(二)产权标记

1. 国徽

凡参加国际联运的客车必须在侧墙外中部悬挂国徽。

2. 路徽

凡是铁道部所属车辆，均应涂打路徽标记并安装产权牌，路徽的含义是“人民铁路”。

3. 路外厂矿企业自备的产权标志

在侧墙上或其他相应部位用汉字打上“某某企业自备车”字样，并注明该企业所在地的特殊到站。

4. 配属标记

为配属局、段的简称。如“京局丰段”，表示北京铁路局丰台车辆段的配属车。

(三)制造与检修标记

1. 制造标记

制造厂名及日期标牌与产权牌(为一路徽标志牌)均为铸铁标

牌，安装于侧梁的一端。

检修标记分为厂修、段修、辅修、轴检及摘车修的标记。

2. 检修标记

(1)厂修、段修标记

厂修、段修标记如图 7-9 所示。

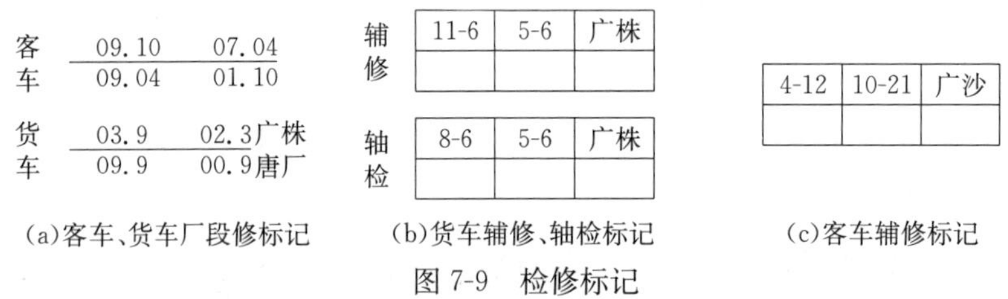

(a)客车、货车厂段修标记　(b)货车辅修、轴检标记　(c)客车辅修标记

图 7-9　检修标记

标记右端为近期段、厂修年月及施修单位，左端为下次段、厂修施修年月。横线上部为段修标记，下部为厂修标记。厂修、段修标记可反映出厂修和段修的周期。客车的厂修、段修标记涂打在两外端墙板右下角；货车的厂修、段修标记涂打在车体两侧墙左下角。

(2)辅修与轴检标记(施修日期为月、日)，左侧为下次检修月、日，右侧是本次检修的月、日和检修单位简称。最高运行速度大于 120 km/h 的客车按走行公里检修。

车辆标记是加强铁路管理，保证运输安全，提高运输效率的重要措施，必须认真执行。

三、车辆的检测与维修

为了完成运输任务，铁路必须拥有相应数量的、性能良好的车辆。因此，一方面铁路工业部门要不断地新造足够数量的车辆，另一方面车辆部门还要做好车辆在日常运用中的维修保养工作，使已有车辆经常处于质量良好的状态，才能确保安全、高速、平稳地运送旅客和货物，并延长车辆的使用寿命。

我国铁路车辆的计划预防检修分为定期检修和日常维修。

(一)定期检修

车辆定期检修就是按照规定的期限,对整个车辆或某些部分进行全部或部分的检修。它是根据车辆各部分在正常使用条件下的磨耗规律,对不同部件制定不同的检修周期和技术标准,到期进行检查、修理或更换。车辆经过定期检修后应使其运用性能在整个检修周期内保持良好状态。《技规》规定,客车和特种用途车实行以走行公里为主、时间周期为辅的计划预防修,最高运行速度不超过120 km/h的客车修程分为厂修、段修、辅修,最高运行速度超过120 km/h的客车修程分为A4、A3、A2、A1;货车分为厂修、段修、辅修。

车辆的厂修由车辆工厂负责,对车辆进行全面而彻底的修理车辆经过厂修后,该车辆的性能要求达到或接近新车的水平。段修由车辆段承担,段修要求对车辆各部分做全面的检查,修换其损坏和磨耗过限部分。车辆的辅修和轴检主要是对制动装置和轴箱油润部分进行检修。

车辆段是设在铁路沿线负责车辆检修工作的基层单位,一般设在编组站、国境站、铁路枢纽以及货车大量集散和始发终到旅客列车较多的地点。车辆段主要承担车辆的定期检修和日常保养工作,因此在段内设有修车库、修车线及辅助车间等。在它所负责范围内的每一编组站和区段站上均设有列车检修所,并根据需要设立站修所等日常检修单位。

(二)日常维修

为使车辆经常保持良好的技术状态,在定期检修之间的运用期内,还必须对车辆进行日常检查和维修工作。只有日常检查和定期检修配合起来,才能保证车辆的完好和正常运用。

日常维修工作由列车检修所和站修所等单位承担。列车检修所对经本站中转或到达本站的列车中所有车辆进行技术检查和修理，同时还负责扣修定检到期的车辆。站修所的任务是进行货车的摘车修理、轴检和辅修工作。为了车辆的良好运用和加速车辆周转，在日常维修中应尽量采取不摘车的修理方式。

货车日常维修的内容包括技术检查和故障修理。技术检查是对货车的技术状态进行检查，发现故障应及时进行摘车修理或不摘车修理。不摘车修理是利用车辆停站时间，在不影响解体作业或正点发车的情况下，在列车到发线、调车线或货物线上进行修复作业。对一些较大的一时难以修复的故障，必须把故障车辆从列车中摘下，送到专用临修线或站修所修理，称为摘车修理。货车的日常维修由列检所和站修所等单位承担。

客车和货车不同，有固定的配属段，并按照规定的区段运行，因此客车日常维修的内容包括车底在到达终点站或在始发站出发前，在整备库内进行的技术检查、日常保养和清扫整备作业。旅客列车在沿途由旅客列检所负责进行技术检查和不摘车修理。此外，在旅客列车上还设有车辆乘务员，随车进行途中的技术保养工作。客车的日常维修工作集中在旅客列车编成站、更换机车的客运站上进行。由客车技术整备所、旅客列车检修所和车辆检车包乘组共同承担。

(三)地对车安全监控体系——5T 系统

5T 系统即地对车安全监控体系，包括采用不同检测手段的五大监控系统，全方位的对运行中列车的车辆进行动态监控，由于这五个系统的英文名称首字母都是 T，因此被称为“5T 系统”，投入运用较早的 5T 系统主要包括以下五部分。

1. 车辆轴温智能探测系统(THDS)

利用安装在铁路两侧的红外线轴温探测设备捕捉通过车辆的轴

承或轴箱辐射红外能量，通过和车号设备结合，对车辆轴位准确定位，通过联网应用，可有效预报、防范热切轴故障发生，如图 7-10 所示。

图 7-10　车辆轴温智能探测系统(THDS)

2. 车辆运行品质轨边动态监测系统(TPDS)

利用设在轨道上的测试平台，动态检测运行中车辆轮轨间的动力学参数，实现对车辆运行状态的识别。通过对运行状态不良车辆的报警、追踪、处理，减少脱轨事故的发生。系统具有车轮踏面损伤监测功能，能对擦伤、剥离、失圆、偏心等各类踏面损伤进行科学的评判，根据其严重程度分级报警，如图 7-11 所示。

图 7-11　车辆运行品质轨边动态监测系统(TPDS)

3. 车辆滚动轴承故障轨边声学诊断系统(TADS)

利用轨边声学传感器阵列对车辆轴承的振动声音信号进行采集，采用现代声学诊断技术，判断出轴承故障类型和故障缺陷程度，实现对滚动轴承早期故障的预警、防范，如图 7-12 所示。

图 7-12 车辆滚动轴承故障轨边声学诊断系统(TADS)

4. 货车故障轨边图像检测系统(TFDS)

利用“高速摄像”技术，在区间轨道轨面下适当位置，安装一组高速摄像机，对运行中列车车辆下关键部位进行“高速摄像”，通过人、机结合的方式对图像进行辨认识别，代替列检工人车下目测检查车辆关键部位，使户外列检所部分作业变为室内作业、使车辆停车技术检查变为运行中检查，如图 7-13 所示。

5. 客车运行安全监控系统(TCDS)

客车运行安全监控系统主要对客车车辆轴温、供电、车门、车下电源、火灾、空调、防滑器、制动系统和转向架进行监测，通过 GPRS 通信设备实现远程监控，如图 7-14 所示。

车辆到站后通过 WLAN 与地面联网，自动下载数据，并通过地面专家系统进行数据统计，分析车辆各设备的性能，定位故障指导维修，消除安全隐患；通过 WEB 终端查询系统形成车辆段、路局、铁路总公司三级监控中心，实现车辆的安全运用、维修、管理和监督。通

图 7-13 货车故障轨边图像检测系统(TFDS)

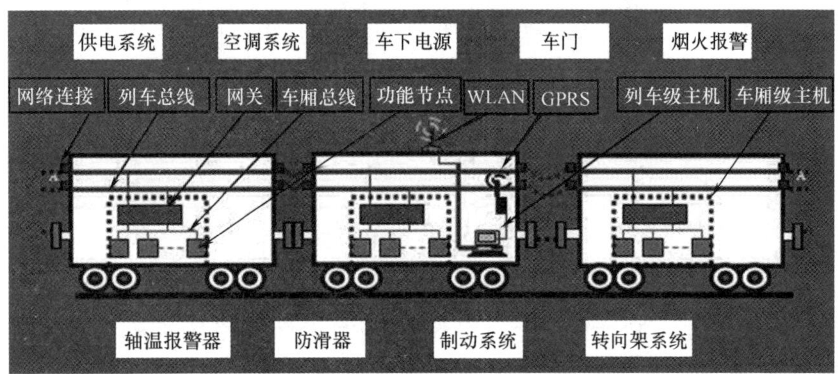

图 7-14 客车运行安全监控系统(TCDS)

过地面监控设施的建立,实时掌握客车的运行安全状况。

随着车辆安全监测、检测技术的发展,近年来,相继研发了铁路客车故障轨旁图像检测系统(TVDS)、动车组运行故障图像检测系统(TEDS)等,严格意义上讲,5T 系统已不是五个系统了。

第二节 动车组

动车组是国内外铁路客运大量采用的车型,由动力车和拖车或全部由动力车长期固定地连挂在一起组成的车组，其中带有动力的车辆称为动车（用 M 表示，以下同），不带动力的车辆称为拖车（用 T 表示，以下同），动力车上也可以乘坐旅客，列车两端都带有司机室，可在线路上往复运行。动车组具有安全、高速、高效、快捷、舒适、环保以及编组灵活等特点，因此，备受世界各国铁路运输和城市轨道交通运输的青睐。近年来，我国也在引进国外先进动车组技术的基础上大力展开自主创新，目前，已有蓝箭、中华之星、中原之星、CRH1、CRH2、CRH3、CRH5、CRH380A/AL、CRH380B/BL、CRH380CL、CRH380D、CRH6、CR400AF、CR400BF、CRH6 等多种国产化动车组投入运营。“和谐号”高速动车组的投入使用，标志着我国铁路已经基本掌握时速 200 km 及以上高速动车组的核心技术。

一、动车组的类型

1. 按动力源分，有内燃动车组和电力动车组两种。

其中内燃动车组按传动装置型式不同可分为液力传动和电力传动，而电力动车组又有交—直电传动、交—直—交电传动和交—交电传动等型式。目前国内外所采用的动车组多数都是电力动车组。

2. 按动力配置形式分，有动力集中式和动力分散式。

动力集中式动车组列车只有两端为动车，其余均为拖车，可以采用前挽后推的推挽方式运行，如法国的 TGV-PSE 动车组即为动力集中式动车组，由两辆动车和八辆拖车编组而成，两辆动车位于车组的两端，即 2 动＋8 拖（M＋8T＋M）形式。我国浦镇车辆厂生产制造的“新曙光”号动车组（M＋9T＋M）也为动力集中型动车组。这种类型的动车组一般所有控制指令均由驾驶端动车发出，另一动车通过列车总线接受控制指令。由于动力装置安装比较集中，动力集中式动车组具有检查维修方便，以及电气设备的总重量相对较小等优点。但其缺点也比较突出，即动车的轴重较大，对线路不利。

动力分散式动车组有完全分散和相对分散两种模式。完全分散模式是指高速列车编组中的车辆全部为动力车，如日本的0系高速列车，16辆编组中全部是动力车，这种模式采用较少，目前我国没有采用。相对分散模式为动车组采用的主要模式，是指高速列车编组中一部分是动力车，其余部分为无动力的拖车，如日本的700系高速列车，16辆编组中有12辆动力车，4辆是拖车，即12动＋4拖；我国的CRH2型动车组8辆编组中有4辆是动车，4辆是拖车，即4动＋4拖。目前，我国的高速动车组均为此种模式。

动力分散型动车组虽然有牵引力设备的数量多，总重量大的缺点，但其优点更多，如最大轴重小，对线路的影响小，列车总体利用率高，列车的牵引及制动性能好，可靠性高，运用成本低等。因此，动力分散动车组是当今世界铁路动车组，特别是高速动车组技术发展的方向。

二、动车组的优点

相对于传统的机车车辆模式，动车组在运营上有许多优点，尤其是动力分散型电动车组，优点更为明显，主要有以下几方面。

1. 由于动车组在两端都有司机室，因此，转换运行方向较为方便，可以加快运转速度。在保证安全的前提下，可明显提高行车密度，从而提高整个铁路网的运输能力。同时也能减少车务人员的工作及提高安全。

2. 动车组甩挂方便，比较容易组合成长短不同的列车。可以根据客流的大小，加挂或少挂动车组，由于动车组中每组都是既有动力车，又有拖车，因此，加挂动车组不影响速度，少挂动车组而不影响动力的发挥。

3. 动力效率较高，启动加速快。动力分散的动车组驱动轴较多，黏着性能比较稳定，容易实现高速运转。

4. 最大轴重小，同时对线路的影响小。由于动车组的牵引设备分散布置在各动力车上，能够降低列车的轴重，减小运行阻力，减少对铁路线路的影响，降低基本建设投资，同时，也减少维修保养费用。

5. 动车组的制动效果好。电力动车组因为有较多的电动机，所以再生制动能力良好。另外，动车组一般都采用两种或两种以上制动方式，制动效果更为显著。

6. 动车组更加注重环保。高速动车组的内部装饰和化工材料全部符合国际环保规定的要求，卫生间均采用集便式便器，集中收集排放污物，不会对列车行经路段沿线造成污染，车外噪声也非常小，将噪声污染降到最低。

三、动车组在国内外的发展

1. 国外动车组的发展历程

世界上高速铁路旅客运输多数都采用动车组，国际上常见的动车组有日本的新干线，德国的ICE，法国的TGV、欧洲之星，意大利的ETR，瑞典的X2000等，日本川崎重工、法国阿尔斯通、德国西门子、加拿大庞巴迪和意大利菲亚特公司是掌握时速200 km及以上动车组集成和关键部件技术，并具有批量生产能力的主要制造商。

2. 我国动车组的研发

我国动车组的发展起步较晚，直到20世纪末，各铁路机车车辆厂才开始进行动车组的研究与开发，但在铁路总公司的引导和支持下，通过引进和消化国际先进技术，以及大力开展自主创新，我国的动车组发展迅速。自1998年我国第一列商用动车组“春光号”在南昌铁路局运营以来，目前已有“春城号”、“新曙光”、“蓝箭”、“神州号”、“普天号”、“先锋号”、“中原之星”、“中华之星”、“和谐号”等十余种内燃和电力动车组投入商业运营。

3. 我国 CRH 系列动车组的开行

2004 年，我国启动了时速 200 km 及以上动车组和大功率机车技术引进与国产化项目，按照国务院“引进先进技术，联合设计生产，打造中国品牌”的要求，在引进技术时，从我国巨大铁路市场和国力优势地位出发，要求拥有先进高速铁路技术的世界 4 强与国内最强的机车车辆制造企业联合设计生产 CRH 系列动车组，并结合我国国情、路情进行再创新，使之迅速成为适合于我、为我掌握的先进技术，创造出了中国式的发展速度。

动车组的运营不仅为我国铁路客运增加了一种新型的交通工具，而且也带动了其他行业的发展，同时也为铁路运输带来了新的活力，为我国铁路创造了良好的经济效益和社会效益。随着我国城市化进程的持续发展和城市化水平的不断提高，以及城际铁路的建设和运营，我国动车组除了在中长途旅客运输中起到重要作用外，在中短途运输、大城市近郊和城际旅客运输中，也有着巨大的市场潜力。

四、动车组的运用和维修

1. 动车组的运用

由于动车组是指列车的牵引动力装置（相当于机车）和载客的装置（相当于客车车底）固定为一体的特殊车底，因此，动车组具有机车和客车车底双重性质，但其运用方式又不同于机车和车辆。动车组由中国铁路总公司统一管理，统一调配，实行配属制度。

（1）CRH 系列动车组

铁路总公司结合我国铁路的线路、通信信号、牵引供电和旅客运输的特点，全面系统地引进国外先进成熟的动车组设计制造技术，并对系统进行了优化，形成了中国铁路高速动车组的技术体系、知识产权和中国 CRH 品牌，实现了成套技术的消化吸收和动车组中国制造。首次验证了动车组对我国既有线提速的适用性。

我国铁路第六次大提速，上线运行的动车组名称为“和谐号”，原名 CRH 系列，CRH 是 China Railway High-speed（中国铁路高速）的缩写，目前有 CRH1～CRH400 几种型号。其中，CRH1 型动车组主要用于城际间的中短途运输；CRH2 型动车组主要配属在北京以南地区；CRH5 型动车组主要配属在北方地区；CRH3、CRH380 型动车组主要配属在时速 300 km 高速铁路；CRH400 型动车组主要配属在时速 300～350 km 高速铁路；CRH6 是目前国内最新型城际动车组。

国产 CRH 系列动车组每列为 8 辆编组，并可实现两列车连挂运行。列车具有运行性能安全监测，对重要部件和系统进行实时监测、报警和记录，提前向动车段传输信息功能。

①CRH1“和谐号”动车组

CRH1“和谐号”动车组由我国南车集团四方机车车辆股份有限公司与加拿大庞巴迪的合资公司——青岛四方-庞巴迪铁路运输设备有限公司生产，运营时速 200 km，8 辆编组，5 动 3 拖，定员 668 人。

②CRH2“和谐号”动车组

我国南车集团四方机车车辆股份有限公司联合日本川崎重工，引进川崎重工业的新干线 E2-1000 型动车组技术，南车四方机车车辆股份有限公司负责国内生产，运营时速 200～250 km，8 辆编组，4 动 4 拖，定员 610 人。2006 年 9 月 28 日，四方机车车辆股份有限公司生产制造的首列 CHR2“和谐号”动车组下线。通过速度升级研发的 CRH2-300 运营时速 300～350 km，在此基础上还开发了时速 250 km 的长编组座车和卧铺车。

③CRH3"和谐号"动车组

我国北车集团唐山轨道客车有限责任公司联合德国西门子公司，引进西门子 ICE3 技术，由北车唐山轨道客车有限责任公司负责国内生产，运营时速 300～350 km，8 辆编组，4 动 4 拖，定员 556 人。2008 年 4 月 11 日，国产首列时速 350 km 动车组在唐山轨道客车有限责任公司竣工下线。

④CRH5"和谐号"动车组

我国北车集团长春轨道客车股份有限公司联合法国阿尔斯通公司，引进法国阿尔斯通的 Pendolino 宽体摆式列车技术，取消了装设的摆式功能，车体以法国阿尔斯通为芬兰国铁提供的 SM3 动车组为原型。由北车长春轨道客车股份有限公司负责国内生产，运营时速 200～250 km，8 辆编组，5 动 3 拖，定员 622 人，尤其适合高寒地区使用。

⑤CRH380A/AL"和谐号"动车组

南车四方机车车辆股份有限公司的 CRH380A 是青岛四方的设计人员在吸收 200 km 动车组的经验上，实现的完全自主设计研发的新一代高速动车组，它的诞生是中国高速列车设计制造实现国产化所迈出的重要的一步。CRH380A 运营速度 380 km/h，8 辆编组，6 动 2 拖，定员 490 人；16 辆编组，14 动 2 拖，定员 1 028 人。2010 年 12 月 3 日，在京沪高速铁路枣庄至蚌埠间的先导段联调联试和综合试验中，国产列车 CRH380A"和谐号"新一代高速动车组最高运行时速达到 486.1 km，再次刷新世界铁路运营试验最高速度。

⑥CRH380B/BL"和谐号"动车组

CRH380B/BL 型动车组是通过技术引进、消化、吸收再创新完成的自主创新产品，该动车组以 CRH3 型动车组技术为基础，以京津、武广试验及运用实践积累经验为依托，以"高速列车国家科技支撑计划”实施为支撑，在持续高速运行安全可靠性前提下，满足长编组大运量需求。CRH380B/BL 运营速度 350 km/h，16 辆车编组，8 动 8 拖，定员 1 005 人。

⑦CRH380CL“和谐号”动车组

CRH380CL 型动车组由中国中车集团长春轨道客车股份有限公司在 CRH3C、CRH380BL 型电力动车组基础上自主研发的 CRH 系统高速动车组，是继 CRH380B、CRH380BL 后又一款高寒动车组。运营速度 350 km/h，16 辆车编组，8 动 8 拖，定员 1 005 人。

⑧CRH400A/BF“和谐号”动车组

2017 年，中国标准动车组 CR400AF 和 CR400BF 正式获得了“型号合格证”和“制造许可证”。其中，CR400AF 被称为“蓝海豚”，是由中国中车集团四方机车车辆股份有限公司生产的中国标准动车组，8 辆编组，4 动 4 拖，定员 556 人；CR400BF 被称为“金凤凰”，是由中国中车集团长春轨道客车股份有限公司生产的中国标准动车组，8 辆编组，4 动 4 拖，定员 556 人。

中国标准动车组具备互联互通，即不同厂家生产的相同速度等级动车组能够重联运营、不同速度等级的动车组能够相互救援。互联，通过统一机械接口，实现物理互联；互通，通过统一电气接口，实现逻辑互通；互操作，通过统一操作界面、工作模式实现两列动车组重联互操作。

中国标准动车组构建了体系完整、结构合理、先进科学的中国动车组技术标准体系，具有创新性、安全性、智能化、人性化、经济性等特点，涵盖了动车组基础通用、车体、走行装置、司机室布置及设备、牵引电气、制动及供风、列车网络标准、运用维修等 10 多个方面。大量采用中国国家标准、行业标准、中国铁路总公司企业标准等技术标准，同时采用了一批国际标准和国外先进标准，使中国标准动车组具有良好的兼容性能。研制过程中，在运用安全、节能环保、降低全寿命周期成本、特别是进一步提高安全冗余等方面加大了科技创新力度。

⑨CRH6"和谐号"动车组

CRH6 是由中国南车南京浦镇车辆公司联合广东省成立的广东轨道交通车辆修造基地即将生产的国内最新型城际动车组，由浦镇公司派出技术及管理人员赴江门进行大规模批量生产，首列车由南京制造。CRH6 型车是城际轨道交通的核心技术装备，可以满足载客量大、快速乘降、快启快停的运营要求，关键技术及零部件与和谐号动车组完全一致。CRH6 的编组采用干线铁路动车组 8 辆标准编组、编组长度 199.5 m。CRH6 型车实现覆盖时速 160～250 km 速度等级，覆盖干线铁路和城际铁路的运营需求，覆盖国内和国际城际动车组的运营需求。

(2)我国 CRH 动车组编组运用的相关规定

①单列动车组为固定编组，运用状态下不得解编，两列同型动车组可重联运行。

②CRH 系列动车组可在既有线路的指定区段及新建的客运专线上以 200 km/h 及以上速度级正常运行。

③超过检修周期的动车组严禁上线运行。

④动车组禁止与其他列车混编(中国标准动车组除外)，禁止加挂各型机车车辆(无动力回送时除外)。

⑤动车组禁止通过驼峰，调车时禁止溜放。

⑥严格控制动车组超员。

⑦动车组 1 号和 8 号车均设有驾驶室，可在两端操纵驾驶。

⑧动车组在始发、终到、通过站不安排客列检进行技术作业。

⑨动车组司机需转换司机室操纵时，应通知车站，在 15 分钟内

完成转换作业。

(3)北京铁路局动车组运用现状

截至2017年3月,北京铁路局配属动车组型号包括CR400AF、CR400BF、CRH2A、CRH2E、CRH5A、CRH3C、CRH380A、CRH380AL、CRH380B、CRH380BL、CRH380BG、CRH380CL等12种车型,主要承担了京沪高铁、京广高铁、京昆高铁、京津城际、石太客专等多条客运线路的运用工作。

2. 动车组检修

(1)动车组修程修制

高铁动车组检修修程分为五级修程,一、二级为运用检修,三、四、五级修为高级检修。运用检修、高级检修分别在动车运用所、动车组检修基地中进行。检修范围如下所述。

①一级检修:主要是对动车组进行检查、测量及故障件的更换。

②二级检修:包括关键部件状态检测、关键部件外观检查、内部检查、功能检查、解体检查及维修、列控装置状态的检查。

③三级检修:在二级修的基础上,动车组进行架车,对牵引电机、动力驱动装置、制动装置等主要部件解体后检查,转向架检查安装完毕后,在基地的试验线路上进行运行试验。

④四级检修:在三级修基础上,增加对车体内部及连接部的检查及修理工作。车组分解每一个单元,车上、车内、车下所有设备下车检修,主要部件互换修。高压布线在车上做耐压试验、车体气密检查等。进行全列车的性能试验、基地内运行试验,最后上线运行。

⑤五级检修:对车体进行全部解体检查,更换重要部件,进行车体气密检查、整车性能试验和运行试验等。

(2)动车组运用检修

我国铁路负责高速动车组运用、检查、维护的场所主要有动车组运用所及动车段。动车组运用所配置在主要高速客运站周边，承担所在高速站始发、终到动车组的整备和存放作业，及所属动车组的一、二级检修和临修作业，是动车组运用检修的主体。动车组运用所配备的主要设施包括检查整备设施、临修设施、走行部故障诊断设施、车体外部自动清洗设施、集便器排污设施、信息化设施、存车设施等。动车段是配属动车组，承担高速动车组的整列整备及存放任务，完成高速动车组的日常检查、各级检修及临修作业的动车组检修场所，动车组大型的检修作业一般都是在动车段进行。我国高速铁路动车组运用检修在运用所进行，定期检修在动车段进行，执行统一的检修标准，运用所承担动车组检修后的运用安全和质量责任。

动车段所配备的设备比较全面，包括检修库、存车场、临修库等基础设施，动车运用所具备各种检查、整备、检修、临修和管理等各种设施，而且数量较多，能满足多列动车组的同时检修。具体包括动车组不落轮车床、动车组空心轴探伤机、动车组轮辐轮辋探伤机、动车组轮对故障动态检测系统、动车组受电弓与车顶状态动态监测系统、公铁两用车、动车组地面电源、动车组库内三层检修作业平台、动车组头车检修作业平台、动车组真空泄污系统、动车组转向架更换设备、动车组自动上砂车、动车组外皮清洗机、动车组外皮清洗机专用自动连挂前牵车机、综合水处理系统、动车检修库安全连锁监控系统等设备。

如果动车运用所、动车段设置合理，一方面可以大幅度减少动车组因日常检修需要，造成车体空送，可以提高动车组的运营能力和使用效率，从而减少动车组使用数量；另一方面可以提高主要客运站的始发能力，利于动车组列车开行方案的编制。

(3)动车组高级检修

高速动车组检修基地是保障动车组技术状态良好并能高效运营

的基础，检修基地应具备动车组的管理、检查整备、检修、零配件储备及配送以及信息化管理等功能。

依据路网布局与发展规划，结合动车组的配属和使用方案，铁路总公司已在北京、上海、武汉、广州等多地建立了现代化动车组检修基地。检修基地在覆盖范围上立足于时速 200 km，涵盖时速 300 km 动车组，并兼顾城际动车组的检修要求；在检修能力上做到“一次规划，分步实施”；在设置方式上充分体现集中检修、分散存放的原则。同时为充分发挥检修基地功能，科学合理地配置检修资源，检修基地由铁路总公司统一管理，面向全路，服务全路。目前，七大检修基地均已建成使用，它们各自的辐射范围分别为：

(1)北京基地重点辐射东北、华北及京津环渤海地区，承担京津城际、京哈、京沪、京广线动车组的检修任务；

(2)武汉基地重点辐射华中、西南地区及华北部分地区，承担武汉、长沙、郑州、西安、襄樊等地动车组的检修任务；

(3)上海基地重点辐射华东地区、部分华中地区及长三角地区，承担京沪、沪汉蓉、浙赣客运专线和杭州—宁波—深圳间的城际铁路网动车组的检修任务；

(4)广州基地重点辐射华南及珠江三角地区，承担京广、广深、广珠客运专线和杭州—宁波—深圳间等地的沿海客运专线动车组列车的检修任务。

(5)西安基地

西安检修基地成为我国西北部规模最大、功能最先进、建设标准和现代化程度最高的动车组检修基地，将进一步优化资源配置，提高动车组检修效率，为打造西部高铁枢纽提供充足的检修保证。

(6)成都基地

成都基地辐射西南地区，辐射管理成遂渝铁路、成达铁路、成灌快铁、成绵乐客专、成渝客专、西成客专等，承担我国西南部地区“和谐号”动车组的检修任务。

(7)沈阳基地

沈阳基地重点辐射东三省地区，承担哈大高铁、盘营高铁、沈大快铁、沈丹高铁等线路动车组的检修任务。

第八章　铁路机车

机车是铁路运输的牵引动力。由于铁路车辆(动车组除外)不具备动力装置,需要将其连挂成车列,由机车牵引沿钢轨运行。在车站内,车辆的转线以及货物车辆的取送等各项调车作业,都要由机车完成。因此,铁路为了完成客货列车的牵引和车站的调车工作,必须保证提供足够数量、牵引性能良好的机车;同时,还必须加强对机车的保养与检修工作,正确组织机车的合理运用等。

第一节　概　　述

一、机车发展历程

18 世纪 60 年代起,以蒸汽机的发明和运用为主要标志的第一次工业革命,推动了铁路机车的诞生。1814 年英国人史蒂文生制成世界上第一台蒸汽机车——“布鲁克”号,1825 年英国修建了从斯托克顿至达林顿 21 km 长的铁路,这是世界上第一条蒸汽机车牵引的铁路,标志着陆上交通运输迈入了以蒸汽机车为动力的铁路运输的新纪元。

19 世纪 70 年代后,以电的应用和电动机、内燃机的发明为主要标志的第二次工业革命,推动了铁路牵引动力的革命性变化。1879 年,德国人西门子制造出一台小型电力机车,由 150 V 直流发电机供电,电力机车从此发展起来。1890 年,英国的电力机车正式用于营业,1895 年美国将电力机车应用于干线运输。1891 年,德国制成世界上第一台 4 马力内燃机车，1925 年美国首次投入运用 300 马力内燃机车。第二次世界大战后，柴油机车的性能和制造技术迅速提高，加之石油价格低廉，促进了内燃机车的发展，美国、英国、加拿大等国都在 10 年左右时间内实现内燃机车化。

进入 20 世纪 50 年代，以信息化技术和自动化技术为主要标志的第三次工业革命，开始席卷全球。铁路受到来自公路和航空等运输方式的威胁，英美和西欧各国纷纷把重点放在改进和更新机车制造技术，以提高机车运行速度和牵引重量上来。目前的机车与早期的机车相比，速度提高了十几倍，机车功率和牵引总重量提高了数百倍。

中国铁路机车发展经历了从蒸汽机车—内燃机车—电力机车（含磁悬浮列车、动车组）的转变。1952 年 7 月，四方厂试制成功 1 台解放型蒸汽机车，揭开了我国蒸汽机车制造史的新篇章。中国的内燃机车自主研制开始于 50 年代中期，1958 年大连机车车辆工厂研制出“巨龙”号电传动内燃机车，同年北京二七机车工厂试制出建设型直流电传动调车内燃机车，随后由戚墅堰厂、四方机车车辆厂、成都机车车辆工厂、大同机车工厂、大连机车车辆工厂等不断总结经验和改进设计生产出了东方红型、DF_4 系列、DF_7 系列、DF_8 系列、DF_{10} 型、DF_{11} 型等多种内燃机车。1958 年 12 月 28 日，中国第一台电力机车研制成功，命名为 6Y1 型。1968 年开始研制生产了 SS_1、SS_2、SS_3、SS_4、SS_4 改、SS_7 系列、SS_8、SS_9 型等直流传动电力机车。进入 21 世纪，以“引进先进技术、联合设计生产、打造中国品牌”为原则，实施铁路技术装备现代化的发展规划，研制出 HXN_3、HXN_5 型交流传动内燃机车和 HXD_1、HXD_2、HXD_3 型系列交流传动电力机车。

至 20 世纪 70 年代，世界上主要发达国家先后完成了铁路牵引动力现代化，即以内燃机车和电力机车来替代蒸汽机车。铁路牵引动力现代化，究竟是内燃机车牵引为主还是电力机车牵引为主，是与各国的具体国情分不开的。发展中国家多以内燃机车牵引为主，主要是内燃机车牵引投资相对较低。

二、机车的分类

1. 按牵引动力分为蒸汽机车、内燃机车、电力机车。

(1)蒸汽机车。蒸汽机车是通过蒸汽机把燃料的热能转换成机械能，用来牵引列车的一种机车。蒸汽机车主要由锅炉、汽机、走行部、车架、煤水车、车钩缓冲装置、制动装置组成。锅炉是供给机车动力的能源；装在机车两侧的两套汽机把蒸汽的热能转换成机械能，以驱动机车运行。由于蒸汽机车的构造比较简单，制造和维修比较容易，成本比较低，因此最早被世界各国铁路所采用。但是，蒸汽机车的热效率太低，其总效率一般只有5%～9%；煤水消耗量很大，需要大量的上煤、给水设备，且对环境有较大的污染。因此，在现代铁路运输中，蒸汽机车已被内燃、电力机车取代。

(2)内燃机车。内燃机车是以内燃机作为原动力的一种机车。内燃机车的热效率可达30%左右，其优点是机车整备时间短，持续工作时间长，适用于长交路；用水量少，适用于缺水地区；初期投资比电力机车少，而且机车乘务员劳动条件好，便于多机牵引，但内燃机车的缺点是噪声大、对大气和环境污染大。目前北京铁路局配属的内燃机车主要包括DF_4系列、DF_7系列、DF_{8B}、DF_{11}系列、HXN_3、HXN_5型机车。

(3)电力机车。电力机车是靠其顶部升起的受电弓从接触网上取得电能后并转换成机械能牵引列车运行的，由牵引电动机驱动车轮。电力机车因为所需电能由电气化铁路供电系统的接触网供电运行的，所以是一种非自带能源的机车。电力机车具有功率大、过载能力强、牵引力大、速度快、整备作业时间短、维修量少、运营费用低、便于实现多机牵引、能采用再生制动以及节约能量等优点。使用电力机车牵引车列，可以提高列车运行速度和承载重量，从而大幅度提高铁路运输能力和通过能力。目前北京铁路局配属的电力机车主要包括 SS_4、$SS_{4改}$、SS_8、SS_9、HXD_2 系列、HXD_3 系列型机车。

2. 按用途分，有客运机车、货运机车、调车机车。客运机车要求速度高，货运机车要求牵引力大，而调车机车要具有机动灵活的特点，主要用于铁路站场内或专用线车辆的编组、解体、专线等调车作业。

3. 按传动方式分为直流传动机车、交流传动机车。

三、机车标记和行车安全装备

机车应有识别的标记，包括路徽、配属局段简称、车型、车号、最高运行速度、制造厂名及日期。在机车主要部件上应有铭牌，在监督器上应有检验标记。电气化区段运行的机车应有"电化区段严禁攀登"的标识。内燃机车燃料箱上应标明燃料油装载量。

机车须配备机车信号、列车运行安全监控系统（LKJ、机车安全信息综合监测装置 TAX 箱、机车语音记录装置、列车运行状态信息系统车载设备、机车车号识别设备）、车载无线通信设备、机车列尾控制设备等。机车应逐步配备机车车载安全防护系统、机车限鸣示警系统及空气防滑装置等。电力机车还应配备自动过分相装置，并根据需要装设弓网检测装置等。

四、机车牵引性能的基本概念

机车牵引列车运行的过程，就是机车牵引力克服列车起动时和运行中所受的阻力过程。机车牵引力 F 和运行速度 V 的乘积，就是机车的功率N,单位为kW。任何一种机车,它的最大功率是一定的,叫作标称功率。

机车在牵引列车时,由于线路纵断面及其他因素的影响,所受到的阻力是经常变化的。为了充分利用机车的功率,要求机车在各种不同运行阻力情况下,都能具有恒功率输出性能,这就要使机车牵引力乘以运行速度等于常数。可见,牵引力和速度之间应当成反比关系,当速度小时,牵引力大;速度大时,牵引力小。

把机车牵引力F和运行速度V的这种要求表示在坐标上,就是一条曲线。这条曲线叫做机车理想牵引性能曲线,无论任何一种机车的牵引特性,都应与其相符合。

第二节 内燃机车

一、内燃机车分类、型号和轴列式

(一)内燃机车分类

1. 按传动方式可分为液力传动、电力传动两种类型。

(1)液力传动内燃机车。采用的是液力传动装置,由柴油机驱动液力传动装置的变扭器泵轮,将机械功转变成液体的动能,再经变扭器的涡轮转换成机械功,以适应机车的各种运行情况,然后经万向轴、车轴齿轮箱等部件传至车轮。这种机车可以节约大量钢材,但传动效率较电力传动稍低,适合牵引客运列车。

(2)电力传动内燃机车。柴油机驱动主发电机,然后向牵引电动机供电,并通过牵引齿轮驱动机车轮对旋转。根据电机型式不同,又可分为以下四种。

①直—直流电力传动。主发电机与牵引电动机均为直流。

②交—直流电力传动。采用交流主发电机,发出三相交流电,经

硅整流柜整流后输送给直流牵引电动机。它比前一种电力传动方式在技术上和经济指标上都先进，被世界各国铁路广泛采用。

③交—直—交电力传动。交流主发电机发出三相交流电，经硅整流器整流变成直流电，再经可控硅逆变器转变成为预定的可变频三相交流电供给交流牵引电动机。

④交—交流电力传动。是一种中间没有直流环节而直接变频的交流传动。交流主发电机发出的三相交流电，分别送给几组变频器，将预定频率的三相交流电供给交流牵引电动机，驱动机车动轮。

2. 按走行部可分为车架式和转向架式。

车架式内燃机车的走行部与蒸汽机车走行部相似，现在基本不采用。

转向架式内燃机车的走行部与车辆走行部相似，使用最为普遍。单节机车的转向架数一般为两台，也有三台甚至四台的(电传动)；每台转向架的轴数为 2～4 根。转向架各轴通常均为动轴，动轴有单独驱动的，也有成组驱动的。转向架式内燃机车的优点是：固定轴距短，容易通过曲线；弹簧减振系统完善，利于高速运行；检修方便等。

（二）内燃机车型号、轴列式

1. 内燃机车的型号。我国习惯上采用汉字表示国产内燃机车的类型，例如“东风”表示电传动内燃机车，液力传动内燃机车以“东方红”、“北京”表示。另外以汉字拼音字母“ND”和“NY”等表示进口内燃机车的类型，其中 N 表示内燃机车，D 表示电传动，Y 表示液力传动。

和谐系列交流传动内燃机车是大连机车厂和戚墅堰机车厂分别与美国 EMD 和 GE 公司合作生产的 HXN_3 和 HXN_5 型机车，其中“HX”代表汉字“和谐”，“N”代表“内燃”。

2. 内燃机车的轴列式。所谓轴列式，就是用数字或字母表示机车走行部结构特点的一种简单方法。我国原来采用数字表示，现规定转向架式机车用字母表示。国外有用数字表示的，也有用字母表示的。

转向架式机车的轴列式表示规则：以英文字母表示动轴数，如A即1，B即2，C即3，D即4等；注脚“0”表示每一动轴为单独驱动，无注脚表示动轴为成组驱动，如DF_{4B}型电传动内燃机车的轴列式为“C_0—C_0”。

二、内燃机车基本构造

内燃机车种类繁多，但其基本组成是相同或相似的。一般说来，内燃机车在构造上包括发动机（柴油机）、传动装置、车体、车架、走行部及辅助装置五部分。

（一）发动机（柴油机）

发动机是机车的动力装置，其作用是将燃料的热能转变为机械功。内燃机车主要采用柴油机，即利用燃油燃烧时所产生的燃气直接推动活塞做功。因此，一般所说的内燃机车是指柴油机车。机车柴油机多为四冲程、多缸、废气涡轮增压、压燃式柴油机。各种柴油机都用一定的型号表示，如东风4B型内燃机车上采用的“16V240ZJB”型柴油机，表示有16个气缸，分成两排V形排列；气缸内径为24 mm；Z表示增压，装有废气涡轮增压器和增压空气中间冷却器；J表示铁路牵引用；B表示产品改进变型符号。它是一种四冲程机车用柴油机。

1. 柴油机基本组成

柴油机主要由固定机件、运动机件、配气机构、进排气系统、燃油系统、冷却系统、润滑系统组成。

（1）固定机件。是柴油机安装和支承各种机件的基础，为柴油机提供燃烧做功的场所，主要由机体、主轴承、气缸、气缸盖、油底壳及安装支承座等组成。

(2)运动机件。主要指柴油机中做功、传递和输出功率的曲轴连杆机构，即由活塞组、连杆组、曲轴组等部件组成，其作用是将燃料在气缸内产生的热能转变成机械能，并把活塞的直线运动转变为曲轴的旋转运动。

(3)配气机构。用来控制柴油机的换气过程，按照规定的配气时机和气缸发火顺序，准时、正确控制各个汽缸进、排气门的开启和关闭，以保证换气过程的顺利进行。

(4)进排气系统。作用是向气缸内供给充足、清洁的空气，同时尽可能干净地排出气缸中燃烧膨胀后的废气，并将废气的能量充分地加以利用，以提高柴油机的进气压力。

(5)燃油系统。主要任务是按照柴油机的负荷和转速变化，定质、定时、定量地向气缸内喷射雾化的燃油，使之与空气很好地混合以利于燃烧，保证柴油机的正常工作。由燃油箱、燃油粗滤器、燃油输送泵、燃油精滤器等燃油输送装置及喷油泵、高压油管和喷油器等燃油喷射装置组成。

(6)冷却系统。主要任务是对柴油机实行适当的冷却，保证柴油机的主要零部件在适宜的温度状态下工作，从而使各运动部件之间保持合适的配合，达到较高的充气量，以保证柴油机高效能地持久工作。

(7)润滑系统。主要任务是不断地把清洁的润滑油(机油)送到柴油机各运动机件的摩擦表面，以减少摩擦阻力，从而减少机件的磨损和功率消耗，并冷却摩擦表面和冲走磨屑。

2. 柴油机工作原理

柴油机气缸活塞通过连杆与曲轴相连，在气缸盖上设有进、排气门和喷油器。进排气门由配气机构驱动，喷油器由供油装置控制。燃油通过喷油嘴喷入气缸并与高温高压空气相遇，燃烧膨胀做功。活塞需要经过往复4个行程，柴油机才能完成进气、压缩、燃烧膨胀、排气一个工作循环。四冲程柴油机就是如此不断地工作，把柴油燃烧产生的热能转变成机械能。

3. 柴油机工作循环过程

(1)进气冲程：在曲轴的驱动下，活塞由上止点向下运动，同时在配气机构的作用下，进气阀开启，排气阀关闭，新鲜空气由进气阀进入气缸，直至活塞移动到下止点，这时新鲜空气充满气缸。

(2)压缩冲程：在曲轴的驱动下，活塞由下止点开始向上运动，同时在配气机构的作用下，进气阀关闭，排气阀仍处于关闭状态。此时随着活塞向上移动，使进入气缸内的新鲜空气不断地被压缩，其压力和温度不断升高，直至上止点，为柴油自燃创造了必要条件。

(3)做功冲程：当活塞接近上止点时，供油装置使喷油器打开，向气缸内喷入高压雾状燃油，燃油与气缸内的高温高压空气混合，迅速自行燃烧。燃气压力、温度迅速上升，并开始膨胀，推动活塞下行，通过曲柄连杆机构使曲轴转动，并由曲轴向外输出机械功，直到活塞到达下止点，即把燃料的化学能转变为热能，再转变为机械能。

(4)排气冲程：在曲轴的驱动下，活塞由下止点开始向上运动，同时在配气机构的作用下，排气阀打开(进气阀仍关闭)。这时气缸内经过膨胀做功的燃气(废气)开始由排气口排出，直至活塞再次到达上止点，废气排净。

在配气机构的作用下，进气阀又重新打开，排气阀关闭，柴油机又重新回到第一个冲程，并按上述顺序循环，不断工作。柴油机启动时,必须靠外力先使曲轴转动,以发生第一个循环。在内燃机车上,柴油机的启动是由机车上的蓄电池向启动发电机供电,启动发电机带动曲轴转动的。

（二)传动装置

传动装置是柴油机曲轴与机车动轴之间的传速比可变的中间环节,其作用是使柴油机的功率传到动轴上并符合机车牵引要求,使机车具有良好的牵引性能。内燃机车的传动装置有液力传动和电传动两种,它们在结构原理、运用维修上均有较大区别。

1. 设置传动装置的必要性。内燃机车设置传动装置可使机车在运行过程中,当运行阻力发生变化时可以改变机车柴油机的供油量,即不改变柴油机的输出功率,而通过传动装置自动地调节列车的运行速度和机车的牵引力,维持机车恒功率,使柴油机始终工作在最佳状态,同时还保证了柴油机的空载启动、机车换向运行以及机车有较大的调速范围。

2. 交—直流内燃机车传动装置的组成

主要由主发电机、整流装置和牵引电动机等组成。

3. 交—直流内燃机车传动装置的工作原理

柴油机的曲轴输出端与发电机的转子连接在一起,组成柴油机发电机组。当柴油机工作时,带动转子旋转,如果给励磁绕组输入电流,发电机可发出三相交流电,把机械能变成交流电能,经三相桥式整流柜 1ZL 整流后变成直流电,再供 6 台并联的牵引电动机 1D-6D 使用,此时,又将电能转换成机械能,通过传动齿轮驱动动轮旋转,使机车运行。

牵引发电机 F 的励磁机也是一台三相交流发电机,由柴油机曲轴通过变速箱带动的。励磁机发出的交流电,经过一个小型的三相桥式整流柜 2ZL 整流后,将直流电送给主发电机的励磁绕组。

交—直流内燃机车传动装置工作原理示意如图 8-1 所示。

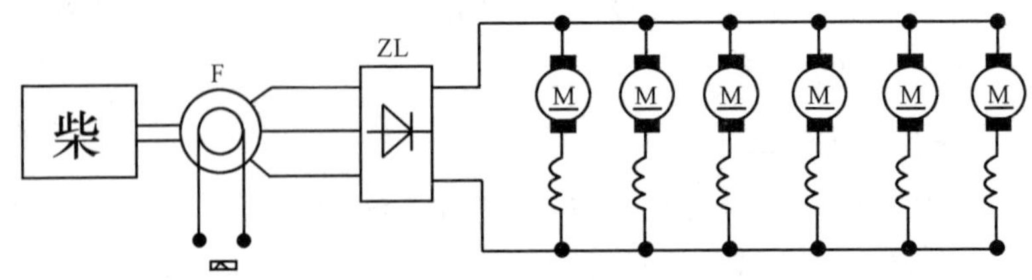

图 8-1 交—直流内燃机车传动装置工作原理示意

(三)车体和车架

车体和车架是机车安装各大部件的基础,并能保护各种设备免受外界条件的干扰。

(四)走行部(转向架)

走行部(转向架)的作用是承受机车上部重量;将传动装置传递来的功率实现为机车的牵引力和速度,保证机车运行平稳和安全。内燃机车走行部采用构架式转向架。

牵引杆装置是将机车车体与转向架连接在一起,并且传递牵引力和制动力的机构。

基础制动装置采用的是独立作用式单侧闸瓦制动,即每个车轮都有一个制动缸制带动,采用单侧闸瓦、带闸瓦间隙自动调节器的独立制动系统。

(五)辅助装置

辅助装置的作用是保证发动机、传动装置和走行部的正常工作和可靠运行。内燃机车的辅助装置主要包括燃油供给系统、预热及冷却水系统、机油系统、空气管路制动及撒砂系统、电控和照明系统。此外,还有辅助驱动装置、信号装置、通风装置、防寒设备、灭火器以及工具等。

三、内燃机车制动和换向

（一）机车制动

大多数内燃机车主要采用空气制动机。我国内燃机车空气制动装置大多数采用 JZ-7 型空气制动机。主要由空气压缩机、总风缸、制动阀、管路和基础制动装置等组成。由空气压缩机产生的压缩空气储存在总风缸内，是制动所用的动力来源，机车的制动和缓解是由司机操纵制动阀来实现的。和谐型交流传动内燃机车采用法维莱制动装置。

（二）机车换向

电传动内燃机车的运行方向由牵引电动机的旋转方向决定，只要改变牵引电动机中励磁绕组的电流方向就能改变牵引电动机的旋转方向，从而改变机车的运行方向。改变励磁绕组电流方向是通过转换开关 ZK 控制换向器来实现的。

四、北京铁路局配属的主型内燃机车

（一）DF_{4D}型内燃机车

DF_{4D}型内燃机车是在 DF_{4C}型货运内燃机车基础上，为替代 DF_{4B}型客运机车，满足铁路客运需要而设计开发的干线客运内燃机车，如图 8-2 所示。

机车采用框架式侧墙承载车体、内走道式，为全焊接钢结构型式。柴油机型号为 16V240ZJD，柴油机气缸直径 280 mm，柴油机标定功率 2 940 kW，最低空转稳定转速 430 r/min，机车标称功率 2 425 kW，最大运用速度 140 km/h，最大恒功率速度 132 km/h，持续牵引力 215 kN，持续速度 39.8 km/h，整备重量（138±3%）t。空气制动装置采用 JZ-7 型空气制动机，并设有空气干燥装置。机车走行部为两台可以互换的三轴转向架，机车整个上部结构通过八个弹性橡胶旁承坐落在两个转向架上。牵引电动机为顺置排列，并采用滚动轴承抱轴的悬挂方式以适应高速运行的需要。

图 8-2 DF_{4D}型内燃机车

（二）DF_{8B}型内燃机车

DF_{8B}型机车为大功率交—直流电传动干线货运内燃机车，是DF_8、DF_{11}机车的系列产品，也是 DF_8 机车的换代产品，如图 8-3 所示。设计中充分考虑了产品的通用性和继承性，尽量借用 DF_8、DF_{11}机车的成熟部件，尤其是 DF_{11}机车上先进可靠的新型部件，如具有全功率自负荷试验功能的电阻制动装置、双流道散热器等。该机车在限制坡度为 4‰的线路上，可牵引 5 000 t 重载列车，最大速度 100 km/h，标称功率 3 100 k，最大恒功率速度 90 km/h，持续速度 31. 2 km/h，装用 16V280ZJA 型柴油机、JF204D 型同步主发电机和 ZD109C 型牵引电动机，柴油机气缸直径 280 mm 标定功率 3 860 kW，最低空转稳定转速 400 r/min，机车整备重量(138＋12)t，并采用微机控制系统、具有全功率自负荷试验功能的电阻制动装置等新技术。

（三）DF_{11}型客运内燃机车

DF_{11}型准高速内燃机车是戚墅堰机车车辆厂在东风型内燃机车

图 8-3 DF_{8B}型内燃机车

研制成功的基础上开发的新机型，机车主传动为交—直流电传动，是我国当前单节功率最大、速度最高的客运内燃机车，如图 8-4 所示。机车整备重量 138 t，标称功率 3 040 kW，最大恒功率速度160 km/h，机车最大速度 170 km/h，持续速度 63 km/h，持续牵引力 163 kN。该型机车装用 16V280ZJA 型柴油机，它是在 16V280ZJ 型柴油机的基础上强化并改进提高的系列产品。其标定功率由 16V280ZJ 型柴油机的 3 680 kW 提高到 3 860 kW；装车功率由3 310 kW 提高到 3 610 kW：在满足提升功率、降低油耗和提高可靠性、耐久性的前提下，尽量保持与 16V280ZJ 型柴油机的通用性和互换性。采用 JF204C 型同步主发电机，其额定容量为 3 600 kVA；ZD106 型架悬式牵引电动机，额定功率为 530 kW。机车具有列车供电功能，装有辅助柴油发电机组，最大供电功率 2×400 kW，供电制式为 AC380V。

(四)HXN_3型交流传动内燃机车

HXN_3型内燃机车是大功率交流传动干线货运内燃机车，如图 8-5所示。HXN_3型内燃机车额定功率 4 400 kW(6 000 马力)，机车标称功率 4 100 kW，最高运行速度 120 km/h，机车整备重量 (150±3%)t，柴油机装车功率 4 660 kW(6 250 马力)，最大启动牵引力620 kN，持续牵引力 598 kN，恒功率速度为 23～120 km/h。该车

图 8-4 DF_{11}型内燃机车

装用 16V265H 型大功率柴油机、采用交流传动、32 位 EM2000 微机控制、网络通信控制、故障诊断、CCBⅡ电控制动等先进技术，具有持续牵引力大、低油耗、低排放、低辅助功率消耗、运行速度高、可靠性高、操作方便等技术特点，能够满足双机牵引 5 000 t，平直道上 120 km/h 运行的要求。

图 8-5 HXN_3型交流传动内燃机车

第三节 电力机车

一、电力机车分类、型号和轴列式

(一)电力机车分类

按传动方式分为直流传动电力机车、交流传动电力机车。

直流传动电力机车由直流(脉流)牵引电动机驱动,交流传动电力机车由三相交流异步电动机或三相交流同步电动机驱动。

按供电电流制分,直流传动电力机车又可分为直流供电电力机车和交流供电电力机车。

直流供电电力机车,接触网只有 1.5 kV 的直流电压,结构简单,输电距离有限,机车功率较小,目前欧洲、日本仍有运营。

交流供电电力机车,接触网有单相低频(25 Hz 或 1.6 Hz)和单相工频(50 Hz)两种。我国电气化铁路从一开始就采用 25 kV 单相工频供电制,电压较高,输送距离远,且不需要在铁路用电与国家电网的工业用电之间增加变频设备。

(二)电力机车型号和轴列式

电力机车型号与内燃机车型号命名基本相同。用汉字或字母表示电力机车的类型,如“SS_4”表示“韶山 4”型电力机车,“SS_{7E}”表示“韶山$_{7E}$”型电力机车;再如,HXD_2 型机车,其中“HX”代表汉字“和谐”,“D”代表“电力”。

电力机车的轴列式与内燃机车轴列式表示规则相同。SS_1、SS_3、SS_9 型电力机车的轴列式为“$C_0—C_0$”;“SS_4”、“$SS_{4改}$”型电力机车的轴列式为“2($B_0—B_0$)”。

二、电力机车基本构造和工作原理

电力机车主要由车体、车底架、走行部、车钩缓冲装置、制动装置和一整套电气设备等组成。其中，除电气设备外，其余部分均与内燃机车相似。

以交—直型电力机车为例，其工作原理是靠车顶部升起的受电弓，从接触网上取得 25 kV 单相工频交流电，经机车内的主变压器降压，再经整流装置将交流电转换为直流电，供给直流牵引电动机，经齿轮传动装置转换成机械能后，牵引列车运行。

三、电力机车电气设备及其电路

电力机车上设有各种复杂的电气设备，而所有的电气设备均分别装设在主电路、辅助电路和控制电路中。

（一）主 电 路

主电路将产生机车牵引力和制动力的各种电气设备连成一个系统，实现机车的功率传输。主电路中包括的电气设备主要有受电弓、主断路器、主变压器、调压开关、硅机组、平波电抗器、牵引电动机和制动电阻等。

1. 受电弓。机车顶部装有两套单臂受电弓，受电弓紧压接触网导线，从电网上取得电流，供机车使用。机车运行时只需升起一套受电弓，另一套受电弓可备用。接触网上送来的 25 kV 单相工频交流电由此引入机车。

2. 主断路器。是用来接通或断开电力机车高压电路的。当主电路发生短路、接地或整流调压电路、牵引电动机等设备发生故障时，能自动切断机车电源，实现对机车上设备的保护。

3. 主变压器。又称牵引变压器，把从接触网上取得的 25 kV 高压电降低为牵引电动机所适用的电压。变压器共有1个原边绕组和3个副边绕组(牵引绕组、励磁绕组、辅助绕组)。其中,原边绕组接25 kV高压电;牵引绕组用来向牵引电动机供电;励磁绕组用在电阻制动时给电动机提供励磁电流;辅助绕组用来给机车的辅助电机供电。

4. 调压开关。用来调节牵引变压器中副边牵引绕组的输出电压,从而使牵引电动机的端电压得以改变,达到机车调速目的。

5. 硅机组。将交流电整流后,向牵引电动机供直流电。

6. 平波电抗器。由于牵引电动机本身的电感极小,不足以将整流后的电流滤平到所需要的范围。因此,在牵引电动机电路中串接一个增大电感的平波电抗器,以减小整流电流的脉动。

(二)辅助电路

辅助电路电源来自主变压器的辅助绕组,通过劈相机将单相交流电转变成三相交流电后,供给牵引通风机、油泵电机组和空气压缩机等辅助电机使用。

(三)控制电路

控制电路将主电路和辅助电路中各电气设备的控制电器(包括各控制开关、接触器、电控阀等)同电源、照明、信号等的控制装置连成一个电系统。

以上三个电路系统在电气方面一般是相互隔离的,但三者通过电磁、电空或机械传动等方式相互联系、配合动作,用低压电控制高压电,以保证操作的安全和实现机车的运行。

四、电力机车制动和换向

(一)机车制动

机车制动包括空气制动、电阻制动、再生制动。当机车需要制动时,除使用空气制动装置外,可辅以电阻制动。司机扳动转换开关,从牵引位到制动位，把牵引电动机从串励电动机改成他励发电机，把电枢绕组同制动电阻连接起来。这样，车轴带动电动机的电枢旋转，发出的电流就会被制动电阻变成热能散去，从而消耗机车惰行时的机械能。电阻制动的主电路工作可靠、稳定，技术相对简单，目前在电力机车得到广泛使用。

再生制动就是将机车电能重新反馈回电网中加以利用，也称“反馈制动”。电力机车进行再生制动时，牵引电动机作为发电机工作，将列车在运行中所具有的机械能转换成电能送回接触网。尤其是在长大下坡道上，电力机车可以进行恒速再生制动。

（二）机车换向

电力机车运行方向的控制与内燃机车一致，也是采用改变牵引电动机励磁绕组的电流方向实现的。

五、北京铁路局配属的主型电力机车

（一）韶山 4 型直流传动电力机车

韶山 4 型电力机车是交—直传动货运机车。机车运转整备重量 184 t，轴式为 2（B_0—B_0），持续功率 6 400 kW，最高运行速度 100 km/h，如图 8-6 所示。

图 8-6 韶山 4 型电力机车

(二)韶山 8 型直流传动电力机车

韶山 8 型电力机车是交—直传动客运机车。机车运转整备重量 88 t,轴式为 B_0—B_0,持续功率 3 600 kW,最高运行速度 170 km/h,如图 8-7 所示。

图 8-7　韶山 8 型电力机车

(三)韶山 9 型直流传动电力机车

韶山 9 型电力机车是交—直传动客运机车。机车运转整备重量 126 t,轴式为 C_0—C_0,持续功率 4 800 kW,最高运行速度 170 km/h,如图 8-8 所示。

图 8-8　韶山 9 型电力机车

(四)HXD_2型交流传动电力机车

HXD_2型电力机车是由大同电力机车有限公司与法国阿尔斯通公司联合研制的交—直—交传动货运机车，如图 8-9 所示。机车运转整备重量 200 t，轴式为 $2(B_0—B_0)$，持续功率 9 600 kW，最高运行速度 120 km/h。机车具备多机无线重联，远程同步控制功能。

图 8-9 HXD_2型交流传动电力机车

(五)HXD_{2B}型交流传动电力机车

HXD_{2B}型电力机车是由大同电力机车有限公司制造的交—直—交传动货运机车。机车运转整备重量 150 t，轴式为 $C_0—C_0$，持续功率 9 600 kW，最高运行速度 120 km/h，如图 8-10 所示。

图 8-10 HXD_{2B}型交流传动电力机车

(六)HXD_3型交流传动电力机车

HXD_3型电力机车是由大连机车车辆有限公司与日本东芝公司联合研发的交—直—交传动货运机车,如图 8-11 所示。机车运转整备重量 138 t,轴式为 $C_0—C_0$,持续功率 7 200 kW,最高运行速度 120 km/h。此种机车黏着系数高,牵引力大。

图 8-11 HXD_3型交流传动电力机车

(七)HXD_{3B}型交流传动电力机车

HXD_{3B}型电力机车是我国首先拥有自主知识产权的交—直—交传动货运机车,由大连厂制造。机车运转整备重量 150 t,轴式为 $C_0—C_0$,持续功率 9 600 kW,最高运行速度 120 km/h,如图 8-12 所示。

图 8-12 HXD_{3B}型交流传动电力机车

（七）HXD_{3C}型交流传动电力机车

HXD_{3C}型电力机车是大连厂研制的交—直—交传动客运机车。机车运转整备重量 138 t，轴式为 $C_0—C_0$，持续功率 7 200 kW，最高运行速度 120 km/h，如图 8-13 所示。

图 8-13 HXD_{3C}型交流传动电力机车

（八）HXD_{3D}型交流传动电力机车

HXD_{3D}型电力机车是大连厂研制的交—直—交传动客运机车。机车运转整备重量 126 t，轴式为 $C_0—C_0$，持续功率 7 200 kW，最高运行速度 160 km/h，如图 8-14 所示。

图 8-14 HXD_{3D}型交流传动电力机车

第四节 机车的运用与检修

机车的运用和检修是铁路运输工作的重要组成部分，也是机务部门的基本任务。质量良好地检修机车，确保机车的完好状态；经济、合理地运用机车，对完成铁路运输任务具有十分重要的意义。机车运用和检修实行中国铁路总公司（以下简称总公司）—铁路局—机务段三级管理。

一、机车运用管理

我国铁路机车运用管理工作贯彻“统一指挥、分级管理”的原则，以利于充分发挥各级机车运用管理组织的职能作用。

（一）机车交路和乘务制度

机车运用上的一个特点是，机车只要离开机务段，就要受负责运输有关人员的调度和指挥。所以机务部门和行车部门的关系特别密切，必须联动协作才能安全、高效、优质地完成运输任务。

1. 机车交路

机车固定担当运输任务的周转区段，叫作机车交路。按用途分为客运机车交路和货运机车交路；按机车运转方式分为循环运转制、半循环运转制、肩回运转制和环形运转制机车交路等；按区段距离分为一般机车交路和长交路。客运机车交路区段距离 800 km 以上、货运机车交路区段距离 500 km 以上的为长交路。总公司负责确定跨局机车长交路并定期公布。

2. 机车运转制

机车从事列车牵引作业的方式称为机车运转制。它是组织机车运用，确定机车整备设备布置，决定机车全周转时间的依据，是影响铁路运输工作效率的重要因素。机车运转制分为肩回、循环、半循环和环形运转制。

(1)肩回运转制

机车担当与机务段相邻区段的列车牵引任务,列车每次返回机务段所在站都需要入段作业的叫作肩回运转制。采用肩回式运转制时,机车由机务本段出段后,牵引列车到区段站,入折返段进行整备,再牵引相反方向的列车返回到机务本段进行整备作业。机务本段担当两个方向相反的机车交路的,称为双肩回运转制,如图 8-15 所示。

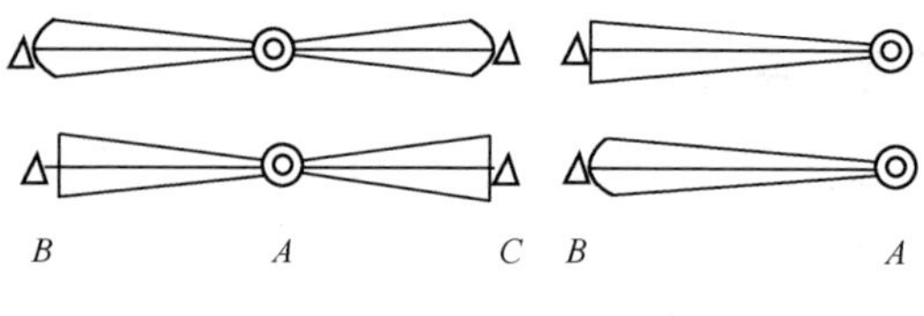

图 8-15 肩回式运转制示意

(2)循环运转制

机车担当与机务段相邻两个区段的列车牵引任务,除因检修需要入段外,其余每次返回基本段所在站时,只在车站上进行整备作业。一般情况下采用循环运转交路,两交路区段的距离较短,乘务员在折返段折返,如图 8-16 所示。

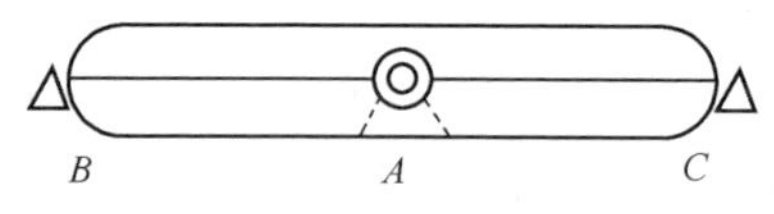

图 8-16 循环运转制示意

我国铁路在许多机务段所在站的到发场有机车整备设备,机车可以在到发线上进行整备而不必入段,从而压缩了机车在机务段的停留时间。

循环运转制具有以下优点:

一是减少了机车出入本段的时间,从而缩短了机车周转时间,提高了机车运用效率。

二是减少了机车乘务员每次出乘的补充工作时间，在一定程度上改善了乘务员的劳动条件，或可以相应地延长机车交路长度。

三是减少了机车换挂作业及出入机务本段的次数，减轻了车站咽喉道岔的负担，提高了站场的通过能力。

实行循环运转制对机车质量提出了较高的要求，必须保证机车在一个辅修期间不发生入段临修，同时在机务本段所在站必须设置部分整备设备，使站场布置复杂化。

(3)半循环运转制

机车担当与基本段相邻两个区段的列车牵引任务，机车第一次返回基本段所在站时不入段，继续牵引列车向前方区段运行，到第二次返回基本段所在站时才入段进行整备作业。如图 8-17 所示。

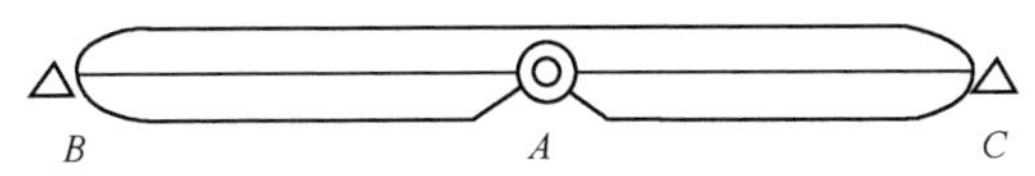

图 8-17 半循环运转制示意

(4)环形运转制

机车在不到一个牵引区段或在枢纽内担当两次及两次以上往返的列车牵引任务之后，才入段进行整备作业的。机车牵引列车时可以逆向运转而不转向。如图 8-18 所示。环形运转制一般在距离短而运量较大的交路区段上的市郊列车和小运转列车采用。

图 8-18 环形运转制示意

3. 机车乘务制度

机车乘务制度是机车乘务员使用机车的制度，分为轮乘制、包乘制、轮包结合制。按值乘方式分为标准班、单班单司机、双班单司机。机车乘务制度的选择应符合工作时间标准和运输需要，目前我国干线机车实行轮乘制，调车机车、小运转机车实行包乘制，担当固定调车作业的调车机车乘务员原则上采取小四班轮班方式。

(1)包乘制。实行包乘制时，将一台机车分配给固定的几个机车乘务组，这几个机车乘务组称为机车的包乘组。实行包乘制的机车，每台机车设司机长一人。机车包乘组在司机长领导下，负责所包机车的运用、安全、保养、节约、整备、验收、保管、交接等工作，以保证较好地完成运输生产任务。也就是说机车包乘组负有对所包机车的包用、包养、包管全部责任。

包乘制的特点是：一是加强了乘务员对机车保养的责任心，有利于机车的保养工作，保证机车经常处于良好的技术状态，能质量良好地投入运用；二是乘务员熟悉所包机车的性能特点，有利于钻研和发挥操纵技术；三是为机车的运用管理工作提供了方便的条件。

建国以来，包乘制取得了显著的成果。但因为机车的利用程度受到包乘组工作时间的限制，机车有时需要在段内长时间停留，以保证机车乘务员足够的休息时间，这样就造成机车的生产时间不能充分利用，从而降低了机车的运用效率。

(2)轮乘制。近年来，随着牵引动力的改革，在电力机车整备作业量少，运行距离长的条件下，我国逐步实行了轮乘制和轮包结合制。实行轮乘制度，机车不分配给固定的机车乘务组，而是将机务段全体机车乘务员和全部机车统一组织，集中使用，按照歇人不歇车的循环轮乘管理体制，由许多机车乘务组轮流使用全部机车。由于机车和乘务组之间没有固定关系，机车工作时间的利用不受机车乘务组的牵制，所以能更为合理和高效地使用人力和机车。

实行轮包结合乘务制度是轮乘制的另一种形式，综合了包乘制和轮乘制的优点，更有利于发挥长交路的优势，弥补轮乘制保养工作不易落实、机车技术状态较差的缺陷。采用轮包结合乘务制度的方法一般是本段出发为包乘机班，外段折返为轮乘机班。

我国电力机车的机车乘务制度大多采用轮乘制。在轮乘制中由于实行中途轮班，循环轮乘，歇人不歇车的接力运转方式和机车乘务组采取顺序出乘，便于适当安排其休息时间。所以，机车运用效率大大提高。调查资料表明，实行轮乘制较包乘制可节约机车1/7左右，并使乘务员的劳动生产率提高25％～30％。因此，如果和电力机车适于长交路运行的特点结合起来看，轮乘制便是一种优越的、技术指标高、经济效果明显的，有发展前途的机车乘务制度。

轮乘制同包乘制比较有突出的优越性，具体表现为：

一是便于合理掌握机车乘务员的作息时间，实行长交路运行，提高乘务员的劳动生产率。

二是机车运用不受机车乘务组作息时间的限制，可以缩短非生产停留时间，提高机车运用效率。

三是减少了机车出入库的次数及等待列车的时间，缩短了途中停留时间，加快了机车周转，减少了运用机车台数。

四是减少了直通列车摘挂机车次数，缩短了中途站停时间，提高了旅行速度，加快了车辆周转，提高了线路通过能力。

五是减少了沿线机务设备及区段站的设置，可以少占农田，节省基本建设投资。

六是有利于实行专业化集中修，提高机车检修质量，降低检修成本。

4. 机车乘务员和乘务方式

(1)机车乘务员。机车乘务员包括机车司机和机车副司机，必须具备下列条件：

①符合岗位标准要求，司机须取得中华人民共和国铁路机车车辆驾驶证。

②敬业爱岗，胜任本职工作。

③身体条件符合国家对铁路机车车辆驾驶人员职业健康标准的要求。

④具备中专及以上学历，具有良好汉字读写能力并能够熟练运用普通话交流。

机车司机要做到遵章守纪、爱护机车、平稳操纵、安全正点；认真执行一次乘务作业标准，做到“彻底瞭望、确认信号、准确呼唤、手比眼看”；努力学习技术业务知识，不断提高操纵技术和应急处置能力，质量良好地完成运输任务。机车副司机的主要职责是在司机的领导下，认真执行一次乘务作业标准。

(2)乘务方式。机车乘务组如何换班出乘、担当机车作业的方法称为乘务组的出乘方式，又称机车乘务组的乘务方式。乘务方式根据交路长度和乘务组连续工作时间标准确定，一般分为立即折返、调休折返、外段换班(驻班)、中途站换班、定时换班和随乘等形式。

①立即折返。在行车密度较大的短交路区段上，机车由机务段到折返地点后，乘务员不换班连续担当相反方向开行的列车返回机务段，这种方式称为立即折返。

立即折返的换班方式乘务员在家中休息时间较长，有利于参加段内活动和学习，便于机务段对乘务员的组织管理工作。

②调休折返。机车在较长的交路区段工作，如乘务员在外段立即折返超过一次乘务连续工作最大时间限额时，乘务员需在外段休息一定时间后，再使用原机车牵引回程列车返回机务段，这种方式称为调休折返。

外段调休折返方式适用于行车密度小的较长交路上，但乘务员在外段休息的同时，机车也需要停留等待，所以机车运用效率较低。

③外段换班(驻班)。机车牵引列车到达外段后，交由在外段驻班的乘务员接乘返回，这种方式称为外段换班。

外段换班方式适用于行车密度较大的交路，乘务员在外段休息时间较充分，机车运用效率较高，但其缺点是：机车固定担当同一交路，机车运用受到一定限制；乘务员在外段时间较长，生活、学习受到一定影响。

④中途站换班。机车在长交路上工作及牵引沿零摘挂列车，乘务员单程一次乘务连续作业时间超过规定的最大限额标准时，必须在适当的中间站(区段站)设立换班点，这种方式称为中途站换班。

中途站换班方式的优点是：可以节省机务段、折返段的基建投资和运营费用，提高机车运用效率，加速车辆周转，提高运输能力。其缺点是：如果采用三班包乘或采用四班包乘时，则分别有一班和两班乘务员长期驻在中途站或折返段，影响乘务员的生活和学习，也不便于对乘务员的管理。

⑤定时换班。这种换班方式适用于专调及小运转机车，一般是 12 小时换一次班，作业繁忙的调车机车为四班包乘，换班时间可采用 8 小时制或白班 12 小时，夜班两班每班 6 小时，换班地点可在段内，也可在车站进行。

⑥随乘制。随乘是指乘务组均随机车出乘，经过一定时间在适当的地点轮换上车作业，不工作的乘务员按规定休息。这种换班方式的优点是机车运用效率高，机车运用灵活，机车交路可以很长，但乘务员休息、生活、学习条件都很差。

(二)机车周转图

机车周转图是机务部门组织运输生产的依据，是列车运行图的重要组成部分，须同时编制完成。科学合理地编制机车周转图，对实施列车运行图，保证行车安全，提高运输能力和机车运用效率，完成铁路运输任务，具有重要意义。

1. 机车周转图的编制依据和作用

机车周转图是根据所采定的机车交路、乘务制度、乘务员换班方式和机车在自外段、站的技术作业标准编制的机车工作计划，是机务部门组织运输生产活动的基础，它确定了机车运用、机车整备、机车检修工作计划，概括地确定了机务段的生产规模和人员编制。

2. 机车周转图的基本要求

(1)适应客货运输需要。

(2)结合年度及阶段机车配属计划，统筹安排各区段的牵引机型。

(3)科学合理查定各项技术作业标准。

(4)按照“机车长交路、乘务区段化”原则，合理安排机车交路和乘务交路，提高机车运用效率和乘务员劳动生产率。

(5)合理安排机车乘务员休息和劳动时间，保证值乘中精力充沛。

(6)积极推进地乘分离，适应机车整备、检修和乘务员技术作业的需要。

(7)积极采用新技术，采用计算机编图、绘图、指标计算和全路网络数据传输。

3. 机车周转图编制的基本任务

依据运输方案，确定使用机型、机车配置；合理确定机车交路、乘务交路、乘务制度、牵引定数、区间运行时分、整备作业时分等技术标准；合理确定动车组区间运行时分、司机乘务制度等技术标准；查定各项技术指标。

4. 机车周转图的分类

(1)按适应运输的性质分为基本机车周转图、分号机车周转图

(综合分号和独立分号)、旬间记名式机车周转图、日计划机车周转图。

基本机车周转图是对应基本列车运行图的,它适应一定时期的最大行车量,是一切机车周转图的基础。

分号机车周转图(包括综合分号和独立分号),是对应同名分号列车运行图的,它基本适应月计划行车量。旬、月计划机车周转图是按旬、月计划的行车量对分号机车周转图略加调整产生的。

(2)按列车种别分为客运机车周转图、货运机车周转图和客货混用机车周转图。客运、货运、客货混用机车周转图,是根据机车的服务对象取名的。

(3)按机车周转形式分为一元式机车周转图和分组式机车周转图。

一元式机车周转图是指用一台机车能够依次周而复始地牵引周转图中的全部列车。

分组式机车周转图是指一台机车能够依次周而复始的牵引周转图中一部分列车。

(三)机车运用指标

机车运用指标,根据其性质和作用的不同可分为数量指标、质量指标两大类。数量指标表示计划指标在规定时间内(如日、旬、月、季等)机车运用的经济活动在效率上应达到的目标,反映总的机车运用工作量,常用绝对数表示,如机车走行公里等。而质量指标则表示机车在运用计划内,在机车运用质量上应达到的目标,是两个有联系的效率指标的对比,常用平均值表示,如机车日车公里,机车日产量指标等。

1. 机车走行公里。机车走行公里为运用机车实际走行或换算走行的公里。

机车走行公里是机务段运用工作的一项重要指标，表示机务段的工作量，是机务段配属机车台数的依据。

机车总走行公里为沿线走行公里及换算走行公里之和。为了压缩全部运行机车的总走行公里，就必须压缩它所包含的各项走行公里和换算走行公里。

本务机走行公里的多少，主要由运量大小和列车牵引定数决定，一般可视为客观因素。但是，在运输组织工作中尽量减少欠重列车，实现超重运输，组织单机挂车等，都可压缩本务机车走行公里。同时，在条件允许时，努力提高列车牵引定数也是压缩本务机走行公里的一项措施。

除本务机车外，担任其他各项工作的机车，如补机、重联机车、单机、调车机车等的走行公里，更应大力压缩。

2. 机车牵引总重吨公里。为机车牵引列车(包括单机牵引车辆)完成的工作量。

计算方法：机车牵引总重吨公里＝机车牵引总重×实际走行公里。

注：双机合并牵引及挂有补机、重联机车时，牵引总重吨公里的计算按《铁路机车统计规则》中附件2“重联、补机机车牵引能力比例表”分劈。3台机车牵引列车时不考虑机型，其总重吨公里本务机车按40%，其余两台各按30%分劈。4台及以上机车牵引列车时，不分机型，平均分劈。

3. 机车日车公里。是指平均每台运用机车在一昼夜内走行的公里数。用S日表示，它是反映机车工时有效利用程度和列车速度这两个方面因素的重要指标。计算方法：机车日车公里＝机车沿线走行公里(不包括补机)÷运用机车台日(不包括补机)。

机车日车公里分客运机车日车公里、货运机车日车公里和支配机车日车公里。

4. 机车技术速度和旅行速度。技术速度(V技)是不计入中间站停留时间的列车机车在区段内的平均速度,也即列车机车在区间内平均每小时走行的公里。

旅行速度(V旅)是计入中间站停留时间的列车机车在区段内的平均运行速度,也即列车机车在区段内平均每小时走行的公里。旅行速度不仅考核机车牵引能力和操纵水平,而且能体现出中间站作业情况,列车组织、调度指挥水平等。

5. 机车台日产量

铁路运输工作的产品是"吨公里"。机车台日产量是平均每台运用机车在一昼夜内所生产的总重吨公里。机车日产量分为支配机车台日产量和货运机车台日产量。

为提高机车日产量,需要对机车日产量的有关因素进行分析,机车日产量的高低与日车公里、列车平均牵引总重成正比,与单机率、重联率、机车运行台数成反比,要提高机车日产量就必须大力提高列车平均牵引总重,加速机车周转,压缩机车使用台数,提高日车公里,减少单机走行率、重联率等有关因素。

7. 机车平均牵引总重。为每台机车平均牵引列车的总重量。提高机车平均牵引总重是提高机车日产量的主要环节。因此,要坚持满重,减少欠重,组织超重,特别要抓好运输方案,合理开行零担摘挂列车,提高小运转列车的牵引重量。

二、机车检修

机车检修工作的组织管理和技术管理是检修工作的重要组成部分,涉及检修管理原则,管理制度,组织形式、机构及职责,技术管理任务,技术管理范围,技术管理实施等内容。

（一）机车修程修制

机车经过一定时期的运用后，各部件都会发生磨耗、变形或损坏。为了保证机车的正常运用，延长使用期限，除了机车乘务员的日常检查和保养外，还必须进行各种定期检修。机车的定期检修除大修在机车工厂进行以外，其余的检修一般都在机务段内进行。认真做好检修工作，对保证机车的正常运用和延长使用寿命，具有十分重要的意义。机车修程设置主要分为：

1. 直流传动内燃、电力机车修程设置分为大修、中修、小修和辅修。

大修：机车全面检查修理，恢复机车基本性能，可同时进行机车或主要部件的技术提升。

中修：机车主要部件检查修理，恢复期可靠使用的质量状态。

小修：机车关键部件和易损易耗零部件检查维修和保养，有针对性的恢复机车运行可靠性。

辅修：机车例行检查和保养，做故障诊断，按状态修理。

2. 交流传动内燃、电力机车修程设置分为 C6 修、C5 修、C4 修、C3 修、C2 修、C1 修。

C6 修：机车全面分解检修，全面性能参数测试，恢复基本性能，可同时进行机车或主要部件的技术提升。

C5 修：机车主要部件分解检修，性能参数测试，恢复机车可靠质量状态。

C4 修：机车主要部件检查，性能参数测试，修复不良状态部件，恢复机车可靠质量状态。

C3 修、C2 修：机车关键部件重点检查维修，有针对性地恢复机车运行可靠性。

C1 修：机车例行检查和保养，利用机车自检系统进行故障诊断，按状态修理。

注:C1～C6 修,读作 1 级修～6 级修,其中“C”是取英文单词“Class”首个字母,含义为“等级”,“C”也是取“中国”和“中国铁路总公司”的英文“CHINA”和“CR”首个字母,代表 C1～C6 修修程设置是中国铁路自主知识产权。

(二)机车检修计划

目前我国的机车修理制度是有计划的,是预防性质的。从这一原则出发,机车在修理前必须有一个周密的修理计划,使机车检修工作按计划均衡地进行,这是组织机车检修工作所必不可步的条件,也是机务段合理确定劳动组织和充分利用设备能力的重要依据。检修计划由机务段技术科会同运用科、检修车间、整备车间、运用车间,根据机车走行公里或运用时间、实际技术状态、相关车间的生产情况等进行编制。

1. 机务段机车小辅修月度或旬(周)计划应在月或旬(周)开始前三至五天提出,经机务段主管段长批准后执行。

2. 机务段每年 9 月 20 日前,编制出次年分季的年度机车中修计划报铁路局。每季度开始前 45 天编制出分月的季度中修计划报铁路局,铁路局审查批准后,于季度开始前 30 天下达到承修单位,并通知委修段;需招投标的,完成招投标后,与承修单位签订合同。委修段每月开始前 25 天将中修机车检修技术状态书寄至承修单位。承修单位每月开始前 10 天,编制出中修施工月计划,报铁路局备案并通知委修段按计划组织送车。

3. 铁路局组织各机务段编制机车大修计划,每年分两次报送总公司运输局,第一次为 9 月 20 日前,报下年度及下年度上半年机车大修计划;第二次为 4 月 20 日前,报本年度下半年机车大修计划。

(三)机车检修质量指标

1. 机车检修率

机车检修率指检修机车占支配机车的比重,又称机车不良率,是指在一定时期内平均每天的检修机车台数占支配机车台数的百分比,它反映了铁路局或机务段在全部支配机车中检修机车所占的比重,其计算公式为:

机车检修率=检修机车台日÷支配机车台日×100%

机车检修率是考核机车质量的重要指标。机车检修率高,说明在全部支配机车中处于检修状态的机车数量多,这对于完成运输任务是不利的。

从上述公式中可见,机车检修率的高低和检修机车台日数的数量成正比,和支配机车台日数的数量成反比。支配机车台日数可以看作主要是由运输任务决定的客观因素,因此降低机车检修率的主要途径就在于减少检修机车台日数。

在实际工作中,除了计算总的机车检修率以外,往往还根据修程的不同分别计算各种修程的检修率。计算公式为:

C5、C6 修或大修机车检修率=C5、C6 修或大修机车台日÷支配机车台日×100%(其他修程类推)

在段修机车检修率=在段修机车台日÷支配机车台日×100%

临修率=临修机车台日÷支配机车台日×100%

上述公式中,大修台数包括在机务段等待入厂修理和工厂修理的定检机车,以及经铁路局批准人厂返工修理的机车;段修台数包括在本段、外段正修理中和等待修理的定检机车以及在工厂或段内外进行临修的机车。

有了以上检修和各种修程类别的机车检修率,就可以了解检修机车的状态,即处于各种修程和单位中的比重,也可以了解机车的检修工作量。同时,从各种修程类别的机车检修率大小,还可以了解机车检修率的变动主要是由于哪种机车及哪种修程检修率的增减所引起的,以便从中了解情况,进一步提高检修质量,降低机车检修率。

2. 机车平均定检公里及时间

机车平均定检公里(或时间)是指处于某种修程的每台修竣机车平均总走行公里(时间),它是按各种修程分别计算的,计算公式为:

机车平均定检公里(时间)=某种修程中的每台修竣机车走行公里(时间)之和÷该种修程的机车修竣台数

定检公里和定检时间是考核机车检修与保养质量的一种主要指标。延长定检公里(时间),就可以节约机车修理费用,降低运输成本,同时又可以腾出更多的时间从事生产活动。为此,必须力争定检公里(时间)的延长。从管理入手,落实责任制度、验收制度,推广先进司机的机车操纵、保养经验,可以提高机车检修质量和保养质量。

3. 机车平均修车时间

机车平均修车时间(又称检修停时)是指在各种修程中的每修竣一台机车平均所需要的时间。机车平均修车时间既包括机车在修理过程或等待修理中的时间,也包括检修或等待中发生的中断时间(如待料、节日、假日等)。

修车时间一般都是按照各种机车的修程分别规定、计算的,其计算方法为:

平均修车时间=各该修程的总修车时间÷各该修程的修竣台数

修车时间的长短是表示修车工作进度的重要指标。在保证修车质量的前提下,修车时间越短,则表示检修工作的进度越快,在一定时期内所能完成的修竣台数越多。因此,修车工作的快慢一方面影响到检修单位的生产成本和劳动生产率,另一方面也影响到可以运用的机车台数。机车检修率、平均定检公里(时间)、平均修车时间指标，都是从不同角度反映了机车运用、保养和检修工作质量。

4. 检修率之间的关系

(1)机车检修率＝C5、C6 修或大修机车检修率＋在段修机车检修率。

(2)在段修机车检修率＝在段修程机车检修率＋临修率，原则上临修率不超过在段机车检修率的 1/3。

第九章　牵引供电

将电能从电力系统传送到电力机车的电力设备总称为电气化铁道的牵引供电系统，简称为牵引供电系统。牵引供电系统主要包括牵引变电所和接触网两部分。

一、牵引供电系统构成及供电制式

1. 牵引供电系统工作原理

我国电力牵引供电系统采用工频、单相交流电，接触网额定电压为 25 kV。图 9-1 是牵引供电系统工作原理示意图，电力系统的电能经牵引变电所降压后送到铁路轨道上方的接触网上，电力机车（动车组）利用车顶的受电弓从接触网获得电能，牵引列车运行。

牵引供电制式按接触网的电流制式有直流制和交流制两种。我国电气化铁路的牵引供电采用单相工频（50 Hz）交流制，接触网的额定电压为 25 kV。

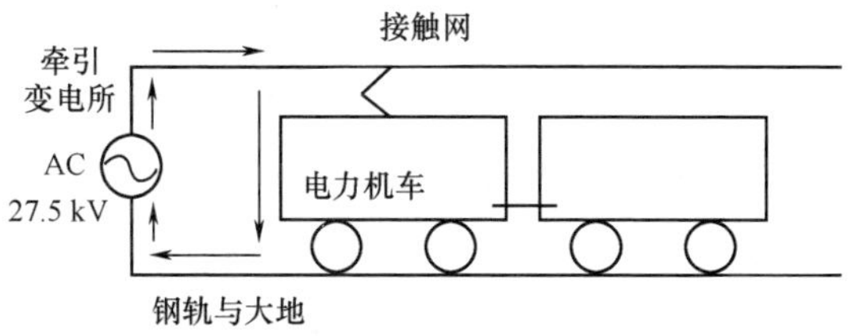

图 9-1　牵引供电系统工作原理示意

2. 牵引供电系统组成

图 9-2 是包括电力系统在内的牵引供电系统的示意图。

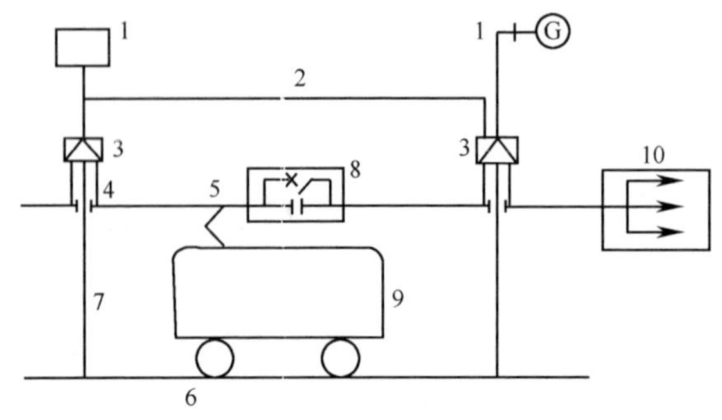

图 9-2 电气化铁道牵引供电系统组成

1—区域变电所或发电厂；2—高压输电线；3—牵引变电所；4—馈电线；5—接触网；6—钢轨；7—回流线；8—分区所；9—电力机车；10—开闭所

图 9-2 中的区域变电所或发电厂、高压输电线路等设施，归地方电力部门管理。

牵引变电所的功能是将电力系统送来的高压电变换成 27.5 kV 的电压，然后再向铁路沿线的牵引网供电。牵引网主要包括馈电线、接触网、钢轨、大地和回流线。

馈电线是连接牵引变电所和接触网的导线或电缆，将牵引变电所主变压器二次侧 27.5 kV 的电压输送到接触网。接触网是牵引网的主体，额定电压为 25 kV，电力机车的受电弓从接触网获取电能。

开闭所的主要作用是增加牵引变电所的馈电线数目，不进行电压变换，可以向馈线较多的负荷如枢纽站、电力机务段进行分束供电，方便停电检修并缩小故障停电范围。

在牵引供电系统中，钢轨是牵引回路的组成部分，和大地将牵引电流引回牵引变电所。在牵引供电系统中，为了利于牵引电流流回牵引变电所，一般设架空回流线，它和接触网的支柱同杆架设，既有利于牵引电流的回流，通过和其他一些设备的配合（如 AT 供电方式），又能大大降低牵引负荷电流对通信的干扰作用。

我国牵引供电系统均采用单边供电方式，两个牵引变电所间采用分相绝缘器进行绝缘，每个供电分区（供电臂）只由一个变电所供电。在复线单边供电方式中，通常在供电分区的末端设置分区所：供电臂末端采用断路器，将接触网上下行同相并联供电；用并联的隔离开关和分相绝缘器将相邻的接触网隔离开来；当一个牵引变电所因故停电时，可以闭合分区所内的越区开关由非故障牵引变电所实现越区供电。

3. 牵引供电方式

(1)直接供电方式

直接供电方式是在牵引变电所与接触网间不设任何防干扰设备的一种供电方式，将一根馈线接在接触线上，另一根馈线接在钢轨上，这种供电方式的馈电回路结构简单、造价低、牵引网阻抗小，能耗也较低。供电距离单线一般约为 30 km，双线一般约为 25 km。电气化铁路是单相负荷，机车由接触网取得电流，经钢轨回流牵引变电所，由于钢轨与大地是不绝缘的，一部分回流由钢轨流入大地，因此对沿线的通信线路产生干扰。

(2)带回流线的直接供电方式

带回流的直接供电方式是在接触网支柱上架设一条与钢轨并联的回流线 NF。利用接触网与回流线之间的互感作用，使钢轨中的电流尽可能地由回流线流入牵引变电所，因而能抵消接触网对邻近通信线路的干扰。

(3)BT 供电方式又称吸流变压器供电方式，在我国早期电气化铁路中有采用，其主要目的是为了提高牵引网防干扰能力，吸流变压器为 1∶1 的单卷变压器，其原边串入接触网中次边串入回流线中，吸流变压器的间隔为 3～4 km，在两个吸流变压器的中间设有吸上线，用于将钢轨中的牵引电流吸入回流线。但是，由于 BT 变压器自身存在较大的阻抗，且安装密度较大，其在牵引网中引起的电压损失将也较大。因此，在同等条件下，BT 供电方式变电所间距小于其他供电方式，且每 3～4 km 在接触网内存在断口，断口两端因 BT 自阻抗而存在一定的电压差，机车通过该断口时可能会产生电火花，导致接触网的使用寿命缩短。

(4)AT 供电方式又称自耦变压器供电方式，相对于其他供电方式而言，AT 供电方式具有更好的防干扰效果和更大的供电潜力，特别适合于高速铁路和重载铁路。牵引变电所主变压器二次侧 ±25 kV 端子分别接于接触网和正馈线，二次侧线圈中点接于钢轨。另外，上下行各架设有一根与钢轨并联的保护线，用于接触网或正馈线的闪络保护接地，保护线之间每隔 3～4 km 设有吸上线，每隔 10～15 km，将自耦变压器(AT1、AT2…)并入接触网和正馈线之间，自耦变压器中点与钢轨及保护线相连接。这种供电方式的牵引网阻抗小，电压损失小，电能损耗低，供电能力大，供电距离长，可达 40～50 km，牵引变电所间隔也增大。由于牵引负荷电流在接触网和正馈线中的方向相反，因而对邻近的通信线路干扰很小，如今已成为高速牵引供电优先采用的供电方式。

二、牵引变电所

牵引变电所是电气化铁路供电系统的心脏，是将电力系统高压输电线路输送的 110 kV(或 220 kV)的三相交流电，变换成不低于 25 kV(27.5 kV)的工频单相交流电，然后向它的邻近区间和所在站场线路的接触网送电，并保证可靠而又不间断地供电。牵引变电所的主要设备包括以下几部分。

1. 牵引变压器

牵引变压器的作用是将高压 110 kV(或 220 kV)变换为27.5 kV

(55 kV)的电能。

2. 高压开关设备

高压开关设备包括高压断路器、高压熔断器和隔离开关等。其中,高压断路器用来通断正常情况下空载电流和负荷电流,还可以在系统发生故障时与保护装置相配合,迅速切断故障电源,防止事故扩大。隔离开关没有专门的灭弧装置,在分闸状态有明显可见的断口,在合闸状态能可靠地通过正常工作电流和短路、故障电流。熔断器是最简单的保护电器,兼有开关的作用,当电路中通过短路电流时,利用熔件产生的热量使本身熔断,切断电路,起到保护电气设备、缩小事故范围的作用。

3. 互感器

(1)利用互感器可以将二次电气设备与高电压、强电流的一次电路隔离,保证人身和设备安全。

(2)准确的变换电压、电流。将一次电路中的高电压、大电流变为二次回路的低电压(一般标称电压为 100 V)和小电流(一般标称电流为 5 A 或 1 A)供给测量仪表和继电保护使用。

(3)使二次电气设备标准化、系列化、小型化。

4. 综合自动化系统

综合自动化系统指应用计算机技术、通信及信息处理技术、网络技术等,完成对变电所主要设备和输配电线路的监视、控制、测量、继电保护、故障录波、远动控制以及调度通信等二次系统功能。

5. 自用电系统

向牵引变电所二次设备及所内照明、生活用电供电的系统称为自用电系统。由专门的自用变压器承担。

6. 回流接地和防雷装置

牵引变电所的保护接地和工作接地采用同一个环状接地网。主变压器牵引侧接地端与接地网相连,也与钢轨、回流线相连,从而形成牵引电流的回流通路。

为预防雷害,安装避雷针、避雷器等。

7. 电容补偿装置

当电力牵引供电系统的功率因数较低时,需设置并联电容补偿。

三、接触网

接触网是架设在铁路线路上空,向电力机车或动车组供给电能的特殊形式的输电线路。电力机车受电弓通过与之滑动摩擦接触而授流。为了保证不间断地供给电力机车电能,就必须使电力机车的受电弓与接触线在电力机车行驶时有良好的接触,因此对接触网的结构有特殊的要求。

(一)接触网应具备的性能

接触网没有备用,长年暴露于铁路上方,经受污染、腐蚀和机车受电弓摩擦。对接触网的要求如下:

(1)在各种恶劣环境条件下应能不间断供电,保证电力机车在最大运行速度时能正常取流。

(2)器材要有足够的机械强度和电气强度,要有相应的抗腐蚀能力,零件要尽量标准化、系列化、扩大互换性。

(3)结构合理,方便施工和运营。

(4)接触网发生事故后,通过抢修应能尽快恢复供电。

(二)接触网的组成

接触网主要由接触悬挂、支持装置、定位装置、支柱与基础等部分组成。

1. 接触悬挂

接触悬挂包括接触线、吊弦、承力索和补偿器及联结零件。接触悬挂通过支持装置架设在支柱上，其作用是将从牵引变电所获得的电能输送给电力机车。电力机车运行时，受电弓顶部的滑板紧贴接触线摩擦滑行取能。

2. 支持装置

支持装置是接触网中支持接触悬挂，并将其机械负荷传给支柱或其他悬挂的全部设备。支持装置包括腕臂、平腕臂（或水平拉杆）、棒式绝缘子及接触悬挂的悬吊零件。根据接触网所在区间、站场和大型建筑物需要的不同，支持装置表现不同的形式。如：腕臂结构、软横跨、硬横跨（多股道站场使用），以及隧道、桥梁和其他大型建筑物上的特殊支持机构。

3. 定位装置

定位装置包括定位管、定位器、定位线夹及其他联结零件。其作用是固定接触线的横向位置，使接触线水平定位在受电弓滑板运行轨迹范围内，保证接触线与受电弓不脱离，使受电弓磨损均匀，同时将接触线的水平负荷传给支柱。

4. 支柱与基础

支柱与基础用以承受接触悬挂、支持和定位装置的全部负荷，并将接触悬挂固定在规定位置和高度上。在我国，接触网主要采用预应力钢筋混凝土支柱和钢柱，其基础用来承载支柱负荷，即将支柱固定在用钢筋混凝土的地下基础上，由基础承受支柱传给的全部负荷，并保证支柱的稳定性。预应力钢筋混凝土支柱也可以不设单独的基础，支柱直接埋入地下，起到基础的作用。

（三）接触网的分类

在一条接触网线路上为了满足供电和机械方面的要求，将接触网分成若干一定长度且相互独立的分段，这就是接触网的锚段。接触网的分类大多数以接触悬挂的类型来区分，它的分类是针对架空式接触网中每个锚段而言的，根据其结构的不同主要分为简单接触悬挂和链型接触悬挂两种。

1. 简单接触悬挂

简单接触悬挂由一根接触线直接固定在支柱装置上的悬挂形式。简单接触悬挂的弛度大且弹性不均匀。这样，会由于受电弓上下追随速度和机车运行速度不同步而发生离线和冲击现象，可能会因车速快而弓线脱离，发生电弧，或由于局部的冲击而增加局部的机械磨耗和损伤。简单接触悬挂一般用于隧道山区和行车速度不高的线路上。

2. 链形接触悬挂

接触线通过吊弦而悬挂到承力索上的形式，称为链形悬挂。承力索悬挂在支持装置的腕臂上，使接触线在不增加支柱的情况下增加了悬挂点，通过调节吊弦长度使接触线在整个跨距中对轨面的高度基本保持一致，减小了接触线在跨中的弛度，改善了接触线弹性，增加了接触悬挂的重量，提高了稳定性，达到了满足电力机车高速运行时取流的要求。由于链形接触悬挂具有高度一致，弹性均匀，稳定性好等优点，且具有较好的取流条件，因此，在运量大、速度高的干线上大部分都是采用不同形式的链形接触悬挂。

链形悬挂的类型很多，可根据悬挂链数，线索拉紧方法，支柱吊弦形式和线索相对位置的特征等进行分类。

(1)根据悬挂的链数划分

①单链形接触悬挂是接触线借助于吊弦悬挂在承力索上。根据悬挂点处吊弦形式的不同又有简单链形悬挂和弹性链形悬挂两种。弹性链形悬挂可提高定位点处的弹性，减少悬挂点处和跨距中部弹性的差异，即提高弹性的均匀程度。

②双链形接触悬挂由两根辅助索组成的悬挂称为双链形悬挂。与单链形接触悬挂相比，多了一根辅助线索，其弹性更加趋于均匀。

③多链形接触悬挂包括承力索在内具有三条辅助索，也可称之为三链形接触悬挂。这种悬挂接触线的高度更趋于一致，弹性也更加均匀，它适用于高速运行区段。三链形接触悬挂结构已相当复杂，大于三条辅助索的多链形悬挂，安装和维修都十分困难，实用的意义很小。

(2)根据线索的紧固方式划分

承力索和接触线的架设，经过多个跨距之后，必须在两个终端加以固定，称为下锚。作为固定终端的支柱称为锚柱。在两个锚柱之间的包括多个跨距的接触悬挂，这样独立的段，称为接触网的锚段，下锚的方式可分为硬锚和张力补偿，也就是无补偿和补偿下锚。

①无补偿链形接触悬挂，这种悬挂所有的线索两端均为死固定(即硬锚)。在温度变化时，接触线和承力索的长度发生变化，张力和弛度变化均很大。

②具有季节调整的链形接触悬挂，为了减小线索张力和弛度的变化范围，可在接触线的下锚处，安装一个松紧调整螺丝，以便进行张力调整。通常是在春秋两季各调一次。春季将接触线拉紧，使其张力在夏季时不要过小，秋季将接触线放松，使其张力在冬季低温下，不致超过最大许可值。

③半补偿链形接触悬挂，在单链形接触悬挂中，只在接触线下锚端加设张力自动调整装置，承力索不补偿，就叫半补偿链形接触悬挂。这是现有电气化铁道侧线中采用较多的一种悬挂形式。

④全补偿链形接触悬挂，这种悬挂的全部线索在下锚端均安装张力自动调整装置。在温度和负载(冰，风)变化时，各线索的张力保持不变。因而，具有较好的运行条件，我国在干线上，基本上采用这种悬挂形式。

3. 锚段与锚段关节

为满足供电和机械受力方面的需要，将接触网分成若干一定长度且相互独立的分段，这种独立的分段称为锚段。设立锚段可以限制事故范围。当发生断线或支柱折断等事故时，由于各锚段间在机械受力上是独立的，则使事故限制在一个锚段内，缩小了事故范围。

两个相邻锚段的衔接部分称锚段关节，锚段关节能使集电弓平滑地从一个锚段过渡到另一个锚段。

4. 补偿器

补偿器是一种自动调整线索张力的装置。当温度变化时，线索受温度的影响而伸长或缩短，由于补偿器坠砣重量的作用，使线索沿线路方向移动，维持线索张力不变，从而使线索（接触线或承力索）的弛度保持基本不变，进而保持了接触悬挂良好的工作状态。

补偿器主要由补偿滑轮、坠砣及补偿绳组成，安装在半补偿的接触线下锚处，或全补偿的承力索及接触线的下锚处。

5. 中心锚结

在半补偿和全补偿的锚段中间，除过短的锚段外，其接触线对承力索进行死固定（半补偿）或接触线对承力索进行死固定、同时承力索对支柱进行死固定（全补偿），这种固定的形式称为中心锚结。

中心锚结的作用是在有补偿器的条件下，防止由于种种原因而使接触线（或者接触线和承力索同时）向锚段一侧滑动。当有中心锚结时，在两端补偿器的作用下，从中心锚结起各自向两端移动，这样可以保证接触线有良好的工作状态，中心锚结的另一个作用是缩小事故范围，因为中心锚结把锚段分成两个部分，所以当中心锚结的一侧发生断线事故时，不致波及整个锚段，造成全锚段接触线或承力索脱落，以利于抢修和恢复。

四、牵引供电系统管理与检修

铁路牵引供电系统运行管理的最基层单位是供电段，供电段实行的是段、车间、工区（班组）的三级管理。

（一）牵引变电所的检修

牵引变电所电气设备的检修：为了保证电气设备安全可靠的供电，需要对这些电气设备进行检修。电气设备的定期检修分小修、中修和大修三种修程。

1. 小修属维持性修理。对设备进行检查、清扫、调整和涂油，更换或整修磨损到期零部件，保持设备的正常技术状态。

2. 中修属恢复性修理。除小修的全部项目外，还需部分解体检修，恢复设备的电气和机械良好性能。

3. 大修属彻底性修理。对设备进行全部解体检修，更新不合标准的零部件，对外壳进行除锈涂油，恢复设备的原有性能，必要时要进行技术改造，提高电气和机械性能。

检修应有计划，当年制定下一年度的检修计划。中、小修计划由供电段制定后下达，大修计划要报铁路局审定并报铁路总公司核备。设备大修时，根据计划提出设计施工文件报铁路局批准后方准施工。电气设备的停电检修应尽量利用“天窗“时间进行，同时充分利用备用设备，以减小停电时间。检修后的设备应按规定的项目进行试验，试验合格后要进行验收。

（二）接触网的管理与检修

1. 接触网运行维修管理

供电段下设供电车间、检测车间和维修车间，各车间又设若干工区。供电车间下设运行工区，负责接触网日常运行管理，实行昼夜值班制度。检测车间负责供电段 6C 检测设备的维护、运用、管理和检测数据的分析工作。接触网维修车间负责接触网二级修（综合修）工作，采用集中修方式组织实施。接触网运行工区管辖运营里程以 40～60 km 为宜，山区、隧道密集区段可适当缩小，接触网运行工区单方向管辖距离不宜超过 30 km，枢纽及区段站可单独设置。检测车间一般设置在供电段所在地。检测车间可按照 6C 系统的运用、维护和数据分析等职能设置检测工区。维修车间承担的维修任务以单线区段不超过 500 延展条公里、双线区段不超过 1 200 延展条公里为宜。维修车间下设维修工区，一般设在维修车间所在地，根据管辖范围可在异地增设。

接触网运行维修应坚持“预防为主、重检慎修”的方针，按照“定期检测、状态维修、寿命管理”的原则，遵循专业化、机械化、集约化的维修方式，依靠铁路供电安全检测监测系统(6C 系统)等手段，建立信息资源共享平台，实行“运行、检测、维修”分开和集中修组织模式，确保接触网运行品质和安全可靠。

2. 接触网检测监测。

检测是指利用仪器、设备或人工等方式，对接触网进行检查测量，掌握设备质量及运行状态的过程，包括监测、静态与动态检测、检查、零部件检验四部分。检测后必须进行分析诊断，并以此作为编制维修计划的依据。

监测是对接触网外观、零部件状态、主导电回路、绝缘状况、外部环境和弓网配合等运行状态进行监视测量的过程，分为移动视频监测和定点监测两种方式。

3. 接触网的检修

(1)接触网检修分为一级修和二级修。

一级修(临时修)是为了使设备状态保持在限界值以内，对导致接触网功能障碍的缺陷、故障立即投入、无事先计划的临时性维修，主要包括一级缺陷的临时性修理、危及接触网供电周边环境因素处理、导致接触网功能障碍的故障修复(必要时采取降弓、限速、封锁等处置措施)。

二级修(综合修)是为了使设备状态保持在警示值以内，对定期检测发现缺陷有组织、有计划的维修，以及设备全面维护保养，主要包括二级缺陷集中修理和设备全面维护保养(必要的防腐和注油等)。二级修(综合修)可结合全面检查进行，或根据缺陷情况有计划地安排。

(2)接触网的检修作业

接触网检修作业分为停电作业、间接带电作业和远离作业三种方式。

停电作业是指在接触网停电设备上进行的作业。间接带电作业是指在借助绝缘工具间接在接触网带点设备上进行的作业。远离作业是指在距接触网带电部分 1 m 及其以外的附近设备上进行作业。

4. 接触网的检修计划与实施

接触网检修计划分年度监测计划(包含设备巡视计划、全面检查计划、测温计划、绝缘清扫计划)、集中修计划和月度维修计划三部分。

年度监测计划、集中修计划，由牵引供电设备管理单位于前一年的 11 月底以前报铁路局批准后，下达到车间和班组。

年度大修计划由铁路局组织编制。在编制大修计划前，铁路局要对设备认真组织鉴定，确定大修项目，对不适应当前运输需要的设备应结合大修进行改造。

进行接触网设备日常维护的运行工区和接触网维修车间，应根据段下达的年度检修计划进行接触网的检修和维护工作。接触网工区在接触网设备检修和维护当中要坚持作业制度化、质量标准化、检修工艺化，检修机具和检测手段现代化，落实记名检修(记录检修者和检验者的姓名)，把没备检修的岗位责任制落实到人，力求精检细修，保证质量。

为满足接触网安全运行的需要，确保接触网设备的正常检修，电气化铁路区段在列车运行图中专门预留了保证接触网设备停电检修的时间，称之“天窗”。在日常检修工作中，接触网所有的网上设备检修，必须在“天窗”点内组织实施。

对较大的车站（如枢纽、区段站等）和必须利用垂直“天窗”作业的双线区段应根据设备状况定期安排“天窗”进行停电检修。

（三）电气化区段接触网停送电作业

1. 凡有计划需接触网停电（含停电配合）的施工作业，均须经供电调度员准许并纳入施工日计划。

(1)供电部门施工作业时，供电调度员与列车调度员间的联系程序：

①核对计划：供电调度员审核施工作业计划无误后（在特殊情况下列车调度员主动提出停电时，供电调度员依据列车调度员提出的停电范围办理），向列车调度员请求停电，并共同确认施工作业停电起止时间、停电范围、封锁范围、供电部门轨道车运行计划等。

②确认停电条件：列车调度员向有关站段发布限制相关电力机车的移动的指示后，确认具备停电条件，将停电命令号、停电时间、停电范围及列车调度员代号通知供电调度员；供电调度员确认正确后将施工停电命令号及供电调度员代号通知列车调度员。

③办理停电：列车调度员与供电调度员相互联系妥当后，列车调度员向有关站段发布准许接触网停电的命令（此时虽未完成停电，但应按影响使用办理）；供电调度员向变电所（分区亭、开闭所）发布停电命令或执行停电操作。

④施工作业：供电调度员在得到接触网已完成停电，各项防护措施已准备妥当的报告后，向施工负责人发出准许作业的命令。

施工负责人接到供电调度员准许作业的命令后，方准通知各作业组进行靠近接触网作业。

⑤办理送电：供电调度员得到施工负责人接触网所有作业组全

部作业结束的通知后，即可向变电所（分区亭、开闭所）发布送电命令或执行送电操作。送电后，供电调度员将送电命令号、送电范围通知列车调度员，并相互通报时间和姓名（代号）。

列车调度员根据供电调度员的送电命令号向有关处所发布接触网送电的命令。

（2）非供电部门施工（包括维修、装卸及“天窗”时间内作业等）时，供电调度员与列车调度员间联系程序：

在未设隔离开关的线路上，非供电部门需进行接触网停电配合的施工，施工单位应根据施工计划提前与供电段联系，在供电段同意停电配合后，施工单位方可提报施工日计划。供电段在同意施工单位的停电配合请求后，由供电调度员负责向调度所提报停电配合计划，调度所根据停电配合计划组织实施，其施工作业组停送电过程按接触网作业组办理。

联系程序比照第（1）项办理。

施工负责人必须在接到列车调度员准许施工和供电配合人转达的供电调度员准许作业的命令后，方准开始进行靠近接触网的作业。

2. 临时遇特殊情况处理

（1）接触网临时停电时的处理，遇接触网临时停电时，供电调度员应查清停电的具体原因，按规定及时向接触网送电，如送电失败不能及时恢复供电时，供电调度员应向列车调度员说明停电开始时间和停电范围。列车调度员应向有关站段发布接触网已停电命令，限制相关电力机车的移动。故障处理完毕送电后，供电调度员将送电命令号通知列车调度员，列车调度员根据供电调度员的送电命令号向有关站段发布恢复供电命令，恢复相关电力机车的运行。

（2）非供电人员必须上车顶进行作业或处理设备故障时，列车调度员与供电调度员间的联系制度。

①联系：车站值班员接到有关人员必须上车顶进行作业或处理设备故障的请求后，立即报告列车调度员，由列车调度员向供电调度员请求停电。列车调度员与供电调度员联系停电并说明停电原因，双方共同确定停电区段及影响范围。

②确认：列车调度员向有关站段发布限制相关电力机车的移动的指示后，确认具备停电条件，将准许停电时间、范围及列车调度员代号通知供电调度员；供电调度员复诵核对无误后，将供电调度员代号通知列车调度员。

③停电：供电调度员根据列车调度员签认的停电时间、范围，向相关变电所（分区亭、开闭所）发布停电命令或执行停电操作。

④作业故障处理：接触网停电后，供电调度员将停电时间、范围及停电命令号通知列车调度员。

列车调度员根据供电调度员通报的停电时间、停电命令号向相关站段发布“接触网已停电，准许作业人员在设好防护、接好地线后靠近接触网处理故障（作业）”的命令，相关站段转达作业人员。

作业人员接到准许靠近接触网处理故障（作业）的命令，并确认设好防护、接好接地线（无接地线时须由供电部门现场配合）后，方可开始作业。

⑤送电：车站值班员得到作业人员确认作业结束、人员全部撤离的通知后报告列车调度员，列车调度员通知供电调度员送电并说明准许送电时间。

供电调度员根据列车调度员准许送电的通知，向变电所发布送电命令或执行送电操作。变电所送电后，供电调度员将送电命令号通知列车调度员。

列车调度员根据供电调度员的送电命令号向有关站段发布送电命令。

第十章　通信信号

铁路信号与通信设备是组织指挥列车运行，保证列车安全，提高运输效率，传递信息，改善铁路运输人员劳动条件的关键设施，也是铁路主要技术装备之一，其装备水平与技术水平是铁路现代化的重要标志。

第一节　概　　述

一、铁路信号

铁路信号是指示列车和调车运行条件的设备，列车和调车人员必须执行信号显示的要求，才能确保安全和提高生产效率。

铁路信号能保障列车运行与调车工作的安全，提高铁路通过能力，增加铁路运输的经济效益。

二、铁路通信

铁路通信指挥列车运行，组织铁路运输生产和业务联络而传输各种必要信息的过程，具有安全、迅速、准确等特点。

铁路运输向高速度、高密度、重载方向发展，更加需要现代化的通信信号设备，尤其是随着计算机、网络、现代通信等技术的发展，出现了大批自动化程度更高、控制范围更大、更集中的新型信号设备，具有网络化、综合化、智能化的技术特点，铁路信号与铁路通信之间的联系更加紧密了。

第二节 铁路信号设备简介

中国铁路已经进入高铁时代，铁路信号设备也发生了巨大的变化，新设备、新技术大量上道使用。传统的铁路信号是以地面信号设备作为控制对象，能够实现地面与列车的单向信息传输，而高速铁路的信号是以列车作为控制对象，能够实现信息的双向传输。高铁信号系统主要包括列车运行控制系统、调度集中系统、联锁系统及集中监测系统等。

一、铁路信号的分类

铁路信号分为听觉信号和视觉信号。

听觉信号是以不同声响设备发出音响的强度、频率、长短和数目等特征表示的信号。例如，用号角、口笛、响墩发出的音响和机车、动车组、自轮运转特种设备等的鸣笛声。

视觉信号是以物体或者灯光的颜色、形状、位置、数目或数码显示等特征表示的信号。例如用信号机、机车信号、信号旗、信号灯、火炬等显示的信号。

视觉信号分为固定信号、移动信号和手信号。在固定地点安装的铁路信号叫作固定信号，是铁路信号的主体，主要包括各种类型的固定信号机。移动信号是当线路上出现临时性障碍或进行施工，要求列车停车或减速时，按照规定临时设置的信号灯、信号牌等、手信号是有关行车人员用手持信号旗或信号灯做出各种规定动作来表示停车、减速、发车、通过、引导等的信号。

二、常用色灯固定信号机

1. 进站信号机

设置点:进站线路最外方道岔尖轨尖端(逆向道岔)或警冲标(顺向道岔)不少于 50 m 的地点。

作用:指示列车能否从区间进入车站以及进入车站的相关条件。

2. 出站信号机

设置点:每一发车线路警冲标内方的适当地点。

作用:出站信号机是用来防护区间的安全,指示列车能否由车站进入区间。高柱出站信号机的显示距离不得少于 800 m。

3. 预告信号机

设置点:距离主体信号机一个制动距离的地点。

作用:预告主体信号机的显示状态,为司机留出反应时间。

4. 通过信号机

设置点:自动闭塞区段的闭塞分区分界处或非自动闭塞区段的所间区间的分界处。

作用:指示列车能否进入它所防护的闭塞分区或所间区间。

5. 调车信号机

设置点:调车作业繁忙的线路上(如到发线、咽喉道岔区),以及从非联锁区到联锁区的入口处。

作用:指示调车机车进行作业。

6. 驼峰信号机

设置点:峰顶平台与加速坡连接处的峰顶线路最高处,每条推送线设一架。

作用:指示调车车列能否向峰顶推送和用多大速度推送。

三、机车信号

机车信号也是一种固定信号，安装在司机室内。

按照从地面向机车传递信息方式的不同，机车信号分为连续式和接近连续式。目前绝大多数区段都采用连续式机车信号，少数非自动闭塞区段采用接近连续式机车信号。

连续式机车信号：主要用在自动闭塞区段，利用自动闭塞分区的轨道电路向机车上传送信息。因此，在整个区间正线上，机车信号能连续地反映前方地面信号机的显示。

接近连续式机车信号：用于半自动闭塞区段和自动站间闭塞区段，在进站信号机外方制动距离附近的固定地点设置发送设备，并从固定地点到进站信号机之间又加装了一段轨道电路。因此它从固定地点开始一直到进站信号机处为止，都连续不断地向机车传送地面信号信息，使机车信导机连续复式进站信号机的显示，这对于瞭望条件困难和运输繁忙的非自动闭塞区段是非常有益的。

四、车站联锁

车站联锁设备是保证车站内列车和调车作业的安全，以及提高车站通过能力的一种信号设备。

在车站上有许多线路，它们用道岔连接着。为列车进站、出站所准备的通路称为列车进路。凡是为各种调车作业准备的通路，则称为调车进路。按各道岔的不同开通方向可以构成不同的进路。列车和调车车列必须依据信号的开放而通过进路，即每条进路必须由相应的信号机来防护。

1．联锁的基本概念

联锁是指通过技术方法，使信号、道岔和进路必须按照一定程序并满足一定条件，才能动作或建立起来的相互关系。

联锁使用的设备主要有信号机、电动(液)转辙机、轨道电路、联锁机构、控制台等。

电动转辙机：是以电机带动的转辙装置。可以实现正转和反转，从而使道岔具有两种不同的开通状态。

轨道电路：利用铁路的两条钢轨作为导体，两端加以绝缘，接上送电和受电设备构成的电气回路，具有检测股道占用情况，检测钢轨完整情况，传递行车信息等作用。

联锁机构：继电联锁的联锁机构主要由继电器和电缆组成。联锁机构将信号机与转辙机连接起来，通过一定的逻辑运算，将信号设备的控制权集中到控制台上。

控制台：设置在车站值班员室内，继电联锁控制台面上有全站股道平面图及各种进路按钮、道岔按钮和其他按钮；微机联锁控制台的显示屏上可以显示同样内容。值班员通过操作控制台办理进路。

2. 联锁的基本技术条件

①进路上各区段空闲时才能开放信号，如果进路上有车占用，则不能开放。

②进路上有关道岔在规定位置时才能开放信号，信号开放后，这一进路上的道岔应被锁闭，不能转换。

③敌对进路信号未关闭时，防护该进路信号不能开放。

3. 联锁的分类

联锁设备分为集中联锁(计算机联锁和继电联锁)和非集中联锁(色灯电锁器联锁和臂板电锁器联锁)。

编组站、区段站和电源可靠的其他车站，采用集中联锁。列车调度指挥系统(TDCS)和调度集中系统(CTC)区段，车站应采用集中联锁。

计算机联锁的优点：

①设备体积小，重量轻；

②容易实现信号系统的自动控制和远程控制；

③动作速度快，信息量大；

④采用了积木式的软件和硬件，通用性强，能适应站场的改建与扩建；

⑤减少有关行车人员之间的联络，防止误操作，提高了作业的安全和效率；

⑥微机可以向旅客服务系统和列车运行监护系统等提供信息，并对设备工作情况及时做出记录显示并打印；

⑦采用了软件和硬件的冗余技术，便于实现故障导向安全的要求。

五、区间闭塞

1. 闭塞的基本概念

闭塞分为自动闭塞、自动站间闭塞和半自动闭塞。为了便于组织列车运行和有关行车人员熟悉和办理行车闭塞方法，保证行车安全，在同一区段内，原则上应采用同一类型的闭塞方式。

区间闭塞的原理，是保证一个区间在同一时间内只能允许一个列车占用，从而防止列车发生追尾或者对撞事故，这一原理又称为“三一原则”。

自动闭塞是根据列车运行及有关闭塞分区状态，自动变换通过信号机显示而司机凭借信号行车的闭塞方法。其特征为：把站间划分为若干闭塞分区，有分区占用检查设备，一般设有通过信号机；站间能实现列车追踪；办理发车进路时自动办理闭塞手续，自动变换通过信号机的显示。

自动站间闭塞是在有区间占用检查的条件下，自动办理闭塞手续，列车凭信号显示发车后，出站信号机自动关闭的闭塞方法。其特征为：有区间占用检查设备；站间或所间区间只准走行一列车；办理发车进路时自动办理闭塞手续；自动确认列车到达和自动恢复闭塞。

半自动闭塞是人工办理闭塞手续，列车凭信号显示发车后，出站信号机自动关闭的闭塞方法。其特征为：站间或所间只准走行一列列车；人工办理闭塞手续；人工确认列车完整到达和人工恢复闭塞。

2. 自动闭塞的优点

在自动闭塞区段中，相邻两个车站之间的正线划分为许多闭塞分区，可以同时有两个以上的同向列车占用，比其他闭塞制度提高了区间通过能力；由于不需要办理闭塞手续，简化了办理接发列车的程序，既提高了通过能力，又大大减轻了车站值班员的劳动强度。同时，由于轨道上全部装设了轨道电路，当区间有列车占用或钢轨折断时，都可以自动地使信号机显示停车信号，能够更好地保证列车在区间内运行的安全。

高速铁路上采用列车运行间隔自动调整的闭塞方法。这种制式不需要将区间划分为固定的若干闭塞分区，而是通过地面处理机提供的与前车的间隔距离等信息，控制列车速度，达到自动调整运行间隔，始终保持一定的距离。这种方式可以提高区间内的行车密度，大幅提高区间通过能力。

六、ZPW-2000A 无绝缘移频轨道电路

普速铁路 ZPW-2000A 型无绝缘轨道电路，是在法国 UM71 无绝缘轨道电路技术引进及国产化基础上，结合国情进行提高系统安全性、系统传输性能及系统可靠性的技术再开发。采用电气绝缘节来实现相邻轨道电路区段的隔离。电气绝缘节长度改进为 29 m，由空心线圈、29 m 长钢轨和调谐单元构成。调谐区对于本区段频率呈

现极阻抗，利于本区段信号的传输及接收；对于相邻区段频率信号呈现零阻抗，可靠地短路相邻区段信号，防止了越区传输，这样便实现了相邻区段信号的电气绝缘。同时为了解决全程断轨检查，在调谐区内增加了小轨道电路。

ZPW-2000A 型无绝缘轨道电路室外设备包括调谐区、机械绝缘节、匹配变压器、补偿电容、传输电缆、调谐区设备与钢轨接引线、防雷设备等；室内设备包括发送器、接收器、衰耗器、模拟网络、防雷设备等。

客运专线 ZPW-2000A 轨道电路是在普速铁路 ZPW-2000A 轨道电路的基础上，针对客运专线的应用进行了适应性改进，保留了普速铁路 ZPW-2000A 轨道电路稳定、可靠的特点，具有我国自主知识产权，适用于客运专线列控系统。

客运专线 ZPW-2000A 轨道电路技术特点：

(1)客运专线 ZPW-2000A 发送器、接收器载频选择通过列控中心进行集中配置，发送器采用无接点的计算机编码方式，取代了普速 ZPW-2000A 的继电编码方式，取消了大量的编码继电器。

(2)发送器由普速的“$N+1$”冗余模式提高为“1+1”的备用冗余模式，最大限度地降低因设备故障而影响行车的几率。

(3)客运专线 ZPW-2000A 发送器、接收器进行了改进设计，增加通信功能，实现了与列控中心通信及向信号集中监测系统上传设备工作状态信息的功能。同时增加了相应的通信接口板。

(4)将普速铁路 ZPW-2000A 的调谐单元和匹配单元整合为一个调谐匹配单元，减少了系统的设备数量，提高了系统的可靠性。

(5)优化了补偿电容的配置，道床漏泄电阻值不小于 2 Ω·km 时，补偿电容值为 25 μF 一种，不同的信号载频采用不同的补偿间距。

(6)客运专线 ZPW-2000A 轨道电路带有监测和故障诊断功能，为系统的状态修提供了技术支持。

(7)客运专线 ZPW-2000A 小轨不再参与联锁，在监测终端只对小轨信号进行监测，超标、不良进行报警，小轨故障不影响主轨。

(8)站内采用与区间同制式的有绝缘客运专线 ZPW-2000A 轨道电路(又称一体化轨道电路)，在任意时刻向钢轨同时传送轨道电路信息和列车的车载信息，提高系统的可靠性。

(9)站内道岔区段的弯股采用与直股并联的一送一受轨道电路结构，以实现道岔弯股的分路检查防护和车载信号信息的连续性传输，同时，道岔分支长度由小于等于 30 m 延长到 160 m，提高了轨道区段划分的灵活性。

七、中国列车运行控制系统 CTCS

1. 中国列车控制运行系统 CTCS 等级分类

中国列车控制运行系统 CTCS(Chinese Train Control System)目前已经定义了 5 个等级：

(1)CTCS-0 级由通用机车信号和运行监控记录装置构成。是目前既有线现状。

(2)CTCS-1 级由主体机车信号和安全型运行监控记录装置组成。

(3)CTCS-2 级基于应答器和轨道电路信息传输，机车乘务员凭车载信号行车。

(4)CTCS-3 级采用无线闭塞中心 RBC 生成运行许可，GSM-R 实现车-地列控信息双向传输、应答器设备提供列车测距修正定位基准信息、轨道电路检查轨道占用情况及线路完整性。

(5)CTCS-4 级基于无线通信传输平台，取消轨道电路，实现虚拟闭塞或移动闭塞。

2. CTCS-2 级列车运行控制系统

CTCS-2 级列车运行控制系统是基于轨道电路加点式应答器传输列车运行许可信息，并采用目标距离模式监控列车安全运行的列车运行控制系统。CTCS-2 级列车运行控制系统包括车载设备和地面设备，其总体结构如图 10-1 所示。

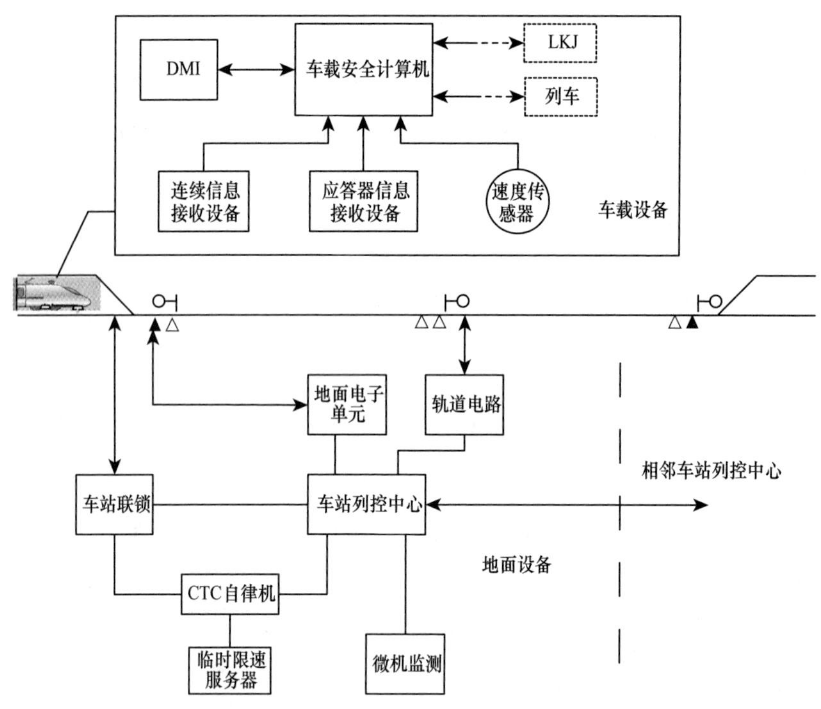

图 10-1 CTCS-2 级列车运行控制系统总体结构

CTCS-2 级列控系统通过应答器实现列车定位，使用 ZPW-2000 轨道电路实现列车占用和完整性检查，通过 ZPW-2000 和应答器完成由地向车的信息传输，采用目标距离—速度控制模式。根据目标距离、目标速度及列车本身的性能，确定列车控制曲线，采取连续式一次制动模式控制列车运行。如图 10-2 所示，列车实际运行处于监控曲线之下，如果超速碰撞了速度监控曲线，列控车载设备将自动触发常用制动或紧急制动，防止列车超速运行。

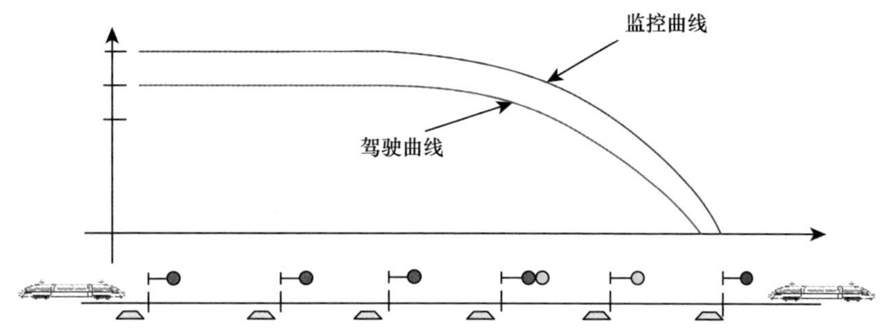

图 10-2　CTCS-2 级列车运行控制系统控制模式曲线

列控车载设备给出的一次连续式制动速度控制曲线是根据目标距离、线路参数和列车本身的性能计算而定的。为计算得到速度监控曲线，由轨道电路发送行车许可和前方空闲闭塞分区数量信息，由应答器发送闭塞分区长度、线路速度、线路坡度等固定信息，列控车载设备接收到上述信息，通过“前方空闲闭塞分区数量”和“闭塞分区长度”信息，获得目标距离长度，并结合线路允许速度、线路坡度和对应列车的制动性能等固定参数，实时计算得到速度监控曲线，并监控实际驾驶曲线处于速度监控曲线下方，保证列车安全运行。

3. CTCS-3 系统

CTCS-3 系统适用于各种限速区段，地面可不设通过信号机，司机凭车载信号行车，满足客运专线和高速运输的要求。由轨道电路完成列车占用检测及完整性检查，点式信息设备提供列车用于测距修正的定位基准信息，无线通信系统实现地—车间连续、双向的信息传输，行车许可由无线闭塞中心产生，通过无线通信系统传送到车上。

CTCS-3 级列控系统包括地面设备和车载设备。

车载设备由车载安全计算机（VC）、GSM-R 无线通信单元

(RTU)、轨道电路信息接收单元(TCR)、应答器信息接收模块(BTM)、记录单元(JRU/DRU)、人机界面(DMI)、列车接口单元(TIU)等组成。

地面设备包括控制中心设备和车站设备。

控制中心设备包括CTC调度集中、无线闭塞中心(RBC)、临时限速服务器(TSRS)、GSM-R通信接口设备等。

车站设备分为室内设备和室外设备。室内设备包括TCC、LEU、TC、CBI、CSM、CTC等。室外设备包括应答器、轨道电路、道岔、信号机等。

八、列车运行监控装置(LKJ)

列车运行监控记录装置简称监控装置(LKJ),是以保障列车运行安全为主要目的的列车速度控制装置,在实现安全速度控制的同时,采集记录与列车安全运行有关的各种机车运行状态信息,促进了机车运行管理的自动化。

LKJ是中国列车运行控制系统体系的组成部分,是用于防止列车冒进信号、运行超速事故和辅助机车司机(含动车组司机,下同)提高操纵能力的重要行车设备。LKJ是机车、动车组的组成部分。

LKJ系统包括装设于机车、动车组上的主机、显示器以及与之配套的速度和压力传感器、信息输入、信息输出和连接设备等。

LKJ系统的相关设备包括装设于机车、动车组上的机车安全信息综合监测装置(TAX装置)、地面信息接收处理单元(机车信号)、机车语音记录装置、列车运行状态信息系统车载设备(LAIS车载设备)、铁路车号自动识别系统(ATIS)机车车号自动识别设备等。LKJ2000系统结构示意如图10-3所示。

LKJ系统软件由车载的控制模式、基础线路数据、人工及IC卡

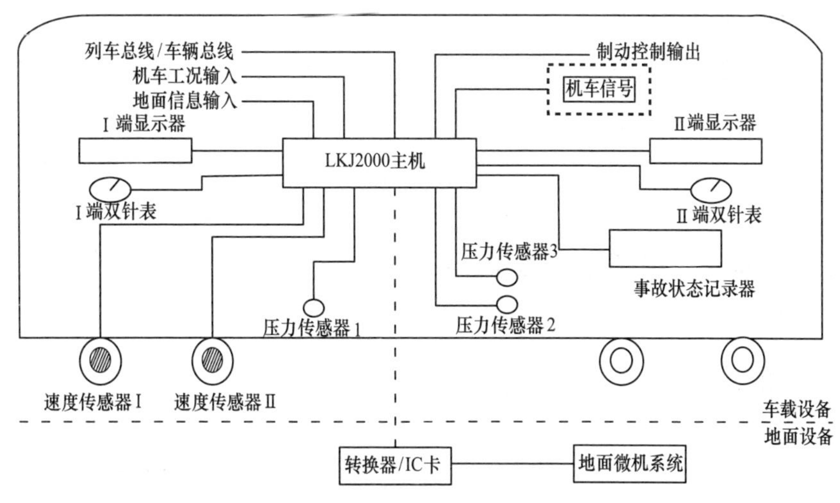

图 10-3　LKJ 2000 系统结构

输入参数和地面模式数据编辑软件、IC 卡揭示编辑管理软件、地面分析软件等组成。

基本工作方式是将运行全程线路的参数事先存储于主机中，再结合运行中与地面信息的交换，实现对列车的监控。装置不仅可以有效防止"两冒一超"等事故的发生、记录列车运行及乘务员操作等状况，并且采用双机热备冗余工作方式，工作性能更加可靠；装置采用屏幕显示器，以图形、曲线、文字等方式显示前方线路状况、运行情况等信息，功能更加强大。为满高速铁路运行控制的要求，时速 200 km 及以上动车组为了同时满足国内既有线路的控制要求，也安装了 LKJ 2000 型列车运行监控记录装置。

九、车站列车控制中心(TCC)

车站列车控制中心 TCC(Traffic Control Center)，简称列控中心，设置于高速铁路各车站，系统的硬件均采用 2 乘 2 取 2 的安全冗余结构，软件采用标准化、模块化、分层化设计，符合铁路信号技术发展方向；通过通信协议，关键通道冗余等措施，实现与计算机联锁系统、CTC系统、集中监测系统、轨道电路、相关列控中心、LEU等设备的信息交换，并解决了不同型号设备间的互联互通问题；能对LEU进行自动切换；具备ZPW-2000轨道电路编发码控制、区间轨道电路状态逻辑判断、区间运行方向控制及闭塞、区间信号机点灯控制、有源应答器发送报文控制等功能；可实现全过程的辅助设计和流程控制。

十、计算机联锁(CBI)

车站联锁系统是以技术手段实现进路控制为主要内容的联锁功能的系统。计算机联锁系统是以色灯信号机、电动转辙机、轨道电路作为室外三大基础设备，以电气设备和电子设备(计算机)实现联锁功能以及采用集中控制方式对信号机和道岔进行控制的系统。

计算机联锁系统的功能要求与性能要求都比较高，所以只采用单层结构可能难以全面完成各项技术要求，这时就需要采取上下两层乃至多层的分层结构。以EI32-JD型计算机联锁系统为例，该系统包括人机对话层(又称操作表示层)、联锁运算层和执行层，结构示意如图10-4所示。计算机联锁系统广泛应用于高速铁路和普速铁路。

十一、分散自律调度集中(CTC)

调度集中CTC(Centralized Traffic Control)，亦称列车集中控制。调度集中系统是调度中心(调度员)对某一调度区段的信号设备进行集中控制、对列车运行直接指挥、管理的技术装备。

CTC控制中心一般设在铁路局调度所，负责控制整个调度区段列车的运行。控制中心主要由数据库服务器、应用服务器、通信前置服务器、大屏幕显示系统、行调工作站、助理调度员工作站、综合维修

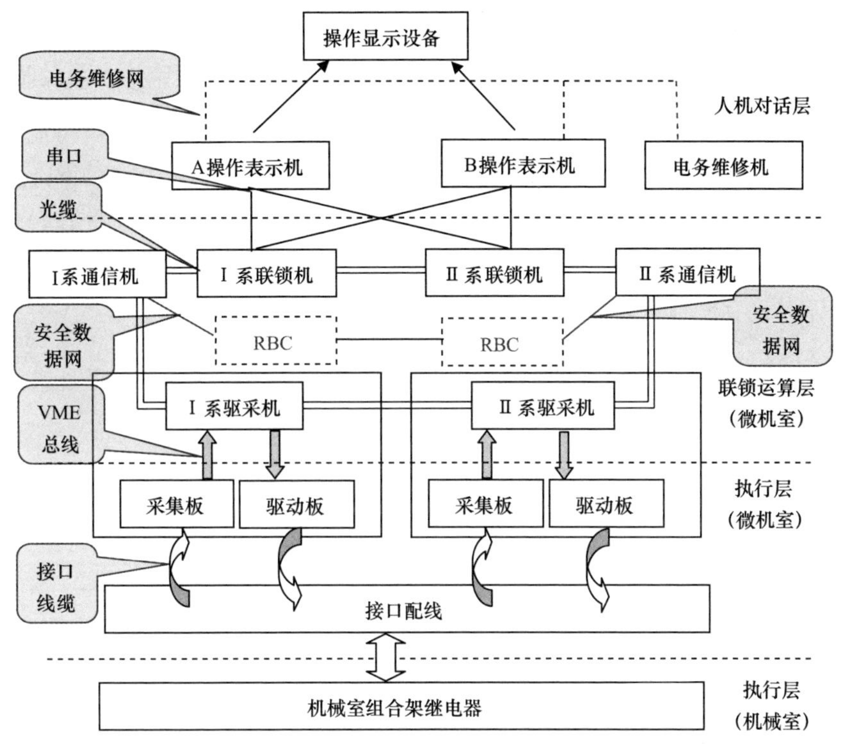

图 10-4　EI32-JD 型计算机联锁系统结构

工作站、CTC 维护工作站、网管工作站、打印设备、远程维护接入、TMIS 接口计算机、以及局域网等设备组成。

CTC 车站系统主要由车站自律机、车务终端、打印机、综合维修终端、电务维护终端、网络设备、电源设备、防雷设备、联锁系统接口等设备组成。

在 CTC 车务终端，主要有分散自律和非常站控等操作模式。

十二、应答器与 LEU

1. 应答器

随着列车运行速度的不断提高，仅依靠由轨道电路将闭塞信息送至车载设备的方式，在信息量方面已经不能满足列车安全高速行驶的需求，需要增加应答器设备向车载设备提供大量固定信息和临时信息。从 CTCS-1 级到 CTCS-4 级系统中都要运用应答器设备。

应答器是一种高速数据传输设备，向车载设备提供线路数据、临时限速等点式信息。其传输的内容以报文形式发送，每条报文都是由一个 50 位的帧头、若干信息包以及 8 位结束包构成，共计 830 位，每个信息包都有各自的格式与定义。为保证传输的安全性和可靠性，按照欧洲标准对齐进行编码，形成 1023 位的传输报文，应答器、LEU、TCC 中储存及其传输的都是 1023 位的报文。

应答器分为无源和有源两种。

无源应答器用于发送固定不变的数据，如设置在区间，发送线路坡度、最大允许运行速度、轨道电路参数、列控等级转换等信息。

有源应答器通过电缆与 LEU 连接，用于发送来自于 LEU 的实时变化的信息，其信息对应于车站联锁排列的进路、临时限速服务器或 CTC/TDCS 下达的临时限速命令。

2. LEU

LEU 通过串行通信接口与列控中心设备连接，将来自列控中心的报文连续向有源应答器发送，从而实现向车载设备发送可变信息。当 LEU 与列控中心通信故障或者接收的数据无效时，LEU 向有源应答器发送默认报文。

十三、无线闭塞中心（RBC）

无线闭塞中心 RBC（Radio Block Center）是 CTCS-3 列控系统的核心设备，其中 R 的含义是无线，即基于无线通信技术传送车地信息；B 的含义为闭塞，即用信号或凭证保证列车按照空间间隔制运行的技术方法；C 的含义为中心，就是集中控制系统。

无线闭塞中心(RBC)是基于故障安全计算机平台的信号控制系统,是CTCS-3级列控系统的地面核心设备。无线闭塞中心(RBC)系统根据所控制列车的状态,其控制范围内的轨道占用、列车进路状态、临时限速命令、灾害防护和线路参数等信息,产生针对所控列车的行车许可(MA)控制信息,并通过GSM-R无线通信系统传输给车载子系统,保证其管辖范围内列车的运行安全。

十四、临时限速服务器(TSRS)

临时限速服务器TSRS(Temporary Speed Restriction Serve)是基于信号故障安全计算机的控制系统,它能实现对全线临时限速命令的集中管理,旨在保证列控限速设置的安全性,确保限速计划的顺利实施。它不仅能够适用于现有的CTCS-2级客运专线,同时能够应用在CTCS-3级客运专线列控系统中,满足CTCS-2级和CTCS-3级列控系统临时限速的下达要求。

十五、列控设备动态监测系统(DMS)

列控设备动态监测系统(简称DMS)由车载信息采集装置(DMS-T)、地面数据中心及数据查询终端三部分组成。

车载信息采集装置安装在动车组相应机柜内,在运行中完成ATP列控系统运用状态、应答器位置及报文、轨道电路传输特性等信息的采集,其数据通过GPRS网传回地面数据中心,经处理、分析、统计后,通过互联网或铁路办公网传给各数据查询终端,配以地面网络传输管理分析设备,从而达到动车组运用过程中对涉及行车安全的信号设备ATP、应答器、轨道电路等内容的监测,实现列控设备和地面设备的检测、分析,总体做到列控设备日监测,达到利用车载动态设备检测地面静态设备的目的。

十六、信号集中监测系统

信号集中检测系统是对各种信号设备工作状态进行实时监测并记录、发现信号设备状态不良及时给出报警提示的监测设备的统称，监测的方式上具备采集、表示、储存、回放，以及远程测试、监测等功能。信号集中监测系统是保证行车安全、加强信号设备结合部管理、监测信号设备状态、发现信号设备隐患、分析信号设备故障原因、辅助故障处理、指导现场维修、反映设备运用质量、提高电务部门维护水平和维护效率的重要行车设备。

信号集中监测系统由电务段监测总机设备、车站设备、车间和工区终端设备以及广域数据传输系统组成。信号监测数据网采用通信提供的数据通道，用于信号集中监测设备的信息传输。

信号集中监测系统采用"三级四层"的结构。

三级：铁路总公司、铁路局、电务段。

四层：铁路总公司电务监测中心、铁路局电务监测中心、电务段监测中心、车站监测网。是基于 TCP/IP 协议之上的广域网络模式。

信号集中监测系统新增了车站层设备的智能分析和故障诊断功能，信号集中监测系统从过去的"设备监测"手段逐步变为"设备维护"的重要工具。

第三节 铁路通信设备

一、铁路通信

中国铁路是一个在运输生产上实行高度集中与统一指挥的庞大的综合性企业，它的各个部门、单位分布在中国辽阔的土地上。为了有效指挥列车运行，发布有关命令，以及路内各业务部门、单位职工密切配合与协同作业，将铁路各级机构联系成一个整体，从而保证行车安全，提高运输能力和工作效率，必须设置一套完善、先进的铁路通信设备。

铁路通信按传输方式可分为有线通信和无线通信；按服务区域可分为长途通信、地区通信、区段通信和站内通信等；按业务性质不同可分为话音通信、数据通信等。

铁路有线通信系统主要包括通信线路、传输网与接入网、数据通信网、调度通信、会议通信、广播与站场通信、电报及电话通信、应急通信、综合视频监控系统、通信电源及机房环境监控。

铁路无线通信系统主要包括铁路无线列车调度通信系统、铁路数字移动通信系统 GSM-R。

二、铁路传输网

铁路传输网建立在数字信号处理技术和数字交换网络技术的基础之上，主要承载话音业务、数据业务以及视频业务的传送任务。

铁路传输网覆盖全路路网，按骨干层、中继层和接入层三级结构建设。

铁路传输网骨干层负责铁路总公司到铁路局和各铁路局之间的通信信息传送，中继层负责铁路局内较大通信站点之间的通信信息传送，接入层负责各铁路车站以及区间等站点通信信息的接入和传送。

铁路传输网骨干层和中继层传输系统目前主要采用 DWDM+SDH/MSTP 制式，接入层传输系统目前主要采用 SDH/MSTP 制式。

1. DWDM

波分复用传送系统（DWDM）主要采用 40 波或 32 波为主，速率为 10 Gbit/s 和 2.5 Gbit/s，目前已形成东北环、西南环、京沪穗环、东南环和西北环五大基础波分复用系统。这些重要的基础骨干光传送网系统和大量的光缆，为全国铁路通信提供了充足的基础条件，同时也提供了数个铁路通信国际出口。

2. SDH

同步数字体系（SDH）是同时适应于光纤、微波、卫星传送的通用技术体制。铁路光传送系统目前主要采用同步数字体系（SDH）技术制式，传送能力包括 STM-1、STM-4、STM-16、STM-64 等。

3. MSTP

多业务传送平台（MSTP）是 SDH 在多业务接入应用方面的发展。MSTP 对所支持的以太网、ATM 等多种业务经过处理后，按一定的格式（或协议）封装在一个或多个 SDH VC 中进行传输。

铁路传输网主要为以下各业务系统组网提供通道：

（1）通信系统各子系统组网（电话交换（电路交换）、数据网系统、调度通信系统、专用移动通信系统、应急救援指挥通信系统、综合视频监控系统、动力环境监控系统）；

（2）信号专业系统（CTC/TDCS 系统、微机监测系统等）；

（3）路局综合信息网（TMIS、OA）；

（4）供电专业系统（牵引、电力供电 SCADA 监测系统、管理系统等）；

（5）信息专业系统（客票系统、旅服信息系统等，其由数据网系统承载）。

三、铁路通信接入网

铁路通信接入网主要承载于铁路传输网接入层上，通过铁路通信接入网，可以将用户信息接入到相应的通信业务网络节点，并在传输网的支撑下，实现铁路通信的相应功能。

铁路通信接入网是指为铁路通信业务提供服务的业务接入和承载网络部分，包括接入网的中继层传输系统、接入层传输系统和接入系统。

1. 中继层传输系统

中继层传输系统是铁路通信接入网用于业务疏导的承载层网络，也是一个为铁路接入网接入层传输系统提供保护的承载层网络，主要由各铁路沿线通信站或大站节点经光缆连接构成。

2. 接入层传输系统

接入层传输系统是铁路接入网业务组网和接入的基础承载网络，主要由各铁路沿线车站节点和光缆构成。

3. 接入系统

接入系统是铁路接入网业务接入的基础网络，也是一个为铁路沿线各类通信业务提供各种接入接口的网络，由各铁路沿线车站节点构成的 OLT-ONU 系统。

目前铁路接入网已经承载的业务主要包括固定电话、数字调度、会议电视、环境监测、应急救援指挥、无线列调、运输管理信息系统（TMIS）、客票系统（PMIS）、红外轴温、调度指挥管理系统（TDCS）、微机监测、牵引供电远动、电力远动、编组场视频监控、综合视频监控系统、专用移动通信系统（GSM-R）、调度集中系统（CTC）、防灾安全控制系统、公安信息系统等。

四、数据通信网

数据通信网是由分布在各地的数据终端设备、数据交换设备和数据传输链路所构成的网络，其功能是在网络协议的支持下，实现数据终端间的数据传输和交换。

铁路专用数据通信网利用 TCP/IP 技术为铁路信息化建设提供通道承载服务，为各专业信息应用系统提供一个综合接入平台，利于设备的管理和维护，降低运营成本。铁路专用数据通信网和国际互联网物理隔离。

目前铁路专用数据通信网承载多种信息系统，主要分为三类：

1. 对实时性、安全性要求较高的服务。主要包括微机监测系统、红外线探测系统、电力远动系统、各种调度指挥系统等，要求保证高度可靠的实时传送。对于这类业务主要以 MPLS VPN＋VLAN 的方式实现，同时根据业务不同设置不同级别的 QoS 优先级。

2. 基于 TCP/IP 协议、以计算机网络互联为主的，对实时性要求不高的业务。主要包括综合办公系统等不影响行车安全的业务系统，对于这类业务主要以 MPLS VPN 的方式实现。

3. 基于流媒体的实时服务。主要集中在视频监控系统、视频会议系统中。这一类系统业务要求相对于前两类业务具有业务容量大、实时性高、时延和丢包灵敏度高的特点，对于这类业务主要以 VLAN 的方式实现，同时设置固定的带宽。

北京铁路局专用数据网由区域核心层、区域汇聚层、区域接入层三部分组成。接入层主要为终端用户提供物理通道接入服务，汇聚层和核心层主要为各种业务提供交换和传输服务。

五、调度通信系统

铁路调度通信系统是直接为铁路运输生产服务的重要通信设施，可实现干调通信、区段调度通信、站场通信、站间通信、区间通信、专用通信等与运输指挥相关的通信业务。

铁路调度通信系统由干线调度与区段调度通信系统组成。干调通信系统由铁路总公司干调交换机与各铁路局干调交换机组成。采用复合星型网络结构，并设置迂回路由确保总公司与各铁路局间可靠的调度通信。区段调度通信系统由各铁路局调度交换机（主系统）与沿线各车站调度交换机（分系统）组成。采用环状网络结构，以闭合环路（由主用通道与保护环路构成）的形式确保铁路局管内调度通信的畅通。

干调通信系统主要由西门子交换机设备、调度台、网管及传真机等构成。

区段调度通信系统目前主要采用中软网络技术股份有限公司生产的 CTT2000L/M 专用数字通信系统，北京佳讯飞鸿电气有限责任公司生产的 FH98、FH98-G 和 MDS3400 铁路数字专用通信系统，以及济南铁路天龙高新技术开发有限公司生产的 ZST-48 铁路数字专用通信系统。下面重点对区段调度通信系统进行介绍。

区段调度通信系统业务包括列车调度通信、客运调度通信、货运调度通信、牵引供电(电力)调度通信及其他调度通信。

1. 列车调度通信

列车调度通信的主要用户包括列车调度员、车站(场)值班员、助理值班员、机车(动车、大型养路机械及轨道车)司机、运转车长(含不设运转车长的乘检，下同)、机务段(折返段、动车段)调度员、救援列车主任以及其他相关人员。

2. 客运调度通信

客运调度通信的用户有客运调度员、车站客运值班员、客运段(列车段)值班员、车上客运人员以及其他相关人员。

3. 货运调度通信

货运调度通信的用户有货运调度员、中间站(区段站、编组站、货运站)货运室值班员、货运员以及其他相关人员。

4. 牵引供电(电力)调度通信

牵引供电(电力)调度通信的用户有牵引供电(电力)调度员、牵引(电力)配变电所值班员、车站值班员、电力机务段(折返段)值班员、接触网(电力)工区(开闭所、分区所、AT 所)值班员、供电段调度员、接触网(电力)工区流动作业人员以及其他相关人员。

5. 其他调度通信

其他调度通信指除列车、客运、货运、牵引供电(电力)以外的各工种调度通信。

六、铁路无线列车调度通信系统

铁路无线列车调度通信系统(以下简称"无线列调")是铁路运输指挥的重要基础设施,对铁路运输与安全起着至关重要的作用。铁路无线列车调度通信系统包括用于列车调度通信的车站无线电台、机车无线电台、调度总机及附属设施(含无线车次号校核系统、调度命令无线传送系统)。有些铁路业务也部分利用了无线通信技术,如列车尾部风压检测系统、道口预警监控系统等。

无线列车调度系统采用在铁路沿线设置无线电台进行链状无线覆盖,主要用于铁路列车调度相关人员语音通信及数据传输,是铁路专用无线模拟通信系统。系统示意如图 10-5 所示。

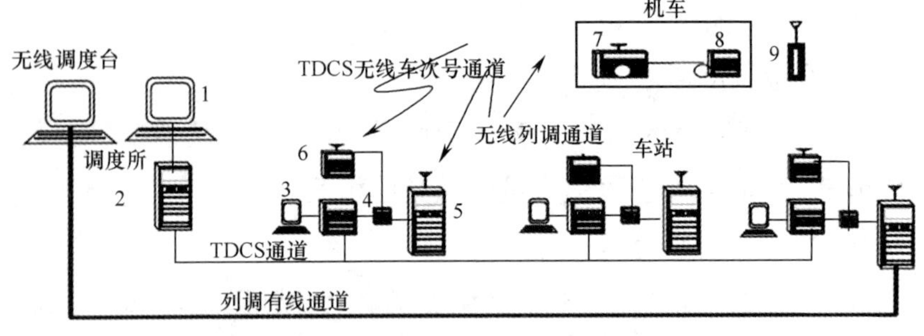

图 10-5 列车无线调度通信系统构成示意

1—行车调度台;2—TDCS 总机;3—TDCS 车站设备;4—车站转接器;
5—无线列调车站电台;6—车次号解码器;7—机车电台;8—监控装置;9—便携台

无线列调系统的功能按照通信业务形式分为语音功能和数据功能两类。

语音业务主要满足机车司机、运转车长、车站值班员之间(小三角)以及调度员、机车司机、车站值班员之间(大三角)的语音通信。数据传输业务分为调度命令传送、无线车次号校核信息传送及列车尾部风压数据传送。

无线列调系统包括机车设备(机车电台、车次号机车编码器、适配器、调度命令传送机车装置、操作显示终端、打印机等)、车站设备(车站电台、车次号车站接收解码器、调度命令传送车站转接器等)、便携电台、区间设备(区间中继器、直放站等)、无线调度总机、有线/无线转接器、射频漏泄同轴电缆及其他附属设备等。

七、铁路数字移动通信系统 GSM-R

铁路数字移动通信 GSM-R(Global System for Mobile Communication for Railways)是专门为铁路通信设计的专用通信系统,是在数字蜂窝移动通信系统 GSM 的基础上增加了调度通信功能和适合高速环境下使用的要素,能够满足铁路运输通信的要求。

1. GSM-R 的组成

GSM-R 系统主要包括网络子系统(NSS)、基站子系统(BSS)、操作和维护子系统(OSS)和终端设备等四大部分。其中,网络子系统又包括移动交换子系统(SSS)、移动智能网子系统(IN)和通用分组无线业务子系统(GPRS)。

终端设备是供 GSM-R 系统用户直接操作、使用,用来接入 GSM-R 网络的设备,包括移动台和无线固定台。移动台由移动设备和 SIM 卡组成,无线固定台为非移动状态下使用的无线终端,具备与移动台相同的业务功能。

基站子系统由基站控制器(BSC)、编译码和速率适配单元(TRAU)、基站收发信机(BTS)等功能实体构成,负责无线信号发送接收和无线资源管理,实现移动用户之间或移动用户与固定网络用户之间的通信连接。

网络子系统包括移动交换子系统(SSS)、移动智能网子系统(IN)和通用分组无线业务子系统(GPRS),其中,移动交换子系统(SSS)主要完成用户的业务交换功能以及用户数据与移动性管理、安全性管理所需的数据库功能,移动智能网子系统(IN)将网络交换功能和业务控制功能相分离,实现对呼叫的智能控制,通用分组无线业务子系统(GPRS)主要负责为无线用户提供分组数据承载业务。

操作和维护子系统是操作人员与系统设备之间的中介,实现了系统的集中操作与维护,完成了包括移动用户管理、移动设备管理及网络操作维护等功能。它的一侧与设备相连,另一侧是作为人机接口的计算机工作站。

2. GSM-R 频段资源

GSM-R 设有 19 个频点。上行频段为 885～889 MHz,下行频段为 930～934 MHz。频率间隔为 45 MHz,上下行双向合计 8 M(单向 4 M)频率资源。

3. GSM-R 网络覆盖

GSM-R 无线网络在覆盖上需要采用冗余重叠覆盖的方式。常用的冗余覆盖方式有单网交织、同站址双网、双网交织等。

八、综合视频监控系统

综合视频监控作为一种传统视频技术与现代通信技术相结合的产物,近年来在铁路领域得到了广泛的应用和发展。铁路综合视频监控系统是铁路行车设备的重要组成部分,主要监控区域包括车站、重要机房(含通信、信号、信息、牵引供电及电力)内外、重点线路、桥、隧、分界口等,为铁路运输生产、抢险救灾等提供实时图像信息,是铁路运输指挥、生产作业及公安保卫的重要手段。

铁路综合视频监控系统采用网络化、数字化视频监控技术和IP传输方式构建，提供铁路各业务部门和信息系统所需的视频信息，实现网络和视频信息资源共享。铁路视频监控系统采用分布式监控架构，一般分为三层，即前端监控点层、监控数据服务器层和监控工作站层。

九、铁路应急通信系统

铁路应急通信系统（以下简称"应急通信"）是当发生自然灾害或突发事件等紧急情况时，为确保铁路运输实时救援指挥的需要，在突发事件现场与救援指挥中心之间、各相关救援中心之间以及现场内部建立的语音、图像等通信系统。应急通信平时为铁路抢险救灾、应对突发事件提供通信保障，战时为铁路的抢修（建）提供指挥联络，是铁路战备通信系统的重要组成部分。

铁路应急通信系统主要由救援中心设备，现场的语音、图像等应急通信设备，传输通道组成。

铁路应急通信系统应按铁路总公司、铁路局两级建立救援中心，在救援中心配备相应的应急通信设备，救援中心之间应建立可靠的传输通道。

十、通信线路

通信线路是构成铁路通信网的重要组成部分。

通信线路包括光缆线路、电缆线路和明线线路。光缆线路有长途、地区、站场线路，线路附属设备和光纤监测系统；电缆线路有长途、地区、站场线路，线路附属设备和电缆充气、气压监测设备；明线线路有地区线路，引入线和线路附属设备等。

十一、铁路电视电话会议系统

铁路电视电话会议系统（以下简称"会议系统"）由视频会议系统

和音频会议系统组成。

会议系统是利用视频会议设备和数字传输电路(数据网)传送活动图像、语音、应用数据(电子白板、计算机屏幕)等信息,为参加会议的各方提供交互式的会议业务。视频会议设备包括多点控制设备(MCU)、视频会议终端设备、摄像机、图像显示设备、视频矩阵、调音台、话筒、会场扩音及外围设备等。

音频会议系统由多级电话会议总机、分机,经音频电路连接组成,其汇接方式应满足总公司、铁路局、办事处、站段及相关单位分别或同时召开会议的需要。音频会议设备包括会议总机、会议分机、会议汇接架、调音台、话筒、会场扩音等。

十二、通信电源及机房环境监控

通信电源为通信设备提供不间断、质量良好的供电。通信电源应接入两路交流电源,并能实现自动不间断切换。

电源设备包括交直流配电设备、高频开关电源、UPS电源、逆变器、蓄电池组、发电机组、供电线路、接地装置等。

电源设备采用具有阻燃绝缘层的铜芯软电缆。馈电线应按以下规定颜色配置:

交流电缆(线):A相:黄色,B相:绿色,C相:红色,零线:天蓝色或黑色,保护地线:黄绿双色。

直流电缆(线):正极:红色;负极:蓝色。

电源及环境监控系统能够实时反映被监控机房的烟雾、湿度、温度、水浸、门禁、空调等的状况,实时反映电源设备的运行情况、故障报警等情况,并具备必要的遥控功能(如环境温度调节等)。

第十一章　运输组织

第一节　旅客运输

一、旅客运输的任务和基本要求

1. 旅客运输的任务

铁路旅客运输是整个铁路运输的组成部分，其基本任务是最大限度地满足广大人民在旅行上的需要；安全、迅速、准确、便利地运送旅客、行李、包裹和邮件；在旅行途中为旅客创造舒适愉快的环境和得到文化生活上的优质服务。

2. 旅客运输的基本要求

旅客运输组织工作要从方便旅客出发，全面安排，按照长短途列车分工、换乘优先、保证重点的原则，合理、经济的使用运输能力，均衡地组织运输。

站、车间应协调、配合，发生问题应本着以站保车的原则积极处理。站、车发生纠纷，在责任、原则不明时，站、车双方均不得以任何理由阻碍开车，造成列车晚点。

旅客运输要本着旅客至上的原则，坚持人民铁路为人民的服务宗旨，周到热情为旅客服务。对旅客在旅行中发生的困难应千方百计予以解决。

站车服务设施和引导标志应采用《铁路客运服务图形标志》或国家标准规定的图形标志。标准没有规定时，自行设计的标志应易于识别并附加汉字。

二、旅客运输计划与组织

1. 旅客运输计划

旅客运输计划是铁路运输计划的主要内容之一，是整个国民经济计划的重要组成部分，它不仅是确定旅客列车对数和客运机车车辆需要数的基础，也是确定客运设备、客运机车车辆修造计划以及客运运营支出计划的重要依据，同时也是铁路旅客运输组织工作的前提，从而保证旅客安全、迅速、准确、便利、舒适地旅行。因此，质量良好地编制旅客运输计划有着重要的意义。

旅客运输计划，根据执行期间的不同，可分为长远计划、年度计划、日常计划。

2. 客流的形成及分类

(1)客流的形成

客流是指铁路某一方向上、一定时间内旅客的流量和流向，由旅客运输的数量、行程和方向构成。在我国，客流主要由广大人民在政治上、生产上和生活上的旅行需要所形成。

(2)客流的分类

铁路为了合理地组织旅客运输和确定旅客列车的运行区段和种类，按旅客的乘车距离和铁路局管辖范围，一般将客流分为以下两种：

① 直通客流，指旅客乘车距离跨及两个及其以上铁路局(集团公司)的。

② 管内客流，指旅客乘车距离在一个铁路局(集团公司)范围以内的。

3. 旅客列车分类及列车车次

对不同的客流和不同的铁路线路技术设备条件，铁路开行了不同种类、不同等级的列车。

在同一铁路局(集团公司)管辖范围内运行的旅客列车称为管内旅客列车;运行距离跨及两个及其以上铁路局的旅客列车称为直通旅客列车。

(1)高速动车组旅客列车:G1～G9998("G"读"高")

其中,跨局:G1～G5998;管内:G6001～G9998。

(2)城际动车组旅客列车:C1～C9998("C"读"城")

其中,跨局:C1～C1998;管内:C2001～C9998。

(3)动车组旅客列车:D1～D9998("D"读"动")

其中,跨局:D1～D3998;管内:D4001～D9998。

(4)直达特快旅客列车:Z1～Z9998("Z"读"直")。

(5)特快旅客列车:T1～T9998("T"读"特")

其中,跨局:T1～T4998;管内:T5001～T9998。

(6)快速旅客列车:K1～K9998("K"读"快")

其中,跨局:K1～K6998;管内:K7001～K9998。

(7)普通旅客列车:1001～7598

①普通旅客快车:1001～5998

其中,跨三局及其以上:1001～1998;跨两局:2001～3998;管内:4001～5998。

②普通旅客慢车:6001～7598

其中,跨局:6001～6198;管内:6201～7598。

(8)通勤列车:7601～8998

(9)临时旅客列车:L1～L9998("L"读"临")

其中,跨局:L1～L6998;管内:L7001～L9998。

(10)旅游列车:Y1～Y998("Y"读"游")

其中,跨局:Y1～Y498;管内:Y501～Y998。

(11)动车组检测车:DJ5501～DJ5598("DJ"读"动检")。

(12)回送出入厂客车底列车:001～00298。

(13)回送图定客车底:在车次前冠以"0"。

(14)因故折返旅客列车:原车次前冠以"F"读"返"。

(15)行包专列

①行邮特快专列:X1～X198("X"读"行");

②行包快运专列:X201～X998。

4. 列车运行方向

列车运行,原则上以开往北京方向为上行。全国各线的列车运行方向,以铁路总公司的规定为准,但枢纽地区的列车运行方向,由铁路局规定。列车须按有关规定编定车次。上行列车编为双数,下行列车编为单数。在个别区间,使用直通车次时,可与规定方向不符。

三、铁路旅客运输合同

1. 铁路旅客运输合同的含义及凭证

(1)铁路旅客运输合同的含义

铁路旅客运输合同是明确承运人与旅客之间权利义务关系的协议。起运地承运人依据《铁路旅客运输规程》订立的旅客运输合同对所涉及的承运人具有同等约束力。

铁路旅客运输合同从售出车票时起成立,至按票面规定运输结束旅客出站时止,为合同履行完毕。旅客运输的运送期间自检票进站起至到站出站时止计算。

(2)铁路旅客运输合同的凭证

铁路旅客运输合同的基本凭证是车票。

2. 旅客的基本权利和义务

持有铁路有效乘车凭证的人和同行的免费乘车儿童。根据铁路货物运输合同押运货物的人视为旅客。

(1)旅客的基本权利

①依据车票票面记载的内容乘车;

②要求承运人提供与车票等级相适应的服务并保障其旅行安全;

③对运送期间发生的身体损害有权要求承运人赔偿;

④对运送期间因承运人过错造成的随身携带物品损失有权要求承运人赔偿。

(2)旅客的基本义务

①支付运输费用,当场核对票、款,妥善保管车票,保持票面信息完整可识别;

②遵守国家法令和铁路运输规章制度,听从铁路车站、列车工作人员的引导,按照车站的引导标志进、出站;

③爱护铁路设备、设施,维护公共秩序和运输安全;

④对所造成铁路或者其他旅客的损失予以赔偿。

3. 承运人的基本权利和义务

与旅客或托运人签有运输合同的铁路运输企业。铁路车站、列车及与运营有关人员在执行职务中的行为代表承运人。

(1)承运人的基本权利

①依照规定收取运输费用;

②要求旅客遵守国家法令和铁路规章制度,保证安全;

③对损害他人利益和铁路设备、设施的行为有权制止、消除危险和要求赔偿。

(2)承运人的基本义务

①确保旅客运输安全正点;

②为旅客提供良好的旅行环境和服务设施,不断提高服务质量,

文明礼貌地为旅客服务；

③对运送期间发生的旅客身体损害予以赔偿。

四、车　　票

1. 作用

车票是旅客乘车的凭证，是旅客和铁路缔结运输合同发生运输关系的依据。

2. 分类

车票是乘车票据的总称。车票票面（特殊票种除外）主要应当载明发站和到站站名；座别、卧别；径路；票价；车次；乘车日期。其分类情况如下：

(1)按形式分

①直达票：从发站至到站不需中转换乘的车票。

②通票：从发站至到站需中转换乘的车票。

(2)按性质分

①客票，包括软座、硬座。

②附加票，包括加快票、卧铺票、空调票。附加票是客票的补充部分，可以与客票合并发售，但除儿童外不能单独使用。

3. 车票的有效期

(1)直达票

直达票当日当次有效，但下列情形除外：

①全程在铁路运输企业管内运行的动车组列车车票有效期由企业自定。

②有效期有不同规定的其他票种。

(2)通票

通票的有效期按乘车里程计算：1 000 km 为 2 日，超过 1 000 km

的，每增加 1 000 km 增加 1 日，不足 1 000 km 的尾数按 1 日计算；自指定乘车日起至有效期最后一日的 24 时止。

遇有下列情况可延长通票的有效期：

①因列车满员、晚点、停运等原因，使旅客在规定的有效期内不能到达站时，车站可视实际需要延长通票的有效期。延长日数从通票有效期终了的次日起计算。

②旅客因病中途下车、恢复旅行时，在通票有效期内，出具医疗单位证明或经车站证实时，可按医疗日数延长有效期，但最多不超过 10 天；卧铺票不办理延长，可办理退票手续；同行人同样办理。

五、旅客运输生产过程

1. 售票与购票

为了方便旅客购票，减少旅客排队和拥挤情况，车站应合理地设置售票处所，开设足够的窗口，在有运输能力的情况下，按购票人的要求，迅速、准确、方便地做好售票工作。在较大的城市里，还应根据需要设立市内售票所，办理网络售票、预售票、合同订票、电话订票等业务。

车票应在承运人或销售代理人的售票处购买。在有运输能力的情况下，承运人或销售代理人应按购票人的要求发售车票。

承运人可以开办往返票、联程票（指在购票地能够买到换乘地或返回地带有席位、铺位号的车票）、定期、不定期、储值、定额等多种售票业务，以便购票人购票和使用。

发售的车票包括硬座客票、软座客票、动车组列车车票、加快票、卧铺票、空调票、儿童票、学生票。

到站台上迎送旅客的人员应买站台票。站台票当日使用一次有效。

20人以上乘车日期、车次、到站、座别相同的旅客可作为团体旅客，承运人应优先安排；如填发代用票时除代用票持票本人外，每人另发一张团体旅客证。

在无人售票的乘降所上车的人员，可在列车内购票，不收手续费。

2. 候车

候车室是旅客休息和等候乘车的场所。车站昼夜都有大量的旅客，而且流动性很大，必须为旅客创造一个良好舒适的候车环境。候车室一般实行凭票候车。候车室工作人员要主动、热情、诚恳、周到地为旅客服务，搞好清洁卫生，及时通告列车到、开和检票进站时间，加强安全和旅行常识的宣传，做好饮水、购物、娱乐等延伸服务。

为了维护站车的良好秩序，确保运输安全，方便旅客进出站、上下车，一般在旅客进入候车室之前需对旅客的随身携带品进行检查。旅客不得携带国家禁止或限制运输的物品、危险品、动物及妨碍公共卫生、能够损坏或污染车辆等物品进站上车。

此外，旅客携带品由自己负责看管。每人免费携带品的重量和体积是：儿童(含免费儿童)10 kg，外交人员35 kg，其他旅客20 kg。每件物品外部尺寸长、宽、高之和不超过160 cm，杆状物品不超过200 cm，但乘坐动车组列车不超过130 cm；重量不超过20 kg。残疾人旅行时代步的折叠式轮椅可免费携带并不计入上述范围。

3. 检票

为维护站车秩序，保证旅客安全，防止旅客乘错车，车站对进站的旅客和人员持有的车票、站台票要检验和加剪。检票时先重点(老、幼、病、残、孕等旅客)、后团体、再一般。

4. 旅客上、下车

上、下车极易发生事故，为确保旅客安全，客运人员应有秩序地组织旅客上、下车，做好进出站引导工作，派人坚守检票口、天桥口、地道口及进站或出站通路交叉地点，严禁旅客钻车和横跨股道。对老、幼、病、残、孕等行动不便的旅客应提供帮助，督促购物旅客及时上车，保证旅客安全。车门验票工作由列车负责。

5. 列车服务

旅客旅行大部分时间是在列车上度过的，列车服务工作的好坏直接影响到铁路的声誉、形象。列车乘务人员应主动、热情、文明、礼貌地为旅客服务，妥善照顾旅客乘降，及时安排旅客席位，保持车厢内清洁卫生，维护车内秩序，做好广播宣传、餐饮和开水供应工作，保障旅客人身财产安全，保证列车运行安全。

列车服务工作由列车乘务组担当。列车乘务组包括客运人员（列车长、列车员、广播员、行李员、餐车服务员等）、公安乘警（乘警长、乘警等）和车辆乘务员（检车长、检车员、车电员等）三部分人员。列车乘务组在列车长的统一领导下，相互密切配合，共同做好列车服务工作。

6. 出站

车站出站口应有明显的标志，认真组织、引导旅客正常出站，以保证出站通道畅通，使旅客出站秩序井然，并执行检票出站。

六、行李、包裹运输

1. 行李、包裹的范围

(1)行李范围

行李是指旅客自用的被褥、衣服、个人阅读的书籍、残疾人车和其他旅行必需品。

行李中不得夹带货币、证券、珍贵文物、金银珠宝、档案材料等贵重物品和国家禁止、限制运输物品、危险品。

行李每件的最大重量为 50 kg。体积以适于装入行李车为限，但最小不得小于 0.01 m^3。行李应随旅客所乘列车运送或提前运送。

(2)包裹范围

包裹是指适合在旅客列车行李车内运输的小件货物。包裹分为四类：

一类包裹：自发刊日起 5 日以内的报纸；中央、省级政府宣传用非卖品；新闻图片和中、小学生课本。

二类包裹：抢险救灾物资，书刊，鲜或冻鱼介类、肉、蛋、奶类、果蔬类。

三类包裹：不属于一、二、四类包裹的物品。

四类包裹：一级运输包装的放射性同位素、油样箱、摩托车；泡沫塑料及其制品；国务院铁路主管部门制定的其他需要特殊运输条件的物品。

2. 行李、包裹的托运与承运

(1)托运

旅客或托运人向车站要求运输行李或包裹称为托运。

旅客在乘车区间内凭有效客票每张可托运一次行李，残疾人车不限次数。

旅客托运行李时，必须提出有效的客票和托运单。旅客凭客票、在乘车区段内，可从任何营业站托运至另一营业站，但每张客票仅限托运一次(残疾人用车除外)。

旅客托运包裹时，应提出托运单。托运某些特殊物品时，还应提出规定部门签发的运输证明，如托运金银珠宝、货币、证券应提出中国人民银行的正式文件或当地铁路公安局或公安处的免检证明。

行李、包裹运输方式分为保价运输和不保价运输，旅客或托运人可选择其中一种运输方式，并在托运单上注明。参加保价运输的行李、包裹，需交纳保价费。车站对保价运输的行李、包裹可以检查其声明价格与实际价格是否相符，如旅客或托运人拒绝检查，则不能按保价运输办理。

(2)承运

车站行李员应对要求托运的行李、包裹进行必要的检查。当检查完后，认为符合运输条件，即可办理承运手续，填制行李、包裹票及中国铁路小件货物快运运单，核收运杂费。

(3)运送

运送行李、包裹时，应先行李、后包裹，先中转、后始发。所以，行李应随旅客所乘列车装运或提前装运，包裹应按其类别的顺序及性质统筹安排运输，保证行李、包裹在一定期限(即行李、包裹运到期限)内运至到站。

行李、包裹的运到期限以运价里程计算。从承运日起，行李600 km以内为三日，超过600 km时，每增加600 km增加一日，不足600 km也按一日计算。包裹400 km以内为三日，超过400 km时，每增加400 km增加一日，不足400 km也按一日计算。快运包裹按承诺的运到期限计算。

由于不可抗力等非承运人责任发生的停留时间加算在运到期限内。

行李、包裹超过规定的运到期限运到时，承运人应按逾期日数及所收运费的百分比向收货人支付违约金。一批中的行李、包裹部分逾期时，按逾期部分运费比例支付。违约金最高不超过运费的30%。行李、包裹变更运输时，逾期运到违约金不予支付。

(4)到达、保管、交付

行李从运到日起、包裹从发出通知日起，承运人免费保管3天，逾期到达的行李、包裹免费保管10天。因事故和不可抗力等原因而延长车票有效期的行李按车票延长日数增加免费保管日数。超过免费保管期限时，按日核收保管费。

包裹到达后，承运人应及时通知收货人领取。通知时间最晚不得超过包裹到达次日的12点。

收货人询问行李、包裹是否到达时，承运人应及时予以查找。对逾期未到的行李、包裹应及时做查询记录。

第二节 铁路货运组织

铁路货运组织工作是铁路运输组织工作的一个重要组成部分。做好货物运输组织工作，对于国家经济建设、国防建设和人民生活都具有重要的意义。随着经济结构的调整，人民生活水平的提高，运输市场的需求发生了很大变化，高效、便捷、安全、舒适将是运输市场需求的主要特征，快捷化、集装化是货物运输的发展方向。

一、铁路货物运输的种类

铁路货物运输种类分为整车、零担和集装箱。

1. 整车

一批货物的重量、体积或形状需要以一辆以上货车运输的，应按整车托运。

2. 零担

一批货物的重量、体积、形状和性质都不需要单独使用一辆货车装运的，在规定的零担办理站间可按零担方式办理。

3. 集装箱运输

符合集装箱运输条件的适箱货物，可按集装箱方式办理运输。

4. 整车运输的特殊方式

(1)途中装卸

按整车运输的货物，托运人要求在站界内搬运或途中装卸时(包括在不办理货运营业的车站装卸)，经核准后，可在铁路局自局管内办理，但危险货物不得办理站界内搬运或途中装卸。

(2)站界内搬运

站界内搬运指在站界内铁路营业线上或站线与专用线之间的运输。危险货物不办理此项业务。

5. 直通运输

为方便托(收)货人，免去途中换装作业站或者不同产权归属的交接站的运输手续，对于按整车运输的货物，使用一份运输票据将货物直接运送至到站的方式成为直通运输。

目前开办的直通运输主要包括准、米轨铁路间直通运输，地方铁路和国有铁路间的直通运输。地铁和国铁收费标准不同，需按《国家铁路与地方铁路货物直通运输规则》办理，实行分段计费、一次核收。

二、一批货物的办理条件

1. 一批的概念

一批是铁路办理货物承运和计算运费的基本单位，是指使用一张货物运单和一份货票，按照同一运输条件运送的货物。

2. 按一批办理的条件

按一批托运的货物，必须托运人、收货人、发站、到站和装卸地点相同(整车分卸货物除外)。

整车货物每车为一批。跨装、爬装及使用游车的货物，每一车组为一批；大宗货物循环列车(即整列装卸的不拆散车底，固定发、到站的列车)可以一列车为一批。

零担货物或使用集装箱运输的货物，以每张货物运单为一批。使用集装箱运输的货物，每批必须是同一箱型，至少一箱，最多不得超过铁路一辆货车所能装运的箱数。

三、货物运到期限

货物运到期限是承运人将货物由发地运至运单约定地点的最长时间限制。根据铁路现有技术设备条件和运输工作组织水平确定，也是铁路能否承运鲜活易腐货物、放射性货物等的依据。

货物运到期限由三部分组成。

1. 货物发送期间:1 日；

2. 货物运输期间:按运价里程计算，普通货物以 250 km 或其未满为 1 日;按快运办理的整车货物以 500 km 或其未满为 1 日；

3. 特殊作业时间：

(1)需要中途加冰的货物，每加冰一次，另加 1 日；

(2)运价里程超过 250 km 的零担货物另加 2 日;超过 1 000 km，另加 3 日；

(3)一件货物重量超过 2 t、体积超过 3 m^3，或长度超过 9 m 的零担货物，另加 2 日；

(4)整车分卸货物，每增加一个分卸站，另加 1 日；

(5)准、米轨间直通运输的整车货物，另加 1 日；

(6)铁路开展门到门接取送达业务，需要上门装、卸货物，各另加 1 日;需要门到发站、到站到门接取送达货物，各另加 1 日。

上述六项特殊作业时间应分别计算，当一批货物同时具备几项时，应累加计算。

货物的实际运到日数，由货物承运次日起算，在到站由承运人组织卸车的，至卸车完了时止，在到站由收货人组织卸车的，至货车调到卸车地点或货车交接地点止。

货物运到期限起码为 3 日，运到期限按自然日计算。

四、发送作业

货物在发站所进行的各项货运作业，统称为发送作业，包括承运和装车两大环节。

1. 托运和受理

托运人以货物运单向承运人提出货运需求，称为货物的托运。托运人有 5 种途径提出运输需求：拨打营业网点电话、拨打 12306 电话、登陆 12306 网站、去车站营业网点、铁路人员上门服务。

承运人确认运输需求，生成"实货"货物运单。

(1)货物运单

货物运单是托运人和承运人之间为运输货物而签订的一种运输合同，是确定托运人、承运人、收货人之间在运输过程中的权利义务和责任的原始依据(格式及填写见《货规》附件)。它既是托运人向承运人提出货物托运的申请，又是承运人承运货物、核收运费、填制货票的依据，也是编制货运记录、查备或处理货运事故的凭据，也是货运全过程的一种运送单证；既是收货人领取货物的凭证，也是托运人、承运人、收货人及铁路内部进行货物交接的凭证。

(2)受理

车站对托运人提出的货物运单，经审查符合运输要求，在货物运单上进行签证后，即为受理。

①审查运单内容：

a. 各栏填写是否齐全、正确、清楚，领货凭证与运单相关栏是否一致；

b. 到站的营业办理限制(包括临时停限装)和起重能力；

c. 货物名称是否准确，是否准许铁路运输，是否符合有关运输要求；

d. 需要的证明文件是否齐全有效；

e. 是否满足按一批托运的条件；

f. 托运易腐货物和"短寿命"放射性货物时，其运到期限是否满足要求，容许运到期限至少须大于货物运到期限 3 天以上；

g. 需要声明事项是否在"托运人记载事项"栏内注明（如参加保价运输、不支付到站相关费用、押运人的姓名及身份证号等）。

②货物运单的签证：

a. 整车货物：在站内装车的，签证运单号及货物搬入日期及地点，将货物运单交还托运人，凭此搬入货物；在专用线装车的；签证运单号及装车日期，将货物运单交指定的包线货运员，按时到装车地点检查装车。

b. 零担和集装箱货物：签证运单号、搬入日期及地点，将货物运单交还托运人，凭此搬入货物。

c. 加盖受理章和经办人名章。

2. 进货验收与保管

在铁路货场内装车的货物，托运人按承运人受理时签证的货物搬入日期，将货物全部搬入车站，并整齐堆放在指定的货位，完好地交给承运人的作业，称为进货。

车站在接收托运人搬入车站的货物时，按运单记载对货物品名、件数、运输包装、重量、装载加固材料和装置等进行检查，确认符合运输要求并同意货物进入场、库指定货位的作业，称为验收。

货物验收完毕，货物应稳固、整齐地堆码在指定货物上。整车货物要定型堆码，保持一定高度。零担和集装箱货物按批堆码，货签向外，留有通道。需要隔离的，应按规定隔离。

3. 装车作业

装车按照发站从严、装车从严的原则执行，确保安全。

（1）装卸车作业的责任范围

在车站公共装卸场所以内由承运人负责。但罐车运输的货物、冻结易腐货物、未装容器的活动物、蜜蜂、鱼苗、一件重量超过 1 t 的放射性同位素，以及用人力装卸带有动力的机械和车辆，均由托运人或收货人负责组织装车或卸车。

其他货物由于性质特殊，经托运人或收货人要求，并经承运人同意，也可由托运人或收货人组织装车或卸车。

（2）车辆的使用与代用

承运人应按照运输合同约定的车种拨配适当的车辆，车种要适合货种、车吨要适合货吨。承运人如无适当货车拨配，在征得托运人同意、保证货物安全等的条件下可以代用。

①车种代用必须遵守承认代用的批准权限，以长大货物车、冷藏车代替其他车辆及改变罐车使用范围时，应经中国铁路总公司承认；其他车辆代替棚车时，应经铁路局承认，批准的命令号码要记载在货物运单和货票“记事”栏内。

②车辆代用必须符合《铁路装载加固规则》中“货车使用限制表”的规定。

③对保密物资、涉外物资、精密仪器、展览品，能用棚车装运的必须使用棚车装运，不得用其他货车代替。

④毒品专用车不得用于装运普通货物。冷藏车严禁用于装运可能污染和损坏车辆的非易腐货物。

⑤装运特殊条件下的货物，如阔达货物、危险货物或鲜活货物等，应使用规定要求的货车。

（3）装车前检查（装前“三检”）

①检查货车。主要检查车辆是否符合使用条件，货车状态是否良好。要认真检查货车的车体（包括透光检查）、车门、车窗、盖阀是

否完整良好，有无扣修通知、色票、货车洗刷回送标签或通行限制，车内是否干净，是否被毒物污染。装载粮食、医药品、食盐、鲜活货物、饮食品、烟草制品以及有押运人押运的货物等时，还应检查车内有无恶臭异味。发现有不符合使用的情况，应采取适当措施，必要时应更换车辆。

②检查货物运单。检查所填记内容是否符合运输要求，有无漏填和误填。

③检查待装货物。要根据运单认真核对待装货物品名、件数，检查标志、标签和货物状态。对集装箱还应检查箱内装载情况，检查箱体、箱号和封印。对需要进行加固的货物或需苫盖篷布的货物，还须认真检查装载加固材料、装置及货车篷布、篷布绳网等数量和质量是否符合要求。

(4)装车作业基本要求

装车时，必须核对运单、货票、实际货物，保证运单、货票、货物"三统一"，要认真监装，做到不错装、不漏装，巧装满载，防止偏载、偏重、超载、集重、亏吨、倒塌、坠落和超限。对易磨损货件应采取防磨措施，怕湿和易燃货物应采取防湿或防火措施。装车过程中，要严格按照《铁路装卸作业安全技术管理规则》有关规定办理，对货物装载数量和质量要进行检查。

需加固的货物，有定型方案的，严格按方案装车；无定型方案的，车站应制定装载加固方案，并按审批权限报批，按批准方案装车。装载散堆装货物，顶面应予平整。对自轮运转的货物、无包装的机械货物，车站应要求托运人将货物的活动部位予以固定，防止脱落或侵入限界。

(5)货车和集装箱的施封

货车和集装箱施封是为了保证货物安全与完整，便于进行货物

(车)交接和划分运输责任,而使用施封锁(环)等对货车(集装箱)的车门及罐车的注、排料口的加封措施。在货物运输过程中,通过检查施封状态即可判明货物是否完整。据此划分托运人和承运人双方或铁路内部发站、货检站、到站等各部门间应承担的安全责任。

使用棚车、冷藏车、罐车和集装箱运输的货物,由组织装车和集装箱单位负责在货车或集装箱上施封。但派有押运人的货物,需要通风运输的货物以及组织装车单位认为不需施封的货物(集装箱运输的除外),可以不施封。

施封后应将施封号码在货物运单、货运票据封套和货车装载清单上记明。

施封及拆封的技术要求,应按《货车和集装箱施封拆封的规定》办理。

(6)装车后检查(装后"三检")

①检查车辆。装车后,应再度检查货物装载情况是否符合要求,确保装载稳固、捆绑牢固,还要按照《货规》、《管规》和车门管理要求认真检查车门、车窗、盖阀的关闭及其拧固、加固情况。对需要施封的货车要按规定进行施封;对装载货物的敞车要检查车门插销、底开门搭扣情况和篷布及绳网苫盖、捆绑情况;对运输中有特殊要求(如禁止溜放、限速连挂等)的货物按规定插挂货车表示牌。对超限、超重货物,还须对照批示文电,认真核对装车后尺寸。为落实装车质量责任制,要严格执行装车质量签认制度,做到"装一辆重车、保一路平安"。

②检查货物运单。对照现车,检查运单、票据的填写及标记是否齐全、正确。

③检查货位。主要是检查货物有误装或漏装。

经检查符合要求后,即可将票据移交货运室,同时将装车完了时间通知货调或运转室,以便取车、挂运。

4. 制票与承运

整车货物在装车完毕,零担和集装箱货物在发站接收完毕以后,托运人应向车站交付运输费用,并办理制票和承运作业。

(1)制票

制票作业就是根据货物运单填制货票。货票是铁路运输货物的凭证,也是一种财务性质的货运票据,也是铁路清算运输费用、确定货物运到期限、统计铁路所完成工作量和运输进款,以及计算有关货运工作指标的依据。

货票一式四联,各联用途:甲联为发站存查联;乙联为报告联,由发站送交发局,是各项统计工作的依据;丙联为承运证明,交托运人凭此进行财务报销;丁联为运输凭证,随同运单和货物递交到站,由到站存查。(货票四联的格式及填记见《货规》附件)。

货票是有价证券并带有号码,必须妥善保管。货票的金额不准涂改,其他事项如有更改,必须盖章证明。

(2)承运

填制货票并向托运人核收运费后,货运员应在货物运单上加盖车站承运日期戳,并将领货凭证及货票丙联交给托运人,此时起即为承运。从承运时起,货物运输合同正式成立,货物正式进入运输过程,铁路开始对所承运的货物承担一切运输责任。

(3)货物的押运

铁路实行负责运输,因此对所承运的货物应负责照看与防护,以保证货物状态完整。但是由于有些货物性质特殊,在运输过程中需要加以特殊防护和照料,需要托运人派人押运。

需要派人押运的情况有以下几种。

①活动物;

②需要浇水运输的鲜活植物;

③需要生火加温的货物；

④挂运的机车和轨道起重机；

⑤特殊规定应派押运人的货物。如军火、国家尖端保密物资、《危规》规定需要押运的危险货物、外形比较复杂的超级超限货物等。

押运人数，除特殊规定外，每批货物不应超过 2 人。托运人要求增派押运人或对上述以外的货物要求派人押运时，须经承运人承认。

对押运人应核收押运人乘车费，派有押运人的货物，应由托运人在货物运单（记事栏内）注明押运人的姓名、身份证号码，经发站审核后发给押运人须知，并在货票甲联注明，由托运人签收。

押运人应乘坐所押运的货车，如货车不适于乘坐时，可乘坐承运人指定的车辆。

押运人对押运的货物应负责采取保证货物安全的措施，如发现货物有腐烂、变质、病伤、损坏等现象，应立即向承运人提出声明，由承运人协助适当处理。

押运人应遵守押运人须知中规定的事项和有关铁路运输的规定。

承运人对押运人应宣传注意事项并提供工作和生活上的便利条件。

押运人从承运人承运货物时起至交付完毕时止发生意外伤害时，比照《铁路旅客意外强制保险条例》规定办理。

五、货物的到达作业

货物的到达作业主要包括卸车和货物交付两大环节。

列车到达到站后，车站应及时核对现车，并进行货运检查，检查无误后，与车长或列车乘务员办理重车和货运票据的交接签证。车号室将到达本站卸车的重车票据登记后，移交货运室。货运室接到货物到达票据后，即进行登记，并核算在途中和到站发生的各项费用，以便交付时向收货人结算。

1. 卸车作业

(1)卸车前检查

在卸车前必须进行以下三方面的检查(卸前“三检”)：

①检查货位：主要检查货物是否能容纳下待卸的货物，是否清洁，相邻货位上的货物是否与待卸货物性质有抵触。

②检查运输票据：主要检查票据记载的到站与实际货物实际到站是否相符，了解待卸货物的情况等内容。

③检查现车：主要检查车体状态是否良好，货物装载、施封、篷布有无异状，现车与运输票据是否相符。如发现异状应先行处理后再进行卸车，有关事项应予记录。

(2)卸车作业

卸车作业开始前，货运员应向卸车人员详细传达卸车要求和注意事项。卸车作业过程中，要正确拆封、开启车门或取下所苫盖的篷布。要逐批核对货物，清点件数，检查货物状态，合理使用货位，按标准进行码放。对于事故货物应编制记录。要注意作业安全，加快卸车进度，加速货车周转。

卸车时，负责卸车单位应将货物彻底卸净，卸空的货车应清扫干净，并关闭车门、车窗、端侧板、冷藏车的冰箱盖、罐车盖、阀等。

(3)卸车后检查(卸后“三检”)

①检查运输票据：主要检查票据记载的货位与票据记载的卸车货物是否相符；货票上是否填记了卸车日期；随票据递交到站的垫款通知书等单据是否完整。

②检查货物：主要检查货物的件数与运单是否相符；货物的堆码及防火、防湿措施是否符合要求；货车篷布是否按规定妥善折叠并送

往固定地点；托运人自备的货车装备物品和加固材料及装置是否已妥善保管等。

③检查卸后空车：主要检查车内有无残留货物；车体是否被损坏；车内是否清扫干净无异物无异味；车门、窗、端侧板是否关闭严密；失效的货车表示牌是否已撤除等。

(4)货车的洗刷除污

对于装过活动物、鲜鱼介类、污秽品等货物的车辆，以及受易腐货物污染的冷藏车和《危规》规定必须洗刷除污的货车，由铁路负责洗刷并按规定向收货人核收费用。若收货人有洗刷消毒设备时，也可由收货人自行洗刷、消毒。

2. 交付作业

货物交付是指承运人在规定的地点与收货人进行货物(车)交接后，并在货物运单上加盖交付戳记，表示货物运输过程终止。由承运人组织卸车和发站由承运人组织装车、到站由收货人卸车的货物，在向收货人点交货物或办理交接手续后，即为交付完毕；发站由托运人组织装车，到站由收货人组织卸车的货物，在货车交接地点交接完毕，即为交付完毕。交付完毕后，货物运输合同即告结束。

车站对到达的货物应及时发出催领通知，并在货票(丁联)内记名通知方法和时间。必要时应再次催领。收货人拒领或找不到收货人时，到站要按规定调查处理。承运人在车站公共装卸场所内组织卸车的货物，收货人应于承运人发出领货通知或送货通知的次日(不能实行领货通知及送货通知或会同收货人卸车的货物为卸车的次日)起算，2 日内将货物搬出或接收货物。超过上述期间未将货物搬出或接收货物，对其超出的期间核收仓储费。

(1)票据交付

到站根据收货人提出的领货凭证(如领货凭证未到或丢失时，机关、企业团体应提出本单位的证明文件;个人应提出身份证、工作证(或户口簿)或服务单位(或居住所在单位)出具的证明文件。用本人的居民身份证、工作证或户口簿作证件时,车站应将姓名、工作单位名称、住址及证件号码详细记载在货票丁联上)经与货运票据核对后,由收货人在货票上签章,收清一切费用后,即在货物运单和货票上加盖交付日期戳,并将领货凭证或证明文件粘贴或记载在货票丁联上,然后将货物运单交给收货人,凭此领取货物。

(2)现货交付

交付货运员根据收货人提出的货物运单向收货人点交货物,然后在货物运单上加盖"货物付讫"戳记,并记名交付完毕的时间,将运单交还收货人,凭此搬出货物。

交付后收货人需要在车站仓储,或货物仅在车站仓储时,按实际仓储期间核收仓储费。

货物运输合同的履行从货物承运开始至交付完毕时止。货物交付工作是铁路运输服务的最后环节,交付完毕意味着铁路货物运输合同就此终止,铁路负责运输就此结束。

六、货物运价

货物运价按适应范围可分为普通运价、特殊运价、军运运价。

铁路货物运输收入分为货运收入、铁路建设基金、代收款。

货运收入是指铁路运输企业在办理货物运输业务和辅助作业中,使用铁路运输票据,按规定向托运人、收货人核收的运费、杂费。

铁路建设基金是指铁路运输企业在办理货物运输业务过程中,使用铁路运输票据,按规定向托运人、收货人核收的经国家批准征收的铁路建设基金。

代收款是指铁路运输企业在办理货物运输业务和辅助作业中,

使用铁路运输票据或其他专用票据，按规定向托运人、收货人核收的费用。

七、铁路货运营销

“实货”是指客户提出并经核实确认的货物运输需求。“实货”的确认条件是：国家有关部门、地方政府和部队提出明确要求的重点物资；铁路运输企业与客户签订运输互保协议的；现场已交付货物或已支付运费的；通过网上预约经货源核实的。铁路局建立相应的货源核实制度，为“实货制”运输奠定基础。

1. 市场细分

根据市场需求和运输组织方式的不同，铁路运输货物分为大宗稳定物资和零散白货物资两大类。

(1)大宗稳定物资。指货源达到一定运量，货流稳定均衡，能够提前确定运输需求的物资，采取协议运输方式给予运力保障。办理流程为：根据路企双方签订的运输协议，客户以提前预约方式提出运输需求，铁路将客户需求纳入月、旬计划安排，结合核实货源的流向与流量，制定阶段运输方案或旬日历别装车方案，日常按旬方案及日计划组织配空、装运，并根据客户需求变化及时调整装车。

(2)零散白货物资。协议运输的大宗稳定物资以外的其他物资。办理方式为：客户随时提出运输需求，随到随收，及时装运。

2. 运输指标考核

总公司对铁路局运输生产相关指标按月、旬、日分别考核。月度主要考核效率指标，旬主要考核数量指标，日主要考核需求和方案兑现指标。

(1)日考核指标。日“实货”装车兑现率、日历别装车方案兑现率、快运和直达班列方案兑现率。

(2)旬考核指标。总装车、卸空车、煤炭及电煤装车、跨局去向、困难卸车点和限制区段安排数、跨局直达和客车化产品方案兑现率、主型车排空、各分界口重车、排空、列对。

(3)月考核指标。运用车、周时、中停时、静载重。

3. 需求受理

(1)客户拨打铁路局公布的货运营业站(包括货运中心、营业场所,下同)受理服务电话,提出需求,客服人员接听电话,受理运输需求。

(2)客户拨打12306客服电话,根据语音提示,选择"2"进入"货运服务",再选择"1"进入"我要发货人工服务"。客服人员接听电话,受理运输需求。

(3)客户登录中国铁路客户服务中心网站(www.12306.cn),进入铁路局电子商务平台,点击"我要发货",填写"称呼"、"联系电话"、"货物名称"、"发运地点"、"到达地点"五项信息,提报后,即刻得到反馈的查询码。铁路客服人员负责及时联系客户,受理运输需求。

(4)客户到铁路货运营业场所直接提出运输需求,铁路客服人员面对面与客户进行沟通,受理运输需求。

(5)客服人员根据客户要求或主动上门营销,受理运输需求。

对铁路货运业务办理流程熟悉的客户还可通过中国铁路客户服务中心网站进入货运电子商务平台,登录后自助提报需求信息、办理业务。

八、货运设备及管理

1. 货运站

货运站按办理作业的种类分为综合性货运站和专业性货运站。凡办理多种不同货物作业的车站称为综合性货运站;凡办理单一品类(如粮食、木材、煤、矿建材料、石油以及制品等)大宗货物以及危险货物作业的车站称为专业性货运站。

货运站根据货场和车场的相互布置分为横列式与纵列式两种。横列式货运站设备集中,管理方便,但调车作业不利,纵列式货运站则反之。

2. 货场分类与配置

货场是铁路车站办理货物承运、保管、装卸、交付作业及与其他运输工具相衔接的场所。在货运量较大的车站均设有货场。

货场是指办理整车、零担、集装箱运输、快运业务等作业的场所。

根据年办理货运量分为大、中、小型货场。

大型货场:年货运量在100万吨以上;

中型货场:年货运量30万吨以上不满100万吨;

小型货场:年货运量不满30万吨。

货运量大、发到品类多的车站,为避免作业过于集中和便于管理,可分设几个货场,各货场间可按运输种类或办理货物的品类、方向进行合理分工。

3. 货场的配置

货场根据线路的布置方式的不同分为尽端式、通过式和混合式。

4. 货场设备

货运设备包括仓库、货棚、站台、货物线、堆货场及通道、房屋、装卸机具、衡器、军用加固材料、防湿篷布,上水、加冰、洗刷除污以及用于货运业务的电子计算机等各项设施。

5. 货场设备的编号

货运设备均应按规定编号。

货场:车站只有一个货场时,即以站名命名;有两个以上的,以车站为中心按方向命名,如东货场、南货场等。

货物线:均按顺序编号,简称货 1、货 2。划分货区的货场可以按货区再具体分为散 1、2、3 等。

货物站台:货物以邻近线路名称命名,例如货 1 站台,零 2 站台。当一股线路上有两座以上站台时,并应按顺序编号,如货 5 一号站台,二号站台,三号站台等。

货物仓库及雨棚:按顺序以数字编号,如一号货棚、五号仓库等,也可按运输种类或用途顺序编号,如整车到达 1、2、3 库,危 1、2、3 库等。

货位:为便于掌握货位,应将货场划分若干区,再按线别划为若干货位,在醒目地点用标志牌注明。一般货位号使用三位阿拉伯数字进行编号:如 304 货位,3 表示线路编号,04 表示货位编号。

九、专用线(专用铁路)的类型

1. 专用铁路

凡与铁路营业网衔接的厂矿企业自有的线路,自己管辖并备有机车,自行办理车辆取送作业的,称为专用铁路。

2. 专用线

凡与铁路营业网衔接的厂矿企业自有线路,但由联轨车站管辖并负责车辆取送作业的企业铁路称为专用线。

专用线、专用铁路一般统称为专用线。是厂矿企业原料、燃料、材料运进以及产品运出的重要渠道。目前,专用线内完成全路 70% 以上的装卸作业量,搞好专用线的管理工作具有极其重大的意义。

十、铁路货物保价

铁路货物保价是针对铁路限额赔偿制度制定的,其目的是为了保障托运人、收货人的利益,是为了弥补限额赔偿的不足而设定的法律制度，也是解决保险责任范围(自然灾害、意外事故等)以外的责任运输的一种特殊形式。从狭义上讲，它是一种赔偿的方式；从广义上讲，它又是承运人内部实现负责运输的一整套运输组织办法。

目前规定的限额赔偿标准为：

(1)不按件数只按重量承运的货物，每吨最高赔偿 100 元；

(2)按件数和重量承运的货物，每吨最高赔偿 2 000 元；

(3)个人托运的搬家货物、行李每 10 kg 最高赔偿 30 元。

十一、集 装 箱

1. 集装箱的定义

集装箱是指专供周转使用、便于机械作业和运输，且具有一定强度和刚度的大型货物容器。集装箱的英文术语为“Container”，我国统一译为“集装箱”，而在其他国家和地区有译为“货柜”的。

国际标准化组织集装箱技术委员会(ISO/TC 104)对集装箱所下的定义是：

集装箱是一种运输设备，它应满足以下要求：

(1)具有足够的强度，可长期反复使用；

(2)适于多种运输方式运送，途中无需倒装货物；

(3)设有供快速装卸的设施，便于从一种运输方式转移到另一种运输方式；

(4)便于箱内货物装满和卸空；

(5)容积不小于 1 m^3。

其中，“快速装卸和搬运的装置”即角配件，其作用是方便装卸、方便拴固和堆码、提高装卸作业效率。ISO 对角配件的形状和强度有详细规定，不论集装箱的尺寸如何，都使用同一尺寸的角配件，并且为了保证装卸作业安全，用焊接性较好的铸钢制成。角配件的使用和集装箱规格尺寸的标准化在整个集装箱运输的发展过程中起到巨大的推动作用。

2. 集装箱的分类

随着集装箱运输的发展，适箱货物不断增加，出现了各种各样的集装箱以适应各种货物的特殊需求。

铁路运输集装箱的种类可以根据规格、箱主、用途、材质、结构等进行分类。

(1)按重量和尺寸分为 20 ft 箱、40 ft 箱以及经铁路总公司批准运输的其他重量和尺寸的集装箱。

(2)按箱主分为铁路箱和自备箱。铁路箱是承运人提供的集装箱，自备箱是托运人自有或租用的集装箱。

(3)按是否符合国家或铁道行业标准分为：标准箱和非标准箱。还可按装运的货物是否是进出口货物分为国际集装箱和国内集装箱。

(4)按货物种类和箱体结构分为普通货物箱和特种货物箱。

3. 集装箱标记

为了易于识别、管理和信息传递，在铁路上运输的集装箱应按国家或铁道行业标准在箱体上涂打清晰、易辨、耐久的标记和标志。国际间使用的集装箱按照国际标准《集装箱代号、识别和标记》(ISO 6346—1995)规定涂打。我国集装箱按照国家标准《集装箱代码、识别和标记》(GB/T 1836—1997)规定涂打，我国 GB/T 1836—1997 基本等同采用 ISO 6346—1995。

(1)箱主代码：集装箱箱主代码由三个大写的拉丁字母组成。为了避免箱主代码出现重名，所有箱主代码在使用之前应是经国际集装箱局(BIC)注册过的。一般在向国际集装箱局规定的有关国家机构登记注册。我国铁路通用集装箱的箱主代码是 TBJ，干散货箱的箱主代码是 TBB，罐式箱的箱主代码是 TBG，汽车箱的箱主代码是 TBQ，板架式、台架式箱的箱主代码是 TBP。

（2）设备识别码：用一个大写拉丁字母表示。为了与其他设备相区别，集装箱用 U 表示，而集装箱专用车和底盘挂车用 Z 表示。

（3）箱号：又称集装箱顺序号，由 6 位阿拉伯数字组成。有效数字不足 6 位时，则用“0”在有效数字前补足 6 位。铁路箱的箱号由铁路总公司统一编号。

（4）校验码（核对数字）：校验码是用来校验箱主代码和箱号传递的准确性的。校验码根据箱主代码、设备识别码和箱号，通过规定的方法计算出来的一位阿拉伯数字，置于箱号之后并加方框以示区别。

十二、货物装载的基本技术条件

货物装载加固的基本技术要求是使货物均衡、稳定、合理地分布在货车上，不超载，不偏载，不偏重，不集重；能够经受正常调车作业以及列车运行中所产生各种力的作用，在运输全过程中，不发生移动、滚动、倾覆、倒塌或坠落等情况。

货车容许载重量＝货车标重＋允许增载量＋《货规》允许增载的 2%。

“禁增”货车的容许载重量＝货车标重＋《货规》允许增载的 2%。

十三、危险货物的定义和类项划分

1. 铁路危险货物的定义

针对铁路运输的特点，中国铁路总公司在《铁路危险货物运输管理暂行规定》（以下简称《暂行规定》）中，将危险货物定义为：在铁路运输中，凡具有爆炸、易燃、毒害、感染、腐蚀、放射性等特性，在运输、装卸和储存保管过程中，容易造成人身伤亡、财产毁损和环境污染而需要特别防护的货物，均属危险货物。

2. 危险货物的类项划分

根据国家公布的《危险货物分类和品名编号》(GB 6944)和《危险货物品名表》(GB 12268)，结合铁路运输实际情况，铁路运输危险货物按其主要危险性和运输要求被划分为9类，类下分项。同时对某些危险货物还根据其危险程度划分为一级和二级。

3. 铁路危险货物的编号

我国铁路危险货物运输中使用的编号(以下简称:铁危编号)是根据铁路危险货物运输长期的实际经验而采用的，每一个编号都是由5位阿拉伯数字(有的带有英文大写字母)组成，表明危险货物所属的类别、项别、级别和顺序号，编号的标示方法如图11-1所示。

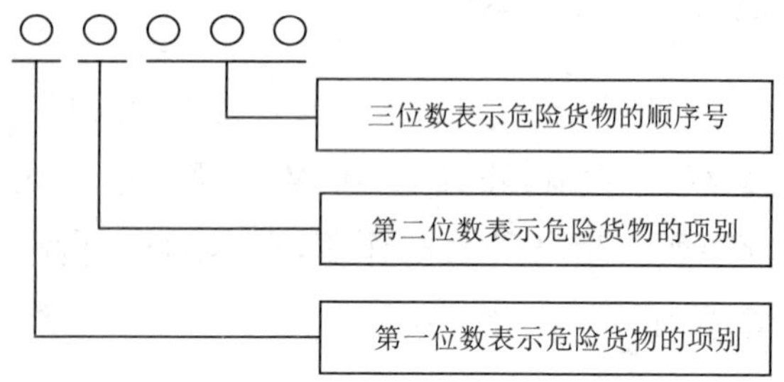

图11-1 铁路危险货物编号标示方法

顺序号小于500(001～499)为该项一级危险货物，顺序号大于500(501～999)为该项二级危险货物，一级的危险性大于二级。铁危编号后的英文大写字母(如A、B、C)表示同一品名编号中因货物状态、组成成分等不同而需要不同运输条件的危险货物。

例如碳化钙(电石)的铁危编号为43025，该编号表明“4”代表第4类危险货物；“3”代表该类货物的第三项；顺序号为025，因小于500，表明危险级别属于一级。因此，根据编号可以判明碳化钙(电石)属于一级遇水放出易燃气体的物质。

十四、国际铁路货物联运

在两国或两国以上铁路的全程运输货物中，由参加国铁路共同使用一份运输票据，并以连带责任办理货物的全程铁路运送，途中由一国铁路向另一国铁路移交货物和车辆时，不需发收货人参加。这种运输组织形式就称为国际铁路货物联运。

第三节　行车组织

铁路行车组织是铁路运输组织的重要组成部分，是铁路综合运用各种技术设备、合理组织列车运行、实现旅客和货物运输过程的计划和组织工作。

一、铁路车站

车站既是铁路办理客货运输的基地，又是铁路系统的一个基层生产单位。在车站上，除办理旅客和货物运输的各项作业外，还要办理和列车运行有关的各项作业。为了完成上述作业，车站上设有客货运输设备及与列车运行有关的各项技术设备，还配备了客运、货运、行车、装卸等方面的工作人员。

1. 区间与分界点

为了保证行车安全和必要的线路通过能力，铁路上每隔一定距离需要设置一个车站（线路所或通过色灯信号机），它们把每一条铁路线划分成若干个长度不同的线段，每一线段称为区间，而车站和线路所就称为相邻区间之间的分界点，因此，区间和分界点是组成铁路线路的两个基本环节。

(1)分界点

车站上除了正线以外，还配有其他线路（到发线、调车线、牵出线、货物线及站内指定用途的其他线路等)，所以我们把各种车站称为有配线的分界点。此外，还有无配线的分界点，包括线路所和自动闭塞区段两车站间划分为若干个闭塞分区处所设置的通过色灯信号机。

(2)区间

依据分界点的不同，区间也有不同的分类。车站和车站之间的区间称为站间区间；车站与线路所之间的区间称为所间区间；自动闭塞区段上通过色灯信号机之间的段落称为闭塞分区。

(3)区段:通常是指两相邻技术站间的铁路线路，它包括了若干个区间和分界点。区段的长度一般取决于牵引动力的种类或路网状况。

2. 车站的分类

目前，我国铁路上有大小车站几千个。根据他们所担负的任务量及在铁路网上的地位共分为六个等级，即特等站、一、二、三、四、五等站。车站按技术作业的不同可分为编组站、区段站和中间站。编组站和区段站总称为技术站。按业务性质分为营业站、非营业站，营业站分为客运站、货运站和客货运站。

3. 中间站

中间站是为沿线城乡人民及工农业生产服务，提高铁路区段通过能力，保证行车安全而设的车站。它主要办理列车的到发、会让和越行，以及客货运业务。

4. 区段站

区段站的主要任务是为邻接的铁路区段供应及整备机车或更换机车乘务组，并为无改编中转货物列车办理规定的技术作业。此外，还办理一定数量的列车解编作业及客货运业务。在设备条件具备时，还进行机车、车辆的检修业务。区段站位于铁路网上各牵引区段的分界处，一般设在中等城市和铁路网上牵引区段(机车交路)的起点或终点。

5. 编组站

编组站是铁路网上办理大量货物列车解体和编组作业，并设有比较完善调车设备的车站。编组站按列车的编组计划的要求，编解各种类型的列车，为合理组织车流服务，以办理改编列车为主，所以编组站又叫“货物列车制造工厂”。编组站通常设在几条主要干线的汇合处，也可以设在有大量的装卸作业地点的大城市、港口或大工矿企业附近。

6. 客运站

客运站是指专门为旅客办理客运业务的车站。客运站是铁路旅客运输的基本生产单位，它的主要任务是组织旅客安全、迅速、准确、方便的上下车；办理行包、邮件的装卸搬运；组织旅客列车安全、正点到发和客车车底取送；为旅客提供舒适的服务条件。

7. 货运站

凡专门办理货物装卸作业(包括组织货源、货流、办理货物的承运、保管、交付、货物装卸作业、计算核收运费、填制货运票据等)的车站，以及专门办理货物联运或换装的车站，均称为货运站。

二、列车的编组

1. 列车的定义、分类及车次

(1)列车的定义

铁路车辆按规定重量、长度及编挂条件编成车列，挂上机车和规定的列车标志并制定有列车车次时，称为列车。发往区间的单机(包括单机挂车)、动车组及重型轨道车也按列车办理。

(2)列车的分类

列车按运输性质的分类和运行等级顺序如下。

①按运输性质分类

a. 旅客列车(动车组列车,特快、快速、普通旅客列车);

b. 特快货物班列;

c. 军用列车;

d. 货物列车(快速货物班列、五定班列、快运、重载、直达、直通、冷藏、自备车、区段、摘挂、超限及小运转列车);

e. 路用列车。

②按列车运行等级顺序分类

a. 动车组列车;

b. 特快旅客列车;

c. 特快货物班列;

d. 快速旅客列车;

e. 普通旅客列车;

f. 军用列车;

g. 货物列车;

h. 路用列车。

开往事故现场救援、抢修、抢救的列车,应优先办理。

特殊指定的列车的等级,应在指定时确定。

2. 列车编组

(1)旅客列车的编组

旅客列车的编组是固定的,在每次运行图实行期间,都是铁路总公司和铁路局颁布的《旅客列车编组表》执行,一般不变动。编组固定是指每队列车的编组辆数、编组结构及车辆编挂次序是固定的(即为旅客列车的固定车底)。车底的组成根据客流密度、列车种类、机车功率大小、线路情况、站线和站台长度等因素加以确定,每一对列车都不尽相同。

(2)货物列车的编组

铁路行车组织的一个重要问题,就是如何正确地组织重空车流及合理地将规定车辆编入相应列车向目的地运送。

货物列车编组计划是全路车流组织计划,由装车地直达列车方案和技术站列车编组方案两大部分组成。它根据全路车流结构、各站设备能力和作业条件,统一安排全路各站的解编作业任务,具体规定全路各货运站、编组站和区段站编组货物列车的种类、到站及车组编挂办法。

三、铁路运输调度指挥

铁路运输业具有点多、线长、部门分工细、各作业环节紧密联系等特点。运输生产过程是在长距离的连续空间带上进行的,涉及部门多、变化大、时间性强,常常是一点不通影响一线、一线不畅影响一片。

为使铁路这一庞大而复杂的系统能够不间断地、均衡地、高效地运转,就必须对铁路的日常生产活动实行分级管理、集中统一指挥。为此,我国铁路的各级运输部门都建立了相应的调度机构,即铁路总公司设调度指挥中心、铁路局设调度所、车站(主要是编组站、区段站及大货运站)设调度室。

在各级调度机构中按照业务分工设有不同职名的调度员,如计划调度员、列车调度员、机车调度员、货运调度员、客运调度员等,分别代表各级领导掌管一定范围内的日常运输指挥工作。

铁路运输调度是铁路日常运输组织的指挥中枢,分别代表各级领导组织指挥日常运输工作。运输调度的基本任务是正确地编制和执行运输工作日常计划,科学地组织客流、货流和车流,搞好均衡运输，挖掘运输潜力，提高运输效率，经济合理地使用机车车辆及运输设备，组织与运输有关各部门紧密配合，协同动作，实现列车编组计划、列车运行图和运输方案，保证完成旅客运输计划、月度货物运输计划、技术计划，提高经济效率，努力完成铁路运输任务，为社会主义经济建设和国防服务。

四、车站行车组织工作

车站是铁路运输的基层生产单位，是客货运输的起始、中转和终到地点，铁路运输生产过程中的绝大部分作业环节都是在车站上进行的。车站工作的质量直接影响着铁路区段方向乃至整个路网运输工作的安全性、准确性、连续性和节奏性，决定着全路运输工作任务完成的数量和质量。因此，正确组织车站工作，特别是车站的行车组织工作，对于保证实现安全、正点、畅通、优质、高效等运输生产管理的基本要求有着十分重要的意义。

车站行车组织工作的主要内容包括接发列车工作、列车及货车的技术作业工作和调车工作等。为了使车站各车间、各工种协调而有节奏地进行日常运输生产，充分发挥技术设备的效能，技术站和货运站均设有调度机构，通过制定车站作业计划来组织指挥车站日常生产活动。

1. 接发列车工作

铁路列车的始发、会让和越行、到达必须在车站上进行，因此要办理接发列车作业。保证不间断地接发列车、严格按列车运行图行车是对车站接发列车工作的基本要求。

为了保证列车运行的安全，列车接入车站和由车站出发，都必须按照一定的程序办理接发列车的必要作业。

车站内的接发列车工作由车站值班员统一指挥。接发列车工作的这些作业原则上应由车站值班员亲自办理。如因设备条件和业务量关系难以做到时，除了布置进路（包括听取进路准备妥当的报告外）必须由车站值班员亲自办理外，其他各项工作可指派助理值班员、信号员或扳道员等办理。

2. 调车工作

列车的形成离不开调车。除了列车在车站到、发、通过及在区间内的运行之外，凡是机车车辆在站线或其他线路上进行的一切有目的的移动，统称为调车。调车工作是列车解编、摘挂、车辆取送过程中不可缺少的重要环节，对编组站来说，调车工作是它的主要生产活动。

调车工作按其作业目的的不同可分为：解体调车、编组调车、摘挂调车、取送调车及其他调车。调车作业方法按使用设备的不同可分为：牵出线调车和驼峰调车两种。

车站的调车工作，由车站调度员（未设调度员时由车站值班员）统一领导，每个调车组由调车长单一指挥。调车工作必须遵守《技规》、《车站行车工作细则》及其他有关规定，保证调车安全、提高调车效率。